HISTOIRE MILITAIRE

DE

L'ESPAGNE

SOMMAIRE

Afin de faciliter l'étude de mon histoire militaire de l'Espagne, je l'ai divisée en quatre périodes :

1° Depuis l'arrivée des Carthaginois en Espagne jusqu'à celle des Sarrasins, avec quelques détails sur les Grecs et les Romains ;
2° Depuis Pélage jusqu'aux rois catholiques ;
3° Depuis le règne des rois catholiques jusqu'à l'arrivée de la maison de Bourbon ;
4° Depuis Philippe V jusqu'à nos jours.

A ces périodes de l'histoire militaire d'Espagne, j'ai ajouté :

1° La nouvelle division des provinces espagnoles avec les places fortes ;
2° Les capitaineries générales et les intendances civiles ;
3° Les présides ;
4° Les principaux établissements pour l'armée et la marine ;
5° Les écoles militaires ;
6° Une notice sur l'armée et la marine ;
7° Un résumé et une conclusion ;
8° Notice sur l'art militaire au XIX° siècle.

PARIS. — IMPRIMERIE CHAIX (S.-O.) — 5822--.

ROMUALD BRUNET

HISTOIRE MILITAIRE

DE

L'ESPAGNE

COMPRENANT

UN PLAN DE LA CASTRAMÉTATION ROMAINE,
UNE CARTE DE LA NOUVELLE DIVISION MILITAIRE DE L'ESPAGNE
ET UNE NOTICE SUR L'ART MILITAIRE AU XIXe SIÈCLE

« L'histoire est le livre des peuples. »

PARIS

LIBRAIRIE MILITAIRE DE L. BAUDOIN ET Cie

LIBRAIRES-ÉDITEURS

30, RUE ET PASSAGE DAUPHINE, 30

1886

Traduction et reproduction réservées.

PRÉFACE

Écrire l'histoire de bonne foi,
c'est servir la vérité et honorer sa
Patrie.

Le titre de mon ouvrage explique suffisamment que
j'ai formé le dessein de raconter le passé militaire des
Espagnols et de décrire leurs diverses luttes.

La plupart des historiens traitent l'Espagne avec in-
différence, je dirai même avec injustice ; aussi, avec
l'aide des auteurs les plus autorisés, mes efforts ten-
dront-ils à propager davantage les nobles actions de
ce glorieux pays, à en rechercher les détails dans l'histoire, et, enfin, à étendre la connaissance d'exemples
si nécessaires à toute instruction solide et variée.

L'histoire d'Espagne présente d'intéressantes recherches et d'utiles études à faire, des impressions neuves
à recueillir ; les légendes, les souvenirs, les traditions
ne manquent pas : ma tâche est donc bien facile.

Toutes les nations ont eu de grandes époques, d'illustres capitaines ; sous ce rapport, la nation espagnole
n'a rien à envier à ses rivales. Si nous jetons un coup
d'œil rétrospectif sur son histoire, nous la voyons toujours marcher à la tête de l'Europe et de la civilisation
Les siècles n'ont point changé son amour de la liberté,

sa haine de tout assujettissement, sa fierté dans les sentiments. Terrible dans la mêlée, impétueux dans l'attaque, brave sans fanfaronnade, hardi jusqu'à la témérité, très entreprenant, le peuple espagnol professe un dévouement héroïque pour sa Patrie, pour ses chefs ; il ne recule devant aucun danger. La noble ambition qui l'anime, le rend susceptible d'accomplir les plus hautes actions ; sa vie militaire révèle des qualités de premier ordre et l'honore.

La gloire des armes de l'Espagne a traversé les âges, brillante comme le disque du soleil : les siècles passent... la gloire est immortelle !

ROMUALD BRUNET.

INTRODUCTION

La vérité l'emporte sur l'erreur
et la lumière dissipe les ombres.

Cette publication, loin d'établir un parallèle entre l'Espagne et les autres nations, est simplement l'exposé réel d'une histoire militaire trop peu connue, et dont l'étude s'impose à tous ceux qui sont jaloux de suivre de grands exemples.

Les scrupules de la bonne foi me serviront de préservatifs contre les erreurs de la passion; du reste, mon rôle se bornera à celui de narrateur exact, quand je n'émettrai pas d'opinion personnelle. Complètement désintéressé, j'entre dans la carrière avec la résolution bien arrêtée de présenter un tableau fidèle, imprévu et nouveau de la vie militaire des Espagnols.

Sans imiter le chauvinisme et la partialité d'auteurs étrangers, je puis affirmer que la générosité française a toujours égalé son héroïsme, si même elle ne l'a pas surpassé; aussi, la vérité dans les faits, tel sera mon principal mobile.

Personne ne peut ignorer l'histoire militaire des États de l'Europe : ce serait vivre en dehors des progrès de notre siècle. Sous le coup encore de cruels revers, nous devons travailler sans cesse au relèvement de la Patrie, nous devons fortifier nos cœurs par le souvenir de toutes les épopées remarquables, nous devons enfin posséder une saine et forte notion de patriotisme pour être toujours nous-mêmes. N'oublions jamais que la force morale d'un peuple grandit, quand ce peuple honore les belles vies qui ont été consacrées à sa défense et souvenons-nous que le vrai patriotisme ne consiste pas à haïr d'autres peuples, mais à aimer passionnément son pays.

La vie est une école; aucun pays, malgré son mérite, n'échappe à la loi commune du malheur: le terrible Aquilon ne renverse que les hautes cimes ; l'histoire est un enseignement salutaire: c'est la bataille éternelle de l'intelligence contre la force brutale encore invaincue !

J'espère que ce livre présentera une utilité pratique et que mes efforts contribueront quelque peu au développement de la grande cause nationale, l'éducation civique et militaire.

RÓMUALD BRUNET.

HISTOIRE MILITAIRE
DE L'ESPAGNE

PREMIÈRE PÉRIODE

DEPUIS L'ARRIVÉE DES CARTHAGINOIS EN ESPAGNE
JUSQU'A CELLE DES SARRASINS
AVEC QUELQUES DÉTAILS SUR LES GRECS ET LES ROMAINS.

CHAPITRE PREMIER

Naissance de l'art militaire chez les Grecs. — La nation grecque a été le berceau de l'*art militaire*, et si elle n'a pas eu l'expérience des exemples des autres, elle a pu du moins se vanter, la première, d'avoir conçu et cultivé la science des armes. Son mérite est d'autant plus remarquable que tout esprit sérieux affirmera avec moi que *l'expérience est la mère de la science.*

L'armée grecque était divisée en infanterie et en cavalerie. L'honneur de cette classification revient tout entier à Cyaxare, fils de Phraorte, roi de Médie (655-595 av. J-C.), qui comprit la nécessité de séparer les combattants et de former des unités tactiques à pied et à cheval, pour opérer dans les combats avec plus de force et de cohésion quand les circonstances l'exigeaient. Depuis même les temps légendaires, mes recherches historiques sont formelles à cet égard, personne ne conteste, du reste, à la Grèce la paternité de la division de l'armée en infanterie et en cavalerie. Les combattants ne présentaient, avant cette transformation complète des principes de la guerre, que l'aspect d'une quantité plus ou moins considérable d'hommes

1

luttant sans ordre et sans méthode ; de cette révolution naquit l'*art militaire*.

Levée de soldats. — Les Grecs, suivant l'exigence du service militaire, tenaient essentiellement à la position sociale, à la santé robuste, au caractère mâle de leurs soldats. Ils n'acceptaient dans les rangs de l'armée que des hommes pénétrés du *feu sacré du Patriotisme ;* la gloire fut toujours pour eux le but de tous leurs efforts et le germe des actions les plus héroïques : lois, gouvernement, usages, coutumes, jeux, solennités nationales, tout dans les institutions de ce peuple belliqueux tendait à bien pénétrer chaque citoyen de ses devoirs civiques et militaires.

Les *jeux Olympiques*, où se rendaient tous ceux qui prouvaient leur origine hellénique, servirent beaucoup à cette organisation militaire ; les vainqueurs étaient chantés par les plus fameux poètes et tous, sans exception, s'enflammaient du désir de suivre leurs héros. Ces jeux étaient un puissant aiguillon pour arriver aux grandes choses et une préparation vraiment raisonnée à la guerre ; la jeunesse grecque supportait admirablement les travaux ainsi que les fatigues des combats, et se formait rapidement à la profession des armes. Cette jeunesse, si fière et si vigoureuse à la fois, était jalouse de travailler à la défense de la Patrie pour conserver son indépendance ; elle ne disait pas : *L'argent, voilà tout l'homme*, mais, au contraire : *La Patrie, voilà tout l'homme !*

Les femmes grecques, avec un soin religieux, apprenaient leurs devoirs civiques à leurs enfants, dès leur tendre enfance ; d'un caractère élevé, ces femmes préféraient la mort au déshonneur ; aucune d'elles, certainement, n'aurait voulu être la femme ou la mère d'un mauvais citoyen.

La force, le courage, l'adresse et l'intelligence représentaient les qualités requises afin d'obtenir le poste le plus périlleux, le droit de braver le plus de dangers en défendant la Patrie. Pour l'heureux vainqueur des jeux Olympiques lui-même, pour les siens, pour son pays natal, l'honneur d'un tel choix était grand ; il n'avait pourtant pour récompense qu'une simple couronne de laurier ou d'olivier sauvage.

Ces jeux consistaient en exercices corporels de toutes sortes : saut, course à pied, course de chevaux et de chars, pugilat, lutte, enfin le pancrace où, comme dans le pugilat, on cherchait à vaincre son adversaire à la force du poignet, ou bien dans la lutte à le terrasser, suivant les règles en usage.

Avec une pareille éducation civique, avec un semblable esprit militaire, les levées de soldats étaient faciles ; chaque homme représentait bien une unité combattante.

Division de l'Infanterie (son armement et son équipement). — L'infanterie se divisait en trois classes :

— La grosse infanterie (*oplites*), armes défensives : un casque, une cuirasse, un bouclier rond et des bottines garnies de fer ; armes offensives : une longue pique et une épée ;

— L'infanterie légère (*psilites*), sans armes défensives ; armes offensives : un javelot, un arc et une fronde ;

— L'infanterie mixte (*peltastes*) : l'armement tenait le milieu entre celui des *oplites* et des *psilites*. La pique était moins longue et le bouclier (pelte), en forme de croissant, arrondi sur ses deux cornes.

Division de la Cavalerie (son armement, son équipement et son harnachement). — La cavalerie comprenait deux classes :

— La grosse cavalerie (*cataphractes*), armes défensives : un casque, un petit bouclier rond et élastique, des brassards, des cuissards, des bottes munies d'éperons ; le cheval était bardé de fer ; armes offensives : la lance, l'épée et quelquefois la javeline ;

— La cavalerie légère, armes offensives et défensives : un arc et une lance.

Fabrication et entretien des armes. — Il y avait toujours dans l'armée grecque un certain nombre d'ouvriers chargés de la fabrication et de l'entretien des armes.

Tactique. — L'infanterie grecque se formait sur deux lignes parallèles et de même longueur :

— La première ligne, avec la grosse infanterie sur 16 files de profondeur, chaque soldat couvrant son chef de file ;

— La seconde ligne, avec l'infanterie mixte (*peltastes*), sur une profondeur de 8 files, chaque soldat couvrant son chef de file. L'infanterie légère, suivant la nécessité, se serrait en carré en avant, en arrière ou dans les intervalles de la cavalerie.

La grosse cavalerie était placée aux ailes ; la cavalerie légère gardait tout d'abord une formation compacte, pour harceler ensuite en détail l'ennemi et le poursuivre en cas de retraite.

La distance entre les files variait, et si elle était, en temps de paix, de 2 pieds 1/2 entre les hommes, pour les revues et les marches, dans le combat on la réduisait de moitié, la troupe étant toujours en ordre serré, afin d'éviter le choc.

Grande phalange. — Cette formation s'appelait :
Grande phalange, divisée elle-même en quatre petites phalanges.

Force de l'Infanterie. — La force de l'infanterie consistait dans le *carré* de 16 hommes de chaque côté sur une profondeur de 16 files : total, 256 hommes.

Le *carré* ou *tagme* avait plusieurs multiples et plusieurs divisions.

La force de la seconde ligne de l'infanterie était une formation rectangulaire de 16 hommes de front sur 8 de profondeur ; plusieurs formations analogues composaient donc des lignes de masse.

Des deux classes de chefs. — Les chefs comprenaient deux classes :

— La première, ceux du rang ;

— La seconde, ceux en dehors du rang.

Le chef du *carré* ou *tagme* plaçait à sa gauche un adjudant pour communiquer ses ordres, et derrière, parallèlement, le porte-drapeau avec un héraut à sa droite pour répéter les commandements, et un trompette à sa gauche pour les sonner.

Force de la cavalerie. —L'unité tactique de force dans la cavalerie présentait une forme rectangulaire de 16 cavaliers de front sur 4 de profondeur ; entre les colonnes, il y avait toujours un petit intervalle pour laisser passer l'infanterie.

Condamnation à mort et peines disciplinaires. — Tout général, accusé de trahison, payait de sa vie sa félonie ; tout chef, soupçonné de recevoir des secours de l'ennemi ou d'entretenir des relations avec lui, subissait également la peine capitale ; tous ceux qui ne se trouvaient pas à leur poste au moment du combat, perdaient leurs droits ou étaient dégradés ; tous ceux qui revenaient sans bouclier, enduraient la dernière peine ; il en était de même pour les guerriers qui livraient ou abandonnaient leurs armes aux ennemis ; quant à ceux qui combattaient contre leur pays ou qui vendaient les secrets de l'armée, on les lapidait.

Récompenses. — Les récompenses étaient honorifiques, tant l'amour des Grecs pour la gloire respirait la grandeur.

Après une campagne, suivant la décision d'un suffrage, on proclamait le nombre de ceux qui avaient bien mérité de la Patrie, et l'on inscrivait les noms des morts sur des monuments érigés à cet effet.

L'armement, l'équipement et le harnachement étaient mis en état ; les grades supérieurs se distribuaient ensuite.

On donnait des aliments réconfortants aux soldats qu'on reconnaissait en avoir besoin ; enfin on élevait des statues à ceux qui s'étaient distingués.

Solde. — Chez les Grecs, il n'existait aucune solde fixe ; les soldats citoyens servaient à leurs frais ; les mercenaires seuls étaient payés ; dans le principe, la solde fut assez importante, mais plus tard, on la diminua ; la cavalerie était payée le double de l'infanterie, quelquefois même le triple et le quadruple.

La paix conclue, le cavalier subvenait à l'entretien de son cheval.

La solde des officiers était toujours double de celle des soldats, et celle du général, quadruple.

On n'allouait de paie qu'en campagne.

Auteurs militaires grecs. — Les Grecs ont eu des auteurs militaires d'une valeur incontestable ; mes lecteurs feront donc bien de les étudier pour connaître plus en détail la vie militaire de cette époque. Je citerai, entre autres : Homère (IXe siècle av. J.-C.) ; Eschyle (526-456 av. J.-C.) ; Hérodote (484-407 av. J.-C.) ; Thucydide (471-395 av. J.-C.) ; Xénophon (445-355 av. J.-C.) ; Polybe (210-122 av. J.-C.) ; Onosander (11 ans av. J.-C.) ; Plutarque (50-139 de J.-C.).

CHAPITRE II

Éducation civique et militaire des Romains. — Si les Grecs inventèrent *l'art militaire*, les Romains furent les premiers à le comprendre.

Depuis la fondation de Rome, l'éducation du peuple était purement civique et militaire ; c'est ce qui permit aux Romains de devenir les maîtres du monde ; leur éducation formait un contraste frappant avec celle de leurs voisins : faire des hommes énergiques, disciplinés et patriotes, tel était leur but.

Leur organisation militaire. — La première organisation militaire divisa la cité romaine en *tribus*, dont chaque chef s'appelait *tribun*. La *tribu* se divisait en dix *centuries*, et chaque *centurie* de cent fantassins avait pour chef un *centurion* ; la *tribu* comprenait aussi dix *décuries*, commandées chacune par un *décurion* ; la *décurie* se composait de dix cavaliers.

Tarquin l'Ancien instruisit ses concitoyens dans *l'art militaire* des Grecs, qu'il perfectionna en adoptant certaines réformes que comportait le progrès.

Nomination des Consuls et des Tribuns. — Le jour même de la nomination des consuls, vingt-quatre *tribuns* étaient élus pour cinq ans.

L'élection avait lieu au Champ de Mars ou au Capitole ; les *tribus* se partageaient en quatre groupes, puis le vote commençait ; tout candidat devait être âgé de 17 à 46 ans et posséder un bien-fonds assez considérable.

Division des soldats en classes. — Chaque groupe de *tribuns* représentait une *légion* ; les hommes juraient individuellement d'obéir aux *tribuns* ; cette formalité remplie, ces derniers les réunissaient en classes distinctes pour former une *légion* : *triaires, principes, hastats, vélites.*

Les plus jeunes et les plus lestes composaient les vélites ou l'infanterie légère; ceux plus âgés, les *hastats* ; les plus forts et les robustes, les *principes* et les *triaires;* les *vétérans* se choisissaient dans les plus anciennes des dernières classes.

Les *vélites* ne passaient dans les *hastats* qu'après avoir fait campagne et s'être distingués.

Une armée consulaire était composée de quatre *legions*, et chaque *légion* comprenait 320 cavaliers qui se recrutaient parmi les plus riches et prenaient le titre de *chevaliers.*

Les nations alliées ou soumises fournissaient aussi à Rome des troupes ; leur recrutement était semblable.

La cinquième partie de l'infanterie et la troisième partie de la cavalerie des alliés formaient un corps appelé : *Extraordinaires ;* c'était un corps d'élite qui, en bataille, marchait à la première ligne ; dans le camp, il bivouaquait près du consul et le suivait en marche.

Derrière les légions, se tenaient toujours des archers et des frondeurs en assez grande quantité.

Armement de l'infanterie. — Les armes offensives et défensives étaient pour les *triaires :*

La javeline, l'épée, le casque, la cuirasse, le scutum ou bouclier quadrangulaire convexe, fait de bois recouvert de toile, puis de cuir de veau et bordé de fer (long de 4 pieds, $1^m,18$, et large de 2 1/2, $1^m,74$);

Pour les *principes :* La javeline, l'épée, 2 javelots, le casque d'airain, le scutum, la cuirasse, le jambart de fer à la jambe droite;

Pour les *hastats :* La haste ou grande lance, l'épée courte, 2 javelots, le grand bouclier quadrangulaire, la petite cuirasse, le casque avec 3 grandes plumes rouges ou noires, hautes d'une coudée ($0^m,44$), le jambart de fer à la jambe gauche;

Pour les *vélites :* L'épée, 7 javelots à petite pointe, le petit bouclier circulaire (parme), fait de bois recouvert de cuir (3 pieds de diamètre, 0,89), le casque recouvert d'une peau de bête.

Armement de la cavalerie. — La cavalerie fut armée d'abord d'un bouclier de cuir et d'une lance, mais plus tard on lui donna l'armure complète, ainsi que les armes des *cataphractes* grecs.

Légion. — L'unité tactique de force de *légion* comprenait:

— (1re ligne) **1,200** *hastats* (les *hastats* occupaient le 2e rang, puis ils se rangèrent au 1er à partir du ve siècle) ;

— (2e ligne) **1,200** *principes* (les *principes* se placèrent au 2e rang, quand Marius eut introduit dans la tactique 2 lignes) ;

— (3e ligne) **600** *triaires* (les *triaires* se tenaient au 3e rang, mais Marius les fit passer au 1er; désormais, ils conservèrent cette place).

Ces troupes se formaient donc en bataille sur 3 lignes dans l'ordre indiqué ci-dessus ; les *triaires* en qualité de vétérans et de soldats d'élite composaient la réserve et soutenaient les deux premières lignes en cas de déroute.

Le front principal de la *légion* s'appelait *manipule* (unité tactique de 120 combattants dans les deux premières lignes, et de 60 dans la troisième). Le *manipule* formait un rectangle de 10 hommes de profondeur sur 6 ou 12 de front ; il se divisait en deux *centuries* avec un nombre correspondant d'officiers. Le *principal*, c'est-à-dire le plus ancien des *centurions*, était le chef du *manipule*.

Il y avait dans la *légion* des officiers destinés à communiquer les ordres, à porter les enseignes et à tracer les campements.

Le *manipule*, au début de sa création, eut pour enseigne une perche, à laquelle on attachait une botte de foin ; ensuite, une haste surmontée d'une main, au-dessous de laquelle on plaçait de petits boucliers, des images des divinités tutélaires, et celles des empereurs; la légion possédait pour enseigne un aigle.

Les *manipules* de première et de seconde ligne se trouvaient à égale distance de son front; ceux de la seconde ligne couvraient exactement ceux de la première ; le centre des *triaires* correspondait au centre des *hastats*.

Formation en bataille. — La distance entre les lignes variait de 100 à 300 pieds ; dans les *manipules*, la distance d'homme à homme était de 3 pieds.

Les vélites. — Les *vélites* combattaient sur le front et sur les flancs de l'ordre en bataille ; ils engageaint l'action sans formation régulière : à la débandade.

Créés pendant la 2ᵉ guerre punique, l'an 542 de Rome, les *vélites* furent supprimés après la guerre sociale, l'an 656 de Rome ; ils formaient le 1/4 de la légion.

De la cavalerie. — Comme je l'ai dit plus haut, chaque *légion* avait 320 chevaliers, qui se divisaient en *turmes* (compagnie de cavalerie, composée d'abord de trente hommes, puis de trente-deux) ; chaque *turme* de 32 cavaliers en bataille présentait une figure rectangulaire de 8 hommes de front sur 4 de profondeur, avec un nombre correspondant d'officiers.

A un corps de cavalerie, composé de 32 turmes, on donnait le nom d'*aile*. Régulièrement, la cavalerie se divisait en deux *ailes* ; chacune d'elles se plaçait sur les flancs dans l'ordre de bataille, ou bien encore les lignes de cavalerie prenaient position derrière les *triaires* pour profiter des intervalles des *manipules*, s'il était urgent de les soutenir. La cavalerie légère était double de la cavalerie de ligne ; il en était de même pour la cavalerie des alliés.

Combat. — Les *vélites* engageaient l'action dans un ordre dispersé et en éventail, puis ils se retiraient à l'arrière-garde ou sur les flancs ; dans ce cas, ils harcelaient l'ennemi de coups lancés avec leurs armes de jet ; les *hastats* entraient alors en lutte et se battaient corps à corps, se retirant en arrière par les intervalles pour laisser les principes prendre part à l'action, soutenus ensuite par la formidable réserve des *triaires ;* la cavalerie, pendant ce temps, cherchait à jeter le désordre et la confusion dans les rangs ennemis ou s'opposait à une action contraire de cavalerie, ou poursuivait vigoureusement les fugitifs ; dans certaines circonstances, la cavalerie portait en croupe les vélites, qui devenaient alors de l'infanterie rapide.

Nouvelle organisation de la légion. — La légion romaine n'eut pas toujours cette organisation ; Marius fut le premier qui créa des *cohortes*, contenant 3 *manipules* :

> Une d'*hastats ;*
> Une de *principes ;*
> Une de *triaires.*

La *légion* comprenait 10 *cohortes* à 3 *manipules.* Cette innovation fut un des motifs des luttes intestines entre Marius et Sylla, ainsi que de la décadence de l'armée romaine ; le premier, en effet, y incorpora les affranchis et les esclaves qu'on avait jusqu'alors éliminés des rangs de l'armée, et le second répartit entre ses soldats les terres confisquées pendant la guerre civile qu'il soutenait contre son rival Marius ; survint alors Jules César, qui réunit ses partisans aux soldats des deux compétiteurs.

Jules César. — Jules César contribua aussi à la décadence de l'armée romaine lorsqu'il divisa les troupes en *troupes de ville* et en *troupes de frontière.* Les *troupes de frontière* avaient moins de solde et jouissaient d'une moins grande considération ; le résultat de cette transformation fut déplorable à tous égards.

Jules César enseigna aux populations à fermer leurs villes par la fortification naturelle, artificielle, permanente et passagère ; plus tard ses adversaires surent mettre à profit ses leçons.

Machines de guerre. — Dans ces temps de décadence, les Romains employèrent des machines de guerre, telles que les *balistes :* machines de batailles ou de sièges ; machines de batailles, elles étaient montées sur deux roues avec onze servants ; chaque centurie légionnaire en avait une ; machines de sièges : elles étaient établies solidement en terre et lançaient à 500 mètres des poutres de 100 livres; l'effet produit était presque celui de notre artillerie.

Les *balistes* existaient déjà chez les Grecs; les Romains les perfectionnèrent. Ces machines se composaient d'un bâti de charpente avec des montants verticaux assemblés sur sa face par une double traverse horizontale. Deux cordages en nerfs tordus, fixés verticalement à l'une et à l'autre traverse, formaient la force balistique; dans chacun s'engageait l'extrémité d'un levier que la torsion des nerfs tenait écarté en dehors de la machine, tandis qu'à l'extrémité opposée était une corde d'arc.

Plusieurs soldats bandaient cette corde au moyen d'un moulinet ou de moufles, et amenaient ainsi les leviers en position parallèle. Dans une rigole de fer, placée sous la corde, entre les deux cordages, on introduisait une flèche munie d'ailerons de bois pour remplacer les plumes ou bien encore une poutrelle de bois; en lâchant la corde, les leviers se détendaient comme un arc, et le projectile partait avec une grande force.

Les Romains se servirent aussi de *catapultes*, machines de guerre avec lesquelles ils lançaient des pierres ou du plomb. Comme les *balistes*, les *catapultes* étaient des machines de batailles ou de sièges; machines de batailles: elles se traînaient sur les chariots et jetaient des pierres depuis 2 livres jusqu'à plus de 20 livres; machines de sièges: elles étaient fortement assujetties en terre et envoyaient à plus de 1,500 mètres des pierres de 81 kil., démolissant les fortifications et emportant des files entières de soldats.

La *catapulte* date du temps de Denys l'Ancien; c'était un bâti de charpente, horizontal, quadrangulaire, oblong avec un cordage fait de nerfs tordus dans le travers.

Un levier à cuilleron s'engageait dans le cordage qui le dressait contre un sommier vertical élevé derrière ses axes d'attache. Pour faire agir la machine, on abaissait le levier dans une position horizontale avec un système à crémaillère, on chargeait le cuilleron, puis on lâchait l'engrenage; le levier se redressait avec force, frappait le sommier, et lançait la charge.

Les *balistes* et les *catapultes* étaient les principales machines de guerre des Romains, mais ils possédaient aussi d'autres moyens de destruction du même genre.

CAMP RETRANCHÉ (1) DES ROMAINS PAR ROMUALD BRUNET.

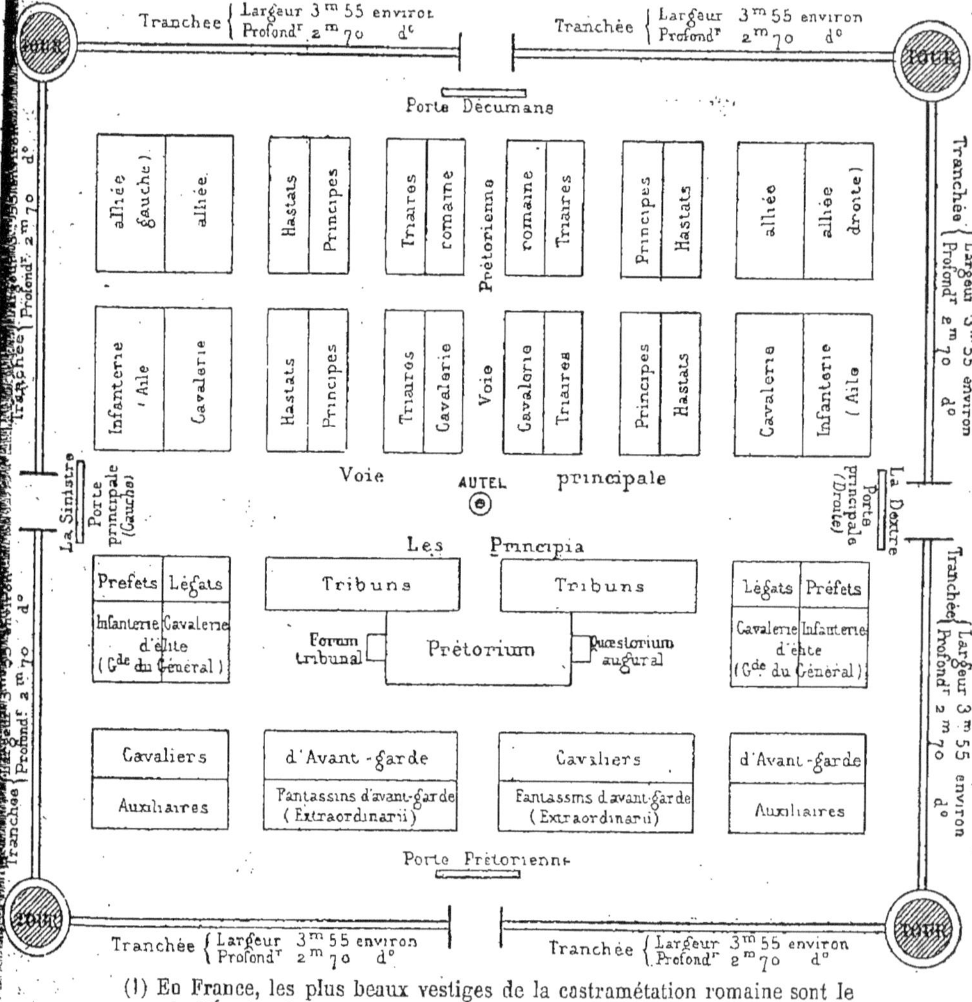

(1) En France, les plus beaux vestiges de la castramétation romaine sont le camp de l'Étoile (Somme) et celui de Wissant (Pas-de-Calais); en Espagne, plusieurs autres vestiges de fortifications existent encore, tels que ceux de Cieza, 35 kil. N.-O. de Murcie, sur la rive gauche de la Ségura;

Almazan, 22 kil. de Soria;

L'antique Numance, 17 kil. de Logrono, près de Garray, au confluent du Duero;

Ronda, 64 kilomètres O.-N.-O. de Malaga;

L'Estramadure, où, partout dans la province, on rencontre de nombreuses traces du passage et de la domination des Romains, etc., etc.

Camp retranché. — Au début de leur organisation militaire, les Romains n'avaient aucune notion de la castramétation (1); ils eurent l'occasion de voir un camp que Pyrrhus avait abandonné sur une grande hauteur; plus tard, ils en adoptèrent le dessin dont voici la description : superficie de 400,000 perches carrées avec extension assez grande pour observer les règles de l'hygiène; front du carré toujours régulier pour mieux soutenir l'attaque de l'ennemi; tentes disposées en files perpendiculaires au front du campement. Du côté droit, à l'extrémité, se tenait une légion d'alliés (2 légions de cette catégorie composaient une armée consulaire); cette légion occupait 4 rangées de tentes; à droite, dans l'espace vide à l'extrémité du camp, était établie une voie spacieuse pour la circulation des troupes et pour empêcher les traits des ennemis d'arriver; à gauche, se trouvait une légion d'alliés, puis une légion romaine. organisée de la même manière.

Le camp se subdivisait en 4 sections égales, marquées par deux chemins, l'un perpendiculaire, sur l'axe général; l'autre transversal. L'avenue de ceinture, au-delà du fossé, à l'intérieur, avait 59^m,26 de largeur. On appelait les *Principia*, le quartier des chefs. Deux corps d'infanterie et de cavalerie alliés gardaient la porte prétorienne. Les Romains perfectionnèrent leur campement avec des portes carrées; celle du centre s'appelait : *porte prétorienne*, celle en sens contraire : *porte décumane* et enfin celles des autres côtés : *portes principales*. Le camp était entouré d'une tranchée ou fossé large de 12 pieds sur 9 de profondeur ; la forme était celle d'un parallélogramme avec 4 tours aux angles.

Les tribuns des légions romaines, les préfets, ainsi que les chefs des troupes alliées, occupaient une ligne de tentes parallèles au front du campement.

Peines disciplinaires. — Les peines disciplinaires étaient très sévères, suivant les circonstances, et proportionnées à la faute commise.

____

(1) Art de tracer les camps militaires.

Pour les fautes légères, le soldat recevait un châtiment corporel; pour les délits graves : la désobéissance envers les supérieurs en temps de guerre, la désertion, la révolte et la vente des armes, le coupable subissait la peine de mort. Quand un corps tout entier commettait un acte de désobéissance ou de lâcheté, il était condamné à payer une dîme ou forte amende.

Récompenses. — Les récompenses étaient grandes, mais honorifiques, comme chez les Grecs; les actes remarquables ne restaient pas dans l'oubli; parmi les récompenses on distinguait la *couronne murale* et la *couronne civique;* la première de ces récompenses se donnait à celui qui sautait le premier dans une brèche et la seconde à celui qui s'exposait en sauvant la vie d'un Romain ou d'un allié. Il y avait aussi comme récompenses: le *triomphe* et l'*ovation;* le *triomphe* était accordé au général qui se signalait dans des entreprises périlleuses, et l'*ovation* au général qui accomplissait des actions d'un moins grand mérite.

Solde. — On ne donna de solde à la troupe qu'à partir du IVe siècle de la fondation de Rome; l'origine, ou plutôt la cause, en remonte à la guerre contre les Véiens, car les hostilités exigèrent une campagne d'hiver. Au commencement, elle fut de 32 centimes environ, puis elle alla en augmentant; sous Jules César, elle atteignit le chiffre de 52 centimes.

La cavalerie eut toujours le double de solde de celle de l'infanterie.

Les centurions émargeaient le double de la solde des soldats, et les tribuns quatre fois plus.

Aux fonctionnaires plus élevés, la nation payait tous les frais.

Les Romains touchaient une ration de pain, d'huile de porc, de vinaigre, etc.

Comparaison entre la phalange grecque et la légion romaine. — En examinant avec impartialité l'organisation tactique de la *phalange* grecque et celle de la *légion* romaine, il est facile de constater que l'*art militaire* des Grecs jouait un rôle *défensif*, afin de soutenir l'indépendance du pays, tandis que l'*art militaire* des Romains visait le rôle *offensif* par suite de leur amour de conquêtes. De cette manière, on s'explique parfaitement la différence qui existait entre les Grecs et les Romains, au point de vue militaire.

La *phalange* et la *légion* avaient des avantages différents : s'il n'y avait aucun accident de terrain, c'est-à-dire dans un terrain plat, rien ne pouvait résister à la formation compacte de la *phalange*, mais, dans un terrain varié, le résultat était au profit de la *légion*.

La *phalange* ne pouvant combattre qu'en plaine, il lui était impossible de recourir à la moindre mobilité, sans qu'elle s'exposât aux plus grands dangers ; la *légion*, au contraire, combattait admirablement dans tous les sites et par tous les temps ; elle n'était jamais surprise.

Toujours prêt à l'action, le soldat romain avait une mobilité remarquable aussi bien dans l'armée en ordre serré que dans celle en ordre dispersé.

Avec un dispositif de bataille dont le mécanisme permettait aux diverses unités tactiques de servir si facilement, les Romains n'eurent point besoin de rechercher une formation distincte.

Bataille de Munda (45 av. J.-C.). — J'ai cru intéressant pour mes lecteurs de jeter un coup d'œil sur l'*art militaire* des Grecs et sur celui des Romains ; maintenant, avant de raconter l'arrivée des Carthaginois en Espagne, il me paraît utile, sans entrer dans d'autres détails, de dire quelques mots encore sur Jules César et sur sa victoire de Munda (1) (le 17 mars de l'an 709 de Rome, 45 av. J.-C.).

Jules César naquit pendant la guerre civile entre Marius et Sylla, ce qui excuse en partie sa haine pour la république romaine et explique ses efforts pour la dominer.

Issu d'une famille noble, sa fortune était considérable;

______

(1) Aujourd'hui Ciudad-Ronda.

jeune, encore il fut recherché des nobles et du peuple.

Sans disserter longuement sur les diverses révolutions qui affligèrent Rome, j'arriverai de suite au fameux triumvirat de Crassus, César et Pompée, qui se partagèrent le gouvernement; Crassus prit l'Egypte; César, la Gaule; Pompée, l'Espagne.

César et Pompée s'étant brouillés, le premier marcha sur Rome et fut investi de la dictature.

Cette guerre entre les compétiteurs devait fatalement aboutir à l'anéantissement de l'un ou de l'autre.

Les opérations militaires de César furent nombreuses et brillantes : campagne de la Gaule, guerre civile, expéditions d'Alexandrie, d'Afrique et d'Espagne, décrites, du reste, par lui avec tant de mouvement, d'intérêt, de clarté dans ses *Commentaires*, si faciles à comprendre, quand on connaît les institutions militaires.et politiques des Romains.

De toutes les batailles que César a livrées, celle de Munda (Ciudad-Ronda), aux environs de Malaga (Andalousie), contre les fils de Pompée, est une des plus célèbres.

A l'approche de César, les pompéiens avaient levé leur camp et l'avaient établi près de Séville dans un champ d'oliviers; comme on se trouvait au dernier jour du mois, César, à la faveur de la lune, s'était aperçu du mouvement de ses adversaires. Ces derniers avaient pourtant eu le soin, avant de changer de campement, d'allumer de nombreux feux, afin de faire croire toujours à leur présence et de tromper ainsi l'ennemi. Le nouvel emplacement qu'ils avaient choisi était plus spacieux et surtout plus facile à défendre par suite de la nature du terrain ; d'un autre côté, César, nullement dupe de ce stratagème, rejoignit par une route détournée les fils de Pompée et prit position devant leur front à une certaine distance.

Le jour suivant, César, établi à Munda, cherchait à poursuivre sa marche en avant, lorsqu'il aperçut les coureurs ennemis qui s'étaient formés en bataille pendant la nuit.

Suivant les écrits du temps, César donna aussitôt le signal de la bataille.

Il est intéressant d'ajouter ici que les pompéiens avaient sollicité des alliances pour favoriser leur parti; César, de son côté, ne tenait pas beaucoup à exposer en pure perte sa jeune armée; les habitants aussi ne faiblissaient pas dans leur courage. C'est dans cette situation que l'engagement eut lieu de part et d'autre; le sol montueux, plein de collines, sans aucune plaine, se prêtait admirablement à une action décisive.

César couvrit les côtes de cavalerie et d'infanterie légère; il reçut en même temps un certain nombre d'auxiliaires; l'armée pompéienne, d'autre part, avait un effectif très respectable. La mêlée fut terrible, et après un combat aussi sanglant qu'acharné, César remporta définitivement la victoire.

Précédemment, par d'habiles manœuvres dans l'Espagne citérieure, ce grand homme avait fait mettre bas les armes aux généraux pompéiens Pétréius et Afranius; maintenant, par suite de sa victoire de Munda, il mettait fin à la résistance de la Bétique (Andalousie).

CHAPITRE III

Les Carthaginois. — L'histoire militaire des premiers temps de l'Espagne m'apparaît pleine de confusion, aussi je laisserai de côté la période légendaire pour parler de suite de l'arrivée des Carthaginois et d'Amilcar, leur chef.

Amilcar Barca. — L'Espagne était visitée depuis longtemps par les marchands carthaginois, quand le Sénat de Carthage confia au général Amilcar Barca une très forte armée, avec laquelle il entreprit la première guerre punique. Cette armée débarqua à Cadix (237 ans avant J.-C.); en neuf années, Amilcar conquit presque toute la péninsule.

Les Vettons. — L'Espagne était subjugée, mais non soumise. Les Vettons, peuple de Lusitanie, sur les confins des provinces de l'Estramadure et de Léon, apportèrent un grand renfort aux habitants de la plaine, les terribles adversaires des Cartharginois; ils feignirent de se rendre aux envahisseurs et restèrent à l'arrière-garde, lorsque leur chef donna l'ordre de tomber d'une manière offensive sur les derrières et sur les flancs de l'armée carthaginoise.
Avec cette vigueur et cette intrépidité qui caractérisent tant la nation espagnole, le résultat ne pouvait être douteux: les efforts de l'opprimé devaient l'emporter sur ceux de l'oppresseur. L'armée carthaginoise fut taillée en pièces et son général périt dans la mêlée (228 ans avant J.-C.).

Asdrubal. — A Amilcar succéda Asdrubal, surnommé le Beau, qui, grâce à son caractère bon et aimable, sut s'attirer les sympathies de la nation espagnole; il soumit toute l'Espagne de l'Océan à l'Ebre. Les traités conclus avec les Romains lui interdisaient de passer ce fleuve. Pour assurer

ses conquêtes, il bâtit au sud-est de la péninsule Carthago-
Nova (Carthagène) ; il mourut, assassiné par un esclave gaulois, en 223 avant J.-C.

Annibal. — Le successeur d'Asdrubal fut Annibal, connu
depuis longtemps par ses talents militaires ; celui-ci assiégea
Elementica, aujourd'hui Salamanque (Vieille-Castille) ; après
une héroïque résistance, les Espagnols furent obligés de capituler devant la force, à condition que s'ils rendaient leurs
armes et leur ville, ils conserveraient leur liberté. Annibal
accepta avec empressement ces propositions. Les femmes
espagnoles, animées d'un patriotisme ardent, abandonnèrent leurs bijoux aux soldats carthaginois ; elles cachèrent
des armes pour les hommes ; ceux-ci profitèrent d'un
moment favorable pour les attaquer par surprise, mais
Annibal, ayant rassemblé ses troupes, contraignit ses adversaires à se réfugier sur une montagne voisine jusqu'à ce
qu'il eût obtenu des conditions plus avantageuses dans une
autre capitulation. Je ne relate ces faits que pour montrer
la grandeur d'âme et la virilité des premiers Espagnols,
contre des ennemis féroces et sanguinaires, n'ayant de
l'homme que le nom.

Prise de Sagonte (219 av. J.-C.). — Voici encore un
autre exemple de la grande force de caractère des Espagnols :
Sagonte, ville d'Hispanie (Tarraconaise), près de l'embouchure de Pallantias, fondée par des Grecs de Zacynthe,
mêlés à des Rutules d'Ardée, se trouvait située dans un
pays fertile. Son importance grandissant, elle devint l'alliée
des Romains, et comme telle, fut assiégée par Annibal qui
s'en empara (219 ans av. J.-C.). Pourtant, ce ne fut pas
sans une résistance prolongée, digne des temps les plus
héroïques ; la défense opiniâtre de cette vaillante cité
montre à quel point les Espagnols étaient jaloux de leur
indépendance.

Les Espagnols auxiliaires des Carthaginois. — La domination des Carthaginois en Espagne fut marquée par une

lutte obstinée, entreprise toujours pour la défense des frontières. Nous devons certainement admirer l'intrépidité que déployèrent les Espagnols dans toutes leurs opérations, et leur manière de combattre à la débandade dans la plupart des cas, cause principale de la nullité de leurs efforts. Il est incontestable que le peuple espagnol n'était point préparé à la lutte contre un ennemi puissant et aguerri.

Une fois les Carthaginois maîtres de la péninsule, ils composèrent en grande partie leur armée d'Espagnols, qui contribuèrent beaucoup à leurs victoires. Dans la fameuse expédition d'Annibal en Italie, les Espagnols se distinguèrent par leur grande aptitude militaire : sobriété, obéissance, agilité et bravoure; sur le Tessin, à Trévise, à Trasimènes et à Cannes le général carthaginois obtint l'avantage grâce aux troupes espagnoles.

De l'infanterie espagnole. — A cette époque, les Espagnols suivaient la tactique ordinaire et se formaient régulièrement; ils se distinguaient par leur adresse ; dans bien des cas, cette qualité primordiale pour le soldat de cette époque leur permit d'échapper à de grands désastres. La réputation du fantassin espagnol commençait; comme nous le verrons par la suite, elle s'accrut de plus en plus.

De la cavalerie espagnole. — Dans le combat, la cavalerie flanquait l'infanterie à droite ou se plaçait dans ses intervalles, ou bien encore mettait pied à terre suivant les circonstances.

Frondeurs baléares. — Le caractère aventureux et l'amour guerrier des Espagnols les ont toujours fait bien accueillir des autres pays; leurs armes offensives et défensives étaient d'une qualité remarquable. Comme arme favorite, ils avaient la fronde; les frondeurs baléares (1) ont

(1) Le nom de Baléares dérive, sans nul doute, du mot grec Βαλλειν, qui signifie lancer; en effet, les habitants de ces îles étaient d'une grande habileté à manier la fronde. Il n'y avait pas de cuirasse, de bouclier ou de casque qui résistassent à leur coup; les enfants étaient exercés dès leur jeune âge.

acquis, à juste titre, du reste, une célébrité universelle.

Sagonte une fois prise, la guerre éclata entre Rome et Carthage.

Campagne des Carthaginois en Italie. — Annibal professait une grande aversion pour les Romains, parce qu'ils avaient juré de l'exterminer, aussi craignait-il d'être attaqué par eux en Espagne; il résolut donc de transporter le siège des opérations militaires au cœur même de l'Italie; ce plan ne manquait pas d'audace et d'une certaine prudence à la fois.

CHAPITRE IV

Préparatifs de guerre des Carthaginois. — Carthage fit des préparatifs considérables pour arriver au but de ses désirs. Les conditions de défense de l'Espagne et de la cité mère une fois réglées, l'armée carthaginoise comprit :

> 80,000 fantassins ;
> 12,000 cavaliers ;
> 40 éléphants ;

de plus, beaucoup d'alliés voulurent se joindre à l'expédition.

Passage des Pyrénées. — Les Pyrénées passées, Annibal comprit la hardiesse de son entreprise ; il fallait obtenir des Gaulois le droit de passage.

Publius Scipion. — Rome, qui ne soupçonnait pas la grandeur du péril, se contenta de réunir 20,000 hommes, sous les ordres de Publius Scipion ; ce général, à l'embouchure du Rhône, ne put s'opposer à la marche en avant d'Annibal, si bien que les riverains du fleuve se révoltèrent.

Les Carthaginois traversent le mont Saint-Bernard. — Les Romains furent obligés de remonter le cours du Rhône ; le général carthaginois feignit de le poursuivre, mais évitant les fortes positions des Romains dans les gorges des Alpes, Annibal traversa le mont Saint-Bernard et arriva en Italie.

Les difficultés qu'il eut à vaincre pour arriver à son but furent considérables ; en effet, après ses conquêtes en Espagne , il s'aperçut qu'une fois un corps de 10,000 hommes immobilisés pour contenir les indigènes, il ne lui restait plus que 20,000 hommes, dont un peu moins de la moitié d'Espagnols, 6,000 cavaliers et un nombre très réduit d'éléphants,

Bataille du Tessin. — Publius Scipion, devant la marche hardie des Carthaginois, se porta à leur rencontre et les rejoignit juste aux bords du Tessin. L'attaque partit des troupes d'Annibal, avec l'idée de déloger les Romains de leurs positions, parfaitement reliées entre elles. L'affaire fut indécise; mais dès que la fameuse cavalerie numide entra en ligne, elle déborda les flancs ennemis et attaqua son arrière-garde; les Romains, déconcertés, se retirèrent en désordre avec une perte énorme d'armes, de vivres et de bagages.

Scipion, ayant traversé le Tessin et le Pô, suivi de près par Annibal, se fortifia près de ce dernier fleuve, espérant recevoir des renforts.

A la bataille du Tessin, les Espagnols, placés au centre de l'armée carthaginoise, attaquèrent vigoureusement l'ennemi et lui causèrent des pertes énormes par l'habileté des frondeurs baléares.

Sempronius. — A la nouvelle de cet échec, le sénat romain opposa à Annibal le général Sempronius, connu par certains avantages remportés en Sicile sur les Carthaginois.

Bataille de Trévise. — Les deux adversaires tentèrent les hasards d'une bataille. Annibal fut enchanté des bonnes dispositions de son adversaire; Sempronius, au caractère hardi et impétueux, désireux d'en venir de suite aux mains, passa la petite rivière qui séparait les deux armées. Une fois les adversaires en présence, la bataille commença par une charge en ligne de la cavalerie carthaginoise; l'action fut héroïque de part et d'autre, mais les deux ailes de l'armée romaine faiblirent et le centre se reforma avec sa seconde ligne. Annibal avait déjà engagé dans ces terrains couverts de bruyères 6,000 cavaliers et 1,000 fantassins de ses meilleures troupes, sous les ordres de Magon; il avertit ce dernier qu'il était opportun d'écraser les réserves ennemies, placées à l'arrière-garde, de manière à contraindre l'armée romaine, prise d'une panique soudaine, à prendre la fuite.

La victoire, remportée dans cette journée à Trévise, fut

complète pour le général carthaginois ; les Espagnols se distinguèrent comme toujours, surtout dans les endroits d'un accès difficile.

La neige ayant couvert les Apennins, Annibal ne put les traverser ; jusqu'au printemps suivant, il établit ses quartiers d'hiver chez les Gaulois.

Servilius et Flaminius. Les deux routes qui sillonnaient les Apennins étaient défendues par deux armées romaines : l'une sous les ordres de Servilius et l'autre sous le commandement de Flaminius. Annibal découvrit un sentier de chèvres qu'ignorait l'ennemi et tomba sur les derrières de l'arrière-garde des Romains, qui ne connurent sa présence que par ses attaques. Servilius, quoique épouvanté de tant d'audace, ne comprit pas de suite le danger et tâcha de s'unir à Flaminius ; ce dernier, aveuglé par une trop grande confiance en lui-même, n'avait pas attendu des renforts pour attaquer l'ennemi.

Bataille de Trasimène. — Les Carthaginois se trouvaient alors sur des hauteurs, près du lac de Trasimène.

Flaminius campa à l'entrée du défilé situé sur la pente de la montagne. Annibal tenait les hauteurs, ayant à sa droite les frondeurs baléares et à sa gauche les Gaulois ; la cavalerie était embusquée à l'entrée du défilé et occupait tous les passages. Au point du jour, Flaminius pressa sa marche et pénétra dans la vallée ; quand l'avant-garde arriva à la hauteur des positions ennemies, Flaminius ordonna l'attaque. Conduits par un général imprudent et inhabile, les Romains furent refoulés par les Carthaginois ; beaucoup périrent dans cette journée (217 ans avant J.-C.).

Fabius. — Après ce fameux échec, les Romains nommèrent dictateur Fabius, qui de suite réunit son armée à celle de Servilius, soit en tout 40,000 hommes. Il prit un rôle purement défensif, harcela sans cesse les troupes d'Annibal et sema partout la ruine et l'incendie.

Émile et Varron. — Les Romains n'approuvèrent pas la

prudence de leur général ; aussi, comme ils voulaient en finir avec Annibal d'un seul coup, confièrent-ils le commandement de l'armée à Émile et à Varron ; ce dernier ignorait les plus simples notions de la guerre et n'avait aucune instruction.

Annibal établit ses quartiers d'hiver dans les Alpes. — Tout en surveillant Annibal, qui campait avec ses troupes dans les plaines de Capoue, bornées par la mer et par les montagnes, le général romain Fabius occupait tous les défilés. Annibal, pour se tirer d'une aussi mauvaise position, employa un stratagème dont s'étaient servis les Espagnols dans leur lutte contre Amilcar : Annibal, en effet, fit rassembler une quantité considérable de bruyères et de foin, puis il y fit mettre le feu. L'incendie jeta partout la terreur ; les animaux, affolés, se répandirent dans les montagnes, et les Romains, atterrés par ce spectacle, se replièrent sur le corps principal. Annibal profita de cette retraite pour se dégager sur-le-champ et établit dans les Alpes ses quartiers d'hiver.

Bataille de Cannes. — Varron prit alors le commandement de l'armée romaine ; c'était un général sans talent et présomptueux, qui, au lieu de suivre les conseils d'Émile, chercha l'ennemi et lui présenta la bataille devant Cannes, aux bords d'un petit cours d'eau, sur lequel il appuya sa droite, pendant que les Carthaginois y campaient à gauche. Au commencement de l'action, dès l'attaque des Carthaginois, le centre ayant avancé plus que le reste de la ligne, après la mise en déroute de la cavalerie romaine par la cavalerie espagnole, Annibal ordonna à la cavalerie numide de se mettre en éventail aux ailes et d'envelopper le front de l'ennemi. Cette manœuvre réussit si bien, que les Romains furent complètement défaits ; voici, du reste, les résultats considérables de cette bataille : Émile tué, 3,000 hommes sains et saufs sur 70,000 fantassins et 500 cavaliers, sur 6,000 ; la perte des Carthaginois se réduisit à 6,000 hommes.

Les Carthaginois hivernent à Capoue. — La victoire

était si complète, que le général carthaginois se trouva maître de toute l'Italie du Sud et qu'il prit ses quartiers d'hiver dans les fertiles plaines de Capoue pour se diriger plus tard sur Rome. Mahlarbal, chef de la cavalerie numide, à la vue des délices de Capoue, ne put s'empêcher de dire à Annibal : « Vous savez vaincre, mais vous ne savez pas profiter de la victoire. » Il faut convenir que si aucune des opérations de ce grand homme ne prête jusque-là à la critique, certainement dans cette circonstance on peut affirmer, sans conteste, qu'une marche sur Rome était indiquée pour profiter de la faiblesse de la *reine du monde.*

Annibal passa trois hivers à Capoue ; il soutint de temps à autre de petits combats contre les Romains, qui comprirent, un peu tard, l'excellent système de défense du prudent Fabius.

Les troupes espagnoles formaient l'élite de l'armée carthaginoise ; Annibal savait qu'il pouvait compter sur elles ; avec Tite-Live, je dirai que les Espagnols et les Africains furent *la force* et *le nerf* de l'armée d'Annibal.

Les frères Scipion. — Revenons un peu à l'Espagne : après la prise de Sagonte, les Romains envoyèrent dans la péninsule deux armées, sous les ordres des deux frères Publius et Gineus Scipion ; le premier subit quelques échecs ; le second, au contraire, par son aménité et son intégrité, fit changer la haine contre les Romains en réelle estime.

Gineus Scipion battit l'armée carthaginoise, commandée par Hannon, devant Lérida (214 ans av. J.-C.). Le sort lui fut encore propice dans quatre autres journées consécutives : la première, combat naval contre Amilcar (213 ans av. J.-C.); la deuxième, contre Asdrubal à l'embouchure de l'Ebre (212 ans av. J.-C.) ; la troisième, contre Magon, devant Tortosa (211 ans av. J.-C.) ; la quatrième, dans la même année, contre le père d'Asdrubal.

Scipion l'Africain. — Les Romains ne retirèrent pas de grands avantages de ces victoires ; ils subirent peu après deux défaites où ils perdirent les deux frères Scipion ; Claudius Néron succéda à ces derniers, mais il fut bientôt relevé et remplacé par Scipion l'Africain.

Ce nouveau général sut gagner l'affection des Espagnols, en prenant aux Carthaginois Carthagène, leur métropole et leur ville fortifiée. Cette belle cité renfermait l'arsenal et était le centre du commerce des Carthaginois.

La générosité de Scipion, après la prise de la place, lui valut la reconnaissance des peuples de la péninsule ibérique.

Le général romain se conduisit avec un tel tact et une telle habileté, qu'en 206 avant J.-C. Cadix était le seul point restant au pouvoir des Carthaginois. L'année suivante, Massinissa, leur chef, rendit cette place ; avec lui finit la domination carthaginoise en Espagne, pour être remplacée par celle des Romains.

Scipion l'Africain, de bon et d'humanitaire qu'il était, devint cruel et sanguinaire ; aussi souleva-t-il l'indignation des Espagnols sur plusieurs points de leur territoire : il est utile d'ajouter qu'il n'avait plus à craindre les Carthaginois, chassés depuis peu de la péninsule ibérique.

Campagne d'Afrique. — Le général romain, non content de ce résultat, résolut de porter la guerre au cœur de l'Afrique ; il rassembla une forte armée et passa le détroit ; Annibal, sur ces entrefaites, accourut au secours de sa patrie avec ses plus vieilles troupes, composées en grande partie d'Espagnols et bien diminuées par les récents combats. Pauvres Espagnols ! toujours vaillants pour battre les armées des plus grandes nations du monde, leur rôle, à cette époque, était d'être dominés par elles !

Bataille de Zama. — Annibal, à peine arrivé en Afrique, rejoignit bientôt le général romain et se prépara à lui livrer bataille.

L'armée carthaginoise formait trois lignes : dans la dernière se tenaient les soldats aguerris provenant de l'armée d'Italie ; dans la première avaient pris place 80 éléphants ; la cavalerie flanquait les ailes.

Les Romains s'étaient formés en manipules avec des distances occupées par des troupes légères, ayant l'ordre d'attaquer les éléphants et, dans certains cas, de passer à l'arrière-garde sans produire de confusion ; la cavalerie protégeait les ailes.

Mort d'Annibal. — Disposées ainsi, les armées en vinrent aux mains ; les éléphants précédaient les Carthaginois. De leur côté, les Romains avaient placé les vélites dans les intervalles des manipules, suivant leur tactique habituelle ; ceux-ci soutinrent si bien le choc, qu'ils forcèrent leurs adversaires à rétrograder ; un grand désordre se produisit dans les rangs des Carthaginois, chargés alors par la cavalerie romaine. Scipion donna lui-même l'exemple et se précipita avec furie sur les deux premières lignes ennemies, qui bientôt obligèrent la troisième à reculer ; la cavalerie romaine acheva la déroute ; c'en était fait de ce grand capitaine, j'ai nommé Annibal, qui, errant et fugitif, mourut bientôt misérablement.

CHAPITRE V

Scipion quitte l'Espagne. — Quand Scipion quitta l'Espagne, il laissa le commandement à Lentulus et à Acidinus, préteurs et proconsuls, pour exécuter les ordres du sénat romain ; ils prirent des mesures tellement arbitraires et vexatoires, qu'ils ne tardèrent pas à s'aliéner l'esprit des indigènes ; au nombre de 30,000, les Espagnols se soulevèrent contre leurs oppresseurs, avec Indivil et Mandonius comme chefs ; ceux-ci périrent dans une bataille livrée dans les champs des Edétans (Tarraconaise).

La domination romaine en Espagne ne fut qu'une série continuelle de luttes, produites par les exactions des gouverneurs romains ; ils ne remportèrent pas toujours l'avantage.

Les Espagnols étaient aussi animés d'une haine sourde contre leurs oppresseurs, quand une nouvelle perfidie des Romains porta leur irritation aux dernières limites : après une récente lutte avec les Lusitaniens, le préteur Galva leur offrit la paix à des conditions tellement avantageuses, qu'ils s'empressèrent d'accepter. Tandis que les Lusitaniens se reposaient tranquillement sur la foi des traités, Galva tomba sur eux, en égorgea 9,000 et fit 20,000 prisonniers.

Viriate. — Cet affreux massacre exaspéra les Espagnols ; la plus grande partie prit les armes contre les Romains, n'ayant qu'un chef pour les conduire au combat : ce fut le célèbre Viriate, berger d'abord, bandoulier ensuite, qui commença par opposer 10,000 hommes à ses adversaires, puis fit entrer en ligne les Algarves et les Andalous.

Surprises par Victilius, les troupes de Viriate furent en partie battues ; le reste se retira dans une position très forte qu'il croyait inattaquable.

Le grand patriote rassembla ses soldats, les exhorta

au combat et les avertit que lorsqu'ils se battraient contre les Romains, ils n'auraient à lutter que contre 1,000 cavaliers.

Viriate, sans en venir aux mains avec ses ennemis, les observa de jour, avança et se retira à la tombée de la nuit, car, de cette manière, il connut bien son terrain et put se retirer sans être inquiété.

L'habileté du brave Viriate augmenta considérablement ses forces. Victilius, en le poursuivant, tomba dans une embuscade et perdit la vie. Le général lusitanien remporta une victoire complète, suivie bientôt de deux autres. A cette nouvelle, les Romains envoyèrent en Espagne Métellus avec de nouvelles troupes pour continuer la guerre ou traiter de la paix. Un traité fut conclu et envoyé à l'approbation du sénat romain. Le préteur Cæpion Servilius soutint qu'elle était déshonorante pour la république ; suivant sa conscience, les troupes romaines n'avaient qu'à envahir le territoire des Lusitaniens.

Assassinat du patriote Viriate (140 ans av. J.-C.). — Viriate, surpris d'une pareille conduite, indigne d'un peuple noble, envoya au préteur romain, pour connaître ses nouvelles prétentions, ses capitaines Aulaco, Ditalco et Muniro; les misérables traîtres, subornés par le général romain, à leur retour et de la manière la plus infâme, assassinèrent le grand patriote Viriate.

Premier siège de Numance. — Cette mort jeta la consternation dans le pays : elle donna un calme relatif et momentané à l'Espagne ; en effet, les Romains en profitèrent pour assiéger Numance sous le fallacieux prétexte que ses habitants, au nombre de 5,000, sans avoir pris une part dans la lutte, avaient encouragé ceux qui s'étaient soulevés contre Rome.

Le consul Quintus Fluvius, dans une ignorance complète du terrain, fut battu par les Numantiens; c'était la première fois qu'il opérait dans ce pays ; il en ignorait donc la topographie.

Deuxième siège de Numance. — Quintus Pompéius
Rufus, gouverneur de la Gaule citérieure (1), se présenta
devant Numance avec 30,000 combattants, afin d'obtenir
immédiatement la reddition de la place ; les Numantiens,
satisfaits de leurs conditions de paix antérieures, très honorables, du reste, refusèrent les nouvelles conditions comme
humiliantes.

Troisième siège de Numance. — **Mégare.** — Après un
an d'attente, le général romain, fatigué de la résistance
des assiégés et affecté de la perte des siens, se décida à
lever le siège après avoir conclu une paix avantageuse pour
les Numantiens ; cette paix ne fut pas ratifiée par les Romains. La *reine du monde* remplaça Quintus Pompéius par
le consul Popilius ; celui-ci assiégea de nouveau Numance
et lui donna un vigoureux assaut. Un silence glacial régnait
dans la place ; les braves Espagnols luttèrent à outrance et
avec une telle énergie pour leur indépendance, que Popilius
fut obligé de lever en toute hâte le siège de cette ville. Encouragés par leur chef Mégare, les Numantiens les poursuivirent avec une grande impétuosité et les taillèrent en pièces.

La déroute des armées romaines devant les murs de Numance produisit une telle consternation, qu'en plein sénat
on désigna sa population comme *la terreur de la république.*

Quatrième siège de Numance. — Caïus Hostilius succéda à Popilius ; une nuit, pris de peur, il battit précipitamment en retraite et fut défait complètement. A la suite
de ce désastre, il reprit les pourparlers de paix sur les
bases établies par Pompéius.

Le sénat romain refusa encore de ratifier une pareille
paix et leva contre les héros numanciens une nouvelle
armée de 70,000 hommes, sous les ordres de Publius Emi-
lius Scipion. Celui-ci procéda différemment que ses prédécesseurs et projeta de réduire Numance par la famine ; en
l'année 130 avant J.-C., le général romain prit non pas

(1) Les Romains divisaient la péninsule en deux provinces: l'Espagne
ultérieure et l'Espagne citérieure ; la première comprenait le Portugal et
l'Andalousie ; la seconde, le reste de la péninsule.

Numance, mais un monceau de ruines, les habitants avaient préféré une mort glorieuse à un déshonneur irréparable : *Succomber sous les coups d'envahisseurs, pour un patriote c'est la mort la plus belle !*

L'histoire a gardé respectueusement le souvenir de l'héroïsme de cette brave cité, dont le nom sera toujours gravé en lettres d'or dans les légendes patriotiques ; honneur à ses braves ancêtres, honneur à elle qui fut sublime et fière aux jours du malheur ; son nom glorieux passera désormais à la postérité !

Pendant ce temps éclatait à Rome la guerre civile entre Marius et Sylla ; ce dernier l'emportait, aussi s'empressat-il de mettre de côté tous les amis particuliers de son compétiteur malheureux Marius.

Sertorius. — Parmi ceux-ci se trouvait Sertorius, alors en Espagne ; celui-ci profita du mécontentement général contre les gouverneurs romains et n'eut pas de peine pour lever une armée de 9,000 hommes, avec lesquels il défit Didius, le général romain, et Domitius, un autre général envoyé exprès par Sylla.

Les victoires et la politique de Sertorius lui gagnèrent bientôt tous les cœurs ; militaire consommé, il introduisit en Espagne l'organisation de la République romaine et divisa administrativement la péninsule ibérique en deux provinces : la Lusitanie et la Celtibérie.

Sylla, alarmé des progrès de Sertorius, envoya contre lui une nouvelle armée, commandée par Métellus, général plein d'expérience dans l'art militaire.

Les exemples d'intrépidité des Espagnols se multiplièrent de plus en plus et la réputation de leur général ne fit que s'accroître ; la fougue des soldats espagnols était irrésistible et la sagesse de Sertorius proverbiale.

La tactique du général espagnol finit par amoindrir l'armée romaine à un tel point, que Sylla se vit dans la nécessité d'envoyer à Métellus de nouveaux renforts sous les ordres de Gineus Pompéius.

A Liria (Valence), Sertorius défit complètement l'armée romaine avec ses deux chefs. Les Romains et les Carthaginois en vinrent encore aux mains trois fois: la première, le résultat fut indécis; la seconde, Sertorius l'emporta; la troisième ressembla à la première. Les Romains, de leur côté, voulurent en finir, aussi mirent-ils la tête de Sertorius à prix; celui-ci s'entoura d'une garde composée exclusivement d'Espagnols; un grand mécontentement se produisit alors dans son entourage, et les Romains qui suivaient ses bandes désertèrent peu à peu, passant à Métellus et à Pompée, avec ceux qui se plaignaient du changement de caractère de Sertorius; d'affable et de paisible, il était devenu défiant et cruel.

Mort de Sertorius. — Domination romaine en Espagne.

— Ces circonstances favorisèrent certainement les Romains, qui, après avoir suborné Perpenna, lieutenant de Sertorius, lui firent assassiner ce général (1) à Huesca, capitale de la Celtibérie. Perpenna chercha à se faire nommer commandant en chef de l'armée espagnole; Pompée profita avantageusement de la situation. Toute la péninsule se trouva de nouveau sous le joug des Romains, à l'exception d'Osma et de Calahorra, qui se souvinrent de la défense héroïque de Sagonte et de celle de Numance.

(1) La partie méridionale de la Vasconie avait fourni des soldats à Sertorius; après son assassinat, ne pouvant survivre à leur chef, tous ces brave s'entretuèrent. Une épitaphe porte encore cette inscription :

> Hic multæ quæ se manibus
> Q. Sertorii turmæ, et terræ
> Mortalium omnium parenti
> Devovere, dum, eo sublato,
> Superesse tœderet, et fortiter
> Pugnando invicem cecidere,
> Morte ad præsens optata jacent.
> Valere posteri.

Voici la traduction :
Ici reposent maintenant, frappés d'une mort qu'ils ont désirée, de nombreux guerriers qui se sont dévoués aux mânes de Sertorius et à la terre, mère commune des mortels, parce qu'il leur était insupportable de survivre à leur chef; ils sont tombés en combattant courageusement les uns contre les autres. Adieu à nos descendants.

CHAPITRE VI

A partir de cette époque, les Espagnols figurèrent dans les armées romaines, prirent une large part dans leur gloire, se distinguèrent par leurs talents militaires et obtinrent enfin les plus hautes récompenses.

Dans les premiers temps de l'empire romain, deux légions portaient les noms de « Légion espagnole » et de « Légion gauloise » ; le nombre fut porté à dix, dans les IVe et Ve siècles, avec six ailes de cavalerie et huit corps de troupes auxiliaires.

Parmi les Espagnols qui se signalèrent le plus dans la milice au service de Rome, nous pouvons citer les Trajan, les Balbus, les Lucius Pompéius Reburrus, les Lucius Roscius Elianus et Evandre dont la valeur fut récompensée par dix couronnes murales, dix-huit couronnes civiques et une couronne navale.

La domination romaine continua sous les Césars jusqu'au commencement du Ve siècle, époque où les barbares du Nord devinrent les maîtres de l'empire par suite de l'indolence, du luxe, de l'ambition et d'autres vices.

A la mort de Théodore, empereur romain, en l'année 395 de notre ère, l'empire était divisé en deux avec ses fils Arcadius et Honorius ; leurs tuteurs, Rufinus et Estilicus, tâchèrent de ravir la couronne à leurs pupilles en demandant l'aide des peuples du Nord ; ceux-ci accaparèrent une partie de l'empire.

Les Suèves, les Vandales, les Alains. — En Espagne vinrent les Suèves, les Vandales, les Alains ; les premiers occupèrent la Vieille-Castille, la province de Léon et celle de Galice ; les seconds l'Andalousie, et, les derniers, Carthagène et le Portugal.

Les Goths. — Alaric, sa mort. — Les Goths de la Scandinavie (Suède, Norwège et Danemark), envahirent l'Italie ; ils obligèrent Honorius à leur payer un tribut et à leur céder le gouvernement des Gaules ainsi que celui de l'Espagne. Alaric, chef des Gaules et de l'Espagne, justement irrité contre les Romains, s'approcha de leur ville pour la saccager ; ce chef mourut à Cosenza, en l'année 210.

Ataulfe. — Ataulfe lui succéda et de la Gaule passa en Espagne, où il fut très bien reçu en Catalogne. Cette province appartenait aux barbares du Nord, comme le reste de la péninsule.

Les Goths s'emparèrent peu à peu de l'Espagne et refoulèrent en Afrique les Suèves, les Vandales et les Alains ; depuis cette époque, ils restèrent les tranquilles possesseurs de la péninsule.

Rien ne mérite notre attention jusqu'au règne de Théodore, qui battit Attila en Catalogne.

Attila. — Attila, avec 50 ou 60,000 hommes, se proposait de conquérir la moitié de l'Europe ; il pénétra dans la Gaule jusqu'à Orléans ; les Goths et les Romains réunis l'obligèrent à lever le siège et à se retirer devant Tolosa. Les alliés se portèrent aussitôt à sa rencontre dans de grandes plaines.

Théodore et Aétius. — Attila disposa son armée sur trois lignes ; il était protégé à droite par une hauteur que ses adversaires avaient à gauche. Théodore et Aétius étaient les chefs de l'armée alliée ; le fils aîné de Théodore, Turismundus, commandait la gauche et Théodore la droite ; le centre se composait de troupes étrangères qui n'offraient pas grand appui

Attila donna le signal de l'attaque et chercha à s'emparer d'une colline où s'appuyait sa droite ; Turismundus et Aétius défendaient à tout prix ce point, qui était la clef de la position, si bien que la victoire resta indécise, tant l'acharnement était grand des deux côtés.

Mort de Théodore. — Théodore, en se portant de sa personne dans les endroits les plus importants, tomba frappé à mort ; à cette nouvelle, les troupes alliées attaquèrent l'ennemi avec une telle impétuosité, qu'elles l'obligèrent à rétrograder ainsi que ses réserves.

Bataille des camps catalans. — Les troupes qui décidèrent l'action furent celles de Goths. Les historiens appellent cette victoire : bataille des Camps Catalans.

Wamba. — Le règne des rois goths jusqu'à Wamba (1), présente une série de guerres et de combats qui n'offre rien de bien saillant.

Wamba, bon soldat et profond politique, fut élevé au trône contre sa volonté ; détestant le pouvoir, il ne cherchait que l'occasion de se distinguer.

Hildéric. — Paulus. — Soulèvement de la Vasconie. — Hildéric, comte de Nîmes, se révolta avec les populations de la Gaule gothique, qui formaient alors une partie des Gaules au pouvoir de l'Espagne. Wamba dépêcha contre lui Paulus pour le réduire à l'obéissance, mais celui-ci devant ses troupes se proclama roi ; au même moment se souleva la Vasconie.

Dans cette situation critique, Wamba marcha contre la Vasconie, qu'il soumit en six jours ; puis il se dirigea vers Paulus et divisa son armée en trois corps : le premier suivit la côte, le second prit par Vic, le troisième passa à gauche par la Cerdagne ; ensuite il réunit ses trois corps dans les Pyrénées et repoussa Paulus de ses retranchements.

L'armée espagnole se forma de nouveau en trois corps : l'un opéra vers Narbonne, où s'était réfugié Paulus ; un autre s'embarqua et se dirigea sur le port de la Nouvelle avec le même objectif ; le troisième, sous les ordres de Wamba, forma la réserve.

Paulus prisonnier. — Une fois Narbonne reconnue,

(1) Les restes de Wamba ont été transportés du monastère de Pamplieg dans l'église de Sainte-Léocadie de Tolède, par Alphonse le Sage.

Wamba rechercha Paulus, qui se dirigeait sur Nîmes, le rejoignit et le poursuivit; arrivé devant cette place, Wamba l'emporta d'assaut et le fit prisonnier. Malgré son acte de félonie, Paulus eut la vie sauve, grâce à la générosité du brave Wamba, dont l'activité et l'habileté furent prodigieuses dans cette expédition.

D. Rodrigues. — Les fils de Witiza. — A partir de cette époque, les Goths dégénérèrent; ils s'adonnèrent aux vices; leur esprit militaire décrut rapidement jusqu'au règne de D. Rodrigues. Les forts étaient démantelés et les hommes manquaient d'armes. Profitant d'une pareille situation, les fils de Witiza s'allièrent avec les Sarrasins, qui leur ouvrirent les portes de l'Espagne.

Bataille de Guadalette. — Aussitôt Rodrigues, à la tête d'une armée improvisée et organisée à la hâte, marcha contre les Maures et leur livra la fameuse bataille de Guadalette; celle-ci resta indécise huit jours, tel était l'acharnement des combattants. Le sort fut enfin favorable aux Sarrasins, parce que les fils de Witiza, placés sur les flancs de l'armée, passèrent à l'ennemi.

Après cette bataille, les Sarrasins dominèrent toute la péninsule, à l'exception pourtant des montagnes des Asturies, où s'était réfugié Pélage avec le reste de l'armée; là, la lutte dura des siècles.

Au début de l'invasion des barbares, les Espagnols se soulevèrent contre les Romains, qui ne les secouraient jamais; plus tard, ils se confondirent avec les envahisseurs, désireux d'obtenir leur estime.

Organisation militaire des Goths. — Le peuple goth avait une organisation purement militaire; le service était obligatoire pour tous ceux en état de porter les armes; on obligeait les riches à armer la dixième partie de leurs esclaves.

Infanterie et cavalerie. — L'armée gothe se composait comme ses devancières d'infanterie et de cavalerie;

dernier corps, suivant les règles militaires en usage, était moins important que le premier.

L'unité tactique comprenait 1,000 hommes d'infanterie et de cavalerie; le chef de l'infanterie s'appelait: *Milenario*, et celui de la cavalerie : *Tuifado*.

Cette unité se subdivisait en fractions de 500 hommes, commandés par des *Quingentarios* ; chacune d'elles se partageait en fractions de 100 hommes sous les ordres de *Centenarios*, puis celles-ci se décomposaient en fractions de 10 hommes, conduits par un *Decano*.

Le général en chef de l'armée était toujours un duc portant le nom de *Président de l'armée* et le second chef, un comte appelé : *Gardingo*; le duc gouvernait la province et le comte la ville.

Il existait d'autres charges militaires : telles furent les *Annonarios* pour l'administration, et les *Compulsores* pour le recrutement.

Chaque bande avait un drapeau.

Armes défensives et offensives. — Les Goths avaient pour armes défensives : le heaume ou casque, la cuirasse, le bouclier et les brassards; pour armes offensives : la pique, la lance et l'épée; leurs projectiles consistaient en dards et en flèches à pointes d'acier; les Goths maniaient la fronde avec beaucoup d'adresse et pendant la paix ils pratiquaient avec ardeur tous les exercices militaires; ils se servaient aussi du dard teutonique et de la hache française.

Organisation défensive. — Quand un ennemi attaquait un de leurs camps, un de leurs villages, une de leurs villes, les populations des environs les secouraient immédiatement, et cela en masse, sans distinction de situation sociale; cette coutume s'est conservée en Catalogne, où souvent eurent lieu des réunions de gens en armes.

Les Epatharios. — Les rois Goths avaient une garde particulière, connue sous le nom de *Epatharios*, dont le chef s'appelait le comte des *Epatharios*, grande charge du palais. Cette garde se distingua, lors de l'invasion des Sarrasins.

Législation militaire et civile. — La législation militaire et civile des Goths était formée d'une compilation des lois faites par leurs rois après la chute de l'empire romain ; cette compilation a été l'origine du premier Code en Europe.

Peines disciplinaires. — Ceux d'entre eux qui occupaient une position élevée et qui désertaient ou abandonnaient leurs charges, avaient leurs biens confisqués et étaient bannis ; la classe inférieure recevait le fouet et subissait la peine de la décalvitie (1).

Les officiers qui négligeaient leur service ou se permettaient des licences, payaient une amende proportionnelle à la faute commise.

Les gouverneurs aidaient les *Annonarios*, placés sous les ordres du général, et, s'ils ne se conformaient pas à leurs ordres, ils étaient condamnés à payer de leurs deniers quatre fois plus que leur traitement.

La peine capitale n'atteignait jamais ceux qui se réfugiaient dans les endroits sacrés.

Récompenses. — Les récompenses consistaient en armes, chevaux, grades et, dans beaucoup d'occasions, en terres.

Le butin se répartissait entre les troupes. Celui qui recouvrait des biens perdus par un de ses concitoyens, touchait la troisième partie de la valeur ; le reste revenait de plein droit au propriétaire.

Ambassades militaires. — Chez les Goths, les évêques étaient chargés des ambassades militaires ; ils possédaient, en effet, une instruction bien supérieure aux autres classes de la société.

Campements. — Leurs guerriers établissaient des cam-

(1) Cette peine consistait à brûler les cheveux avec un fer chaud jusqu'à la racine pour que la trace ne s'effaçât jamais ; cette peine fut modifiée, ainsi que celle du fouet dans le Concile XII· de *Toledano*, sur la proposition d'Ervigius.

pements semblables à ceux des Romains pour se retrancher ou se mettre à l'abri de l'intempérie des saisons.

Attaque et défense des places fortes. — J'ai beau consulter les auteurs du temps les plus remarquables, il m'est impossible de décrire avec certitude les moyens dont usaient les Goths pour attaquer et défendre les places fortes ; d'après certains indices probants, pour l'attaque, ils se servaient de machines de guerre romaines ou bien encore de fortifications de leur invention : fossé, tranchée, tours, etc. Pour la défense, ils employaient le fossé, la tranchée et la palissade ; ils construisaient des fortifications autour des villes et mettaient en état de défense les points stratégiques.

CHAPITRE VII

Auteurs militaires latins. — Les Romains, comme les Grecs, ont eu des auteurs militaires très remarquables ; voici les principaux : Jules César (101-44 av. J.-C.) ; Salluste (85 av. J.-C., 35 apr. J.-C.) ; Tite-Live (59 av. J.-C., 19 apr. J.-C.) ; Tacite (54-132 de J.-C.) ; Végèce Flavius (iv° s. apr. J.-C.).

Parmi eux, je citerai particulièrement Végèce Flavius, dont les écrits et les conseils sont connus de tous les hommes de guerre.

Végèce Flavius, iv° siècle après J.-C. — Végèce a écrit un traité d'art militaire *(De re militari)* : 1° levées et exercices des soldats, retranchements et campements ; 2° légions et troupes nationales, auxiliaires et mercenaires ; 3° tactique, marches, obstacles, réserves, ordre de bataillon ; 4° attaque et défense des places ; 5° marine.

Ce traité est instructif : il résume en cinq livres les écrits des auteurs militaires antérieurs, mais les époques s'y confondent.

Le premier ordre de bataille, indiqué par **Végèce**, démontre la nécessité d'attaquer l'ennemi avec un front parallèle au sien ; le second, de placer à droite les meilleures troupes pour refouler la droite de l'ennemi ; le troisième, de maintenir la droite de l'ennemi avec l'aile gauche : tels furent les dispositifs de combat de Leuctres et de Mantinée. Végèce expose un quatrième ordre de bataille en forme d'éventail avec attaque des ailes au début de l'action ; un cinquième, à peu près semblable au précédent, mais en garnissant le centre de troupes légères ; enfin un sixième, consistant à mettre en potence des troupes dont on connaît la valeur, quoique inférieures au nombre de celles de l'ennemi, avec attaque de la droite contre la gauche de l'ennemi.

Les conseils de Végèce ont bien leur utilité :

Le meilleur plan est celui qu'ignore l'ennemi ;

Profiter des occasions est à la guerre un art plus utile que la valeur ;

Celui qui d'un coup d'œil juge sa force et celle de ses adversaires succombe rarement ;

Les progrès dans l'art militaire rendent un général formidable, quand il sait les appliquer ;

Le chef qui surmène sa troupe dans la poursuite des ennemis peut compromettre sa victoire ;

L'infanterie et la cavalerie ont des places marquées dans un échiquier de combat ; l'attaque part indifféremment de l'une ou de l'autre arme, suivant les circonstances ;

Un bon commandant saisit une occasion favorable pour réduire l'ennemi, soit par la famine, soit par le fer.

Sans les citer tous, d'autres auteurs ont formulé d'excellents préceptes : un bon chef se sert des bois, des monticules, des vallées pour dissimuler une partie de ses troupes et tomber à l'improviste sur les flancs ou sur les derrières de l'ennemi ;

Pour obtenir des résultats certains, la discipline prime toute autre considération ;

Paternel et juste, mais ferme et sévère sont les qualités d'un bon général ;

Cacher ses plans, les exécuter plutôt de nuit que de jour est une nécessité, la troupe tenant moins la nuit que le jour ;

Étudier les moyens d'action et les saisir, c'est toujours la réussite.

Les Romains subirent l'heureuse influence des Grecs ; grâce à leur ténacité, ils parvinrent à vaincre leur nature rebelle et à acquérir le don des lettres et de la science militaire. Les Romains ont conquis la gloire des lettres comme celle des champs de bataille ; ils ont su profiter des renseignements des Grecs ; leurs hauts faits sont de ceux dont s'honorent les grandes nations ; dignes élèves des Grecs, ils ont continué à développer l'intelligence humaine et à suivre leurs nobles traditions.

DEUXIÈME PÉRIODE

DEPUIS PÉLAGE JUSQU'AU RÈGNE DES ROIS CATHOLIQUES

CHAPITRE VIII

Bataille d'Écija. — Les Goths avaient eu leur monarchie anéantie à la bataille de Guadalette ; leurs troupes vaincues se réfugièrent à Écija, où elles livrèrent aux Maures une nouvelle bataille dont le résultat malheureux fut la complète dispersion des chrétiens.

Défaite de Théodomire à Orihuela. — Une fois les Arabes maîtres d'Écija, ils divisèrent leur armée en deux parties : l'une occupa le centre de la péninsule, l'autre prit la direction de Murcie où s'était réfugié Théodomire, gouverneur de l'Andalousie. Cette dernière armée gagna successivement Malaga, Grenade, Jaën et remporta la victoire dans un engagement avec Théodomire à Orihuela ; celui-ci s'était réfugié dans cette dernière ville, quelque temps auparavant.

La ville d'Orihuela, obligée de se rendre, n'eut des conditions honorables qu'en se servant du stratagème suivant : les femmes, armées de lances, se placèrent bien en vue sur les murailles, près des soldats, pour faire supposer aux assiégeants que la ville contenait de nombreux défenseurs.

Sans laisser de troupes à Orihuela, les Maures se dirigèrent sur Tolède pour rejoindre l'autre armée ; cette ville ouvrit ses portes à condition de conserver ses habitants, sa liberté et ses biens ; une fois maîtres de la capitale des Goths, les Arabes gagnèrent Guadalajara.

Taric et Zaïde-ben-Kesadi le Sekseki. — **Prise de Cordoue par Mugeiz.** — Tandis que Taric et Zaïde-ben-Kesadi le Sekseki dirigeaient les expéditions que je viens de décrire, Mugeiz le Rumi, avec un autre corps d'armée resté en Andalousie et composé d'une cavalerie nombreuse, s'empara de Cordoue par surprise ; cette ville, démantelée et en très mauvais état de défense, n'en résista pas moins trois mois, grâce à l'énergie de son gouverneur.

Prise de Séville. — Un autre chef maure, Muza, qui se trouvait en Afrique, jaloux des faciles victoires remportées par Taric, débarqua à Algésiras, au milieu de 712, avec un corps d'élite de 10,000 hommes ; il suivit la côte et le côté droit de Guadiana, marcha vers Mérida, traversa la rivière sur un pont et prit la direction de Séville, qui lui résista environ un mois. Muza, désireux de conquérir Mérida, laissa peu de garnison à Séville ; les Sévillanais en profitèrent pour prendre les armes et chassèrent les Arabes de la cité, après s'être emparés d'Abdelaziz, fils de Muza.

Reddition de Mérida. — Pendant ce temps, Muza s'emparait de Mérida, qui obtint des conditions honorables, par suite de son héroïque défense.

Reddition de Saragosse. — Maître de la moitié de l'Espagne, Muza alla à Tolède ; de là, il marcha avec Taric sur la Castille et l'Aragon ; les deux chefs arabes mirent tout à feu et à sang ; ils prirent Saragosse et d'autres cités.

Si Muza et Taric étaient parfaitement d'accord pour élargir le cercle de leurs conquêtes, on pouvait facilement prévoir que leurs victoires engendreraient fatalement entre eux la plus grande jalousie ; en effet, leur animosité personnelle amena tout un bouleversement politique.

Traité d'Égilona avec Théodomire. — Egilona, veuve du roi D. Rodrigues, conclut avec Théodomire un traité par lequel les vaincus conservaient non seulement leur liberté, mais encore leurs biens, leurs lois et leur religion.

Campagne des Maures en France. — Les Musulmans, toujours à la recherche de grandes expéditions, profitèrent des discordes civiles en France pour préparer au-delà des Pyrénées une invasion dont je vais spécialement m'occuper, puisqu'elle marque la fin de la domination des Maures.

Abderahman. — Commandés par Abderahman, les Arabes traversèrent les Pyrénées, refoulèrent les Gaulois, dépassèrent la Garonne et, pareils à une digue rompue, se répandirent sur le territoire de Narbonne, de Toulouse et de Bordeaux.

Prise de Tours par les Musulmans. — Les habitants de ces villes frontières, ainsi menacées dans leur existence, demandèrent aussitôt protection à leur chef Charles-Martel. Le prince chrétien leva sans retard une armée (732), et se dirigea vers les Maures, qui venaient de mettre à feu et à sang la ville de Tours, après s'en être emparés.

Bataille de Poitiers. — La rencontre des deux armées eut lieu sur le territoire de Poitiers ; les Musulmans attaquèrent les premiers, avec une grande énergie ; l'action dura tout le jour ; les chrétiens, de leur côté, soutinrent vigoureusement le choc. Le lendemain, la lutte recommença avec une furie indescriptible ; la cavalerie arabe abandonna le champ de bataille pour défendre ses campements, son butin et ses réquisitions. Abderahman fit bien son possible pour empêcher ce mouvement ; le désordre commençait à se mettre dans les rangs de son armée ; les pertes des Musulmans étaient considérables, tout était confusion parmi eux.

Siège de Narbonne. — A la faveur de la nuit, les infidèles battirent en retraite ; les chrétiens en profitèrent pour les poursuivre jusqu'à Narbonne, dont Charles-Martel entreprit le siège sans résultat, par suite de la ténacité des défenseurs. Charles-Martel, en effet, leva le siège.

CHAPITRE IX

Pélage. — Bataille de Covadonga. — L'expédition des
Maures en France avait permis aux Espagnols de se préparer à de nouveaux combats ; beaucoup d'entre eux s'étaient
réfugiés dans les hautes montagnes des Asturies. et de
Léon avec la volonté formelle de ne jamais obéir aux vainqueurs. Ces grands patriotes, ces courageux indigènes
avaient choisi pour roi Pélage (1), homme d'une grande
valeur, d'une persévérance à toute épreuve et d'une prudence remarquable. Pélage forma aussitôt les royaumes des
Asturies et de Léon ; il gagna une bataille sous les murs de
Covadonga, où se trouvait le fameux capitaine maure. Les
infidèles étaient allés à la rencontre des Espagnols, cachés
dans une gorge qui servait d'entrée à un défilé dont ils
avaient occupé les hauteurs. Les Espagnols avaient eu le
soin de placer dans un bouquet de bois leurs vieillards,
leurs femmes, leurs enfants.

Nouvel échec des Maures. — Avec leur audace ordinaire, les Maures entrèrent dans le défilé, mais sans pouvoir développer leurs forces, que les Espagnols placés sur
les hauteurs couvrirent en peu d'instants de flèches et de
pierres ; la portion de l'armée espagnole retirée dans la
gorge infligea aux assaillants des pertes sérieuses.

Alkamah (718). — Plusieurs milliers de Sarrasins périrent dans ce combat ; leur chef, Alkamah, fut tué un des
premiers (718); le reste des infidèles s'enfuit à marches forcées, après avoir évacué un territoire considérable.

Favila. — Alphonse Ier. — Favila fils succéda à Pélage ;

(1) L'Armeria (musée d'antiquités), de Madrid, possède encore l'épée
Pélage, trouvée à Covadonga.

son règne n'offre aucun fait notable à signaler ; au contraire, sous Alphonse Ier, la domination espagnole s'accrut beaucoup ; ce monarque s'efforça de mettre les Castillans en état de défense.

Conquêtes d'Hagib Muhamad ben-abi-amer (Almanzor).

— Les règnes suivants ne comportent rien de remarquable ; les Espagnols continuaient cependant à agrandir leur territoire. Sous le règne de Bermude II, appelé le Goutteux, dont l'autorité était minée par les discordes, le fameux capitaine maure Hagib Muhamad ben-abi-amer (Almanzor) soutint contre les chrétiens des guerres nombreuses et sanglantes utiles à connaître.

A la suite de tracasseries avec les chrétiens, le chef des infidèles s'était emparé, en 983, de Gormaz, et les années suivantes, de Simancas, ainsi que de Sepulveda ; au milieu de 987, il détruisit Coïmbra, puis il prit Atienza, Osma, Barcelone, Pampelune et d'autres points importants.

En 995, suivant certains historiens, et en 997, suivant d'autres, le même capitaine maure assiégea la capitale de Léon, laquelle résista un an, grâce à l'énergique défense de son gouverneur, Guillen Gonzalez ; les Musulmans n'entrèrent dans la ville qu'en perdant beaucoup de monde ; avant de livrer l'assaut, ils avaient pratiqué de fortes brèches au mur de divers côtés à la fois pour forcer les Espagnols à diviser leurs forces. Cette cité très populeuse était un embarras pour Almanzor, aussi la détruisit-il ; semblable fait arriva avec don Juan pour Astorga et Valence.

Le chef des Musulmans, voulant conserver ses conquêtes dans les Asturies, éprouva de telles difficultés, qu'il gagna à la hâte la Castille, dont il était déjà le maître, puis la Lusitanie et la Galice ; il saccagea Compostelle. Muni d'un riche butin, il se retira derrière un pont, à Cordoue.

Bataille de Calatamozor.

— D'accord avec la plupart des historiens, je ne vois à citer dans cette retraite que la bataille de Calatamozor livrée, en 1001 environ, pendant la jeunesse d'Alphonse V.

Le comte de Castille, régent de Léon et roi de Navarre, avait été la cause de toutes les dissensions qui avaient si bien favorisé les conquêtes d'Almanzor, puissamment aidé, du reste, par des renforts d'Afrique. Almanzor ne cessait d'harceler les chrétiens ; ayant rassemblé toutes ses forces, il les divisa en deux corps : celui d'Andalousie et celui d'Afrique. Ces corps ne trouvèrent aucune résistance lorsqu'ils remontèrent le Duero.

Les troupes des royaumes de Léon, de Navarre et de Castille, divisées en trois corps, campaient dans les plaines de Calatamozor. Le jour du contact, les combattants se reconnurent par de simples escarmouches et, le lendemain, dès l'aurore, les hostilités commencèrent. Les chrétiens s'avancèrent dans le plus grand ordre ; de toutes parts, la lutte commença avec un acharnement indescriptible. La nuit suspendit la bataille ; le sol était jonché de cadavres. Almanzor, qui avait éprouvé de grandes pertes, repassa le Duero et surveilla la retraite de son arrière-garde pour parer à toutes les attaques des Espagnols, s'ils le suivaient. Les chrétiens ne comprirent pas d'abord le mouvement des infidèles et se reformèrent en bataille ; bientôt ils s'aperçurent de la retraite des Musulmans ; néanmoins, ils regagnèrent leur camp, car eux-mêmes avaient été bien éprouvés dans les combats antérieurs.

Suivant divers historiens, le fameux D. Sanche commença une vigoureuse campagne contre les Maures, les poursuivit à outrance et leur infligea de grandes pertes ; Almanzor ne put supporter pareille infortune ; il s'enferma à Medinaceli, où il se laissa mourir de faim.

CHAPITRE X

Ferdinand Ier. — Ferdinand Ier, fils de Sanche III, roi de Navarre, eut un règne assez brillant ; il ajouta à son royaume le territoire de Castille (1033), gouverné jusque-là par des chefs, ayant le titre de comte, vassaux de la couronne de Léon. Il fit beaucoup d'autres conquêtes et s'empara du territoire entre le Tage et le Duero.

Rodrigues Diaz de Vivar. — A cette époque, l'empereur d'Allemagne et le pape voulaient que l'Espagne leur payât un tribut ; le roi et les Cortès concédèrent à Rodrigues Diaz de Vivar une armée de 10,000 hommes pour repousser cette prétention. Rodrigues se retira à Tolosa avec ses forces, dès que l'empereur d'Allemagne et le pape eurent renoncé à leurs revendications ; mais, où ce chef, appelé le Cid Campéador (1), se distingua le plus, ce fut sous D. Alphonse VI.

Alphonse VI. — Pendant que ce monarque était occupé dans la guerre de Tolède, les rois maures de Séville et de Grenade se refusèrent à payer le tribut ; le Cid fut dépêché contre eux et les força à respecter la volonté des Castillans.

Malgré les services qu'il rendait à son roi, Rodrigues inspirait de la défiance à Alphonse VI ; il se vit obligé de quitter la cour. Quand, plus tard, ce monarque se trouva hors de son pays à faire la guerre contre les Maures andalous, les Maures d'Aragon firent des incursions en Castille ; aussitôt, Rodrigues, sans avoir reçu l'ordre, marcha à la

---

(1) Le surnom de *Cid* vient du mot arabe seid ou seigneur, décerné par cinq chefs musulmans à Rodrigues, qui les avait vaincus. Quant à celui de Campéador, sans lui donner une foule d'étymologies, ce surnom définit Rodrigues comme un guerrier toujours dans les camps, toujours en campagne.

La Colada, épée du Cid, existe encore au musée d'antiquités « l'Armeria » de Madrid.

rencontre des ennemis et leur fit 7,000 prisonniers. Ce triomphe, au lieu de lui concilier les bonnes grâces du monarque, lui rendit sa situation plus mauvaise ; en effet, Alphonse VI ordonna au Cid de quitter sur-le-champ ses États. Rodrigues choisit alors pour patrie Tolède et l'Aragon ; il infligea aux Maures de nombreuses défaites. Il s'empara de Valence et mit en déroute deux chefs infidèles, ainsi que le comte Berenguer, de Barcelone, qui s'était allié avec eux contre lui.

Le Cid mourut en 1099 ; sa veuve Gimène continua dans Valence à repousser les attaques des Maures ; cette vaillante cité resta toujours au pouvoir du roi de Castille, malgré les continuelles attaques des infidèles, pendant deux ans. Les assiégeants, fatigués de la résistance des habitants et éloignés du centre de leur domination, prirent le parti d'abandonner le siège.

Alphonse VI, après une attaque en règle, força Tolède à capituler, le 25 mars 1085; il avait guerroyé dans ce pays pendant plus de six ans.

Ce monarque trouva dans Alphonse VIII un digne continuateur de ses œuvres ; ce dernier, en effet, remporta de grands avantages sur les ennemis héréditaires de l'Espagne et traversa victorieux les rives du Guadalquivir. Constatons, en passant, que les royaumes de Castille et de Léon restèrent toujours unis jusqu'à la mort de ce monarque, en 1157 ; Alphonse VIII laissa deux fils : Don Ramiro et Don Fernando. Il fut un des grands rois de Castille ; la célèbre victoire remportée par Alphonse VIII sur les Maures à Las Novas de Tolosa mérite d'être racontée, quand j'aurai parlé des commencements de son règne.

Alphonse VIII. — Pendant la minorité d'Alphonse VIII, les rois de Léon, d'Aragon, de Portugal et de Navarre s'emparèrent de plusieurs places fortes de la Castille. Alphonse, devenu majeur, les réduisit de nouveau sous son obéissance ; il avait eu le soin d'exciter leurs sentiments monarchiques.

Jacob-Aben-Jucef. — Bataille d'Alarcos. — A cette époque, Jacob-Aben-Jucef vint à la tête d'une nombreuse armée pour aider le roi maure de Séville dans ses projets belliqueux. Le roi Alphonse, pour répondre à cette attaque, sollicita l'alliance des rois, ses voisins et ses rivaux, mais malheureusement pour l'unité hispanique, ceux-ci refusèrent de le secourir ; aussi, abandonné à ses propres forces contre des masses aussi considérables, il perdit la bataille d'Alarcos.

Le roi chrétien, sans se décourager, voulut venger ce désastre et fit de grandes excursions en Andalousie. Le chef des Maures prépara en Afrique une autre armée qu'il dirigea sur la péninsule avec le désir d'en finir une bonne fois.

Alphonse VIII, animé des grands sentiments de la civilisation, proclama la guerre sainte et appela dans ses rangs tous les chevaliers chrétiens. L'endroit choisi pour la concentration était Tolède; Alphonse VIII marcha avec 10,000 hommes sur Mediodia ; il reprit Calatrava et Alarcos. Les troupes étrangères, peu habituées à la chaleur, souffrirent de la température élevée de l'été (juillet 1212), à un tel point qu'elles furent contraintes de regagner leur pays. Heureusement le roi de Navarre Don Sanche, pour les remplacer, arriva au camp chrétien avec un grand renfort de troupes. L'armée se mit en marche et gagna le pic de la Sierra-Morena. Les Maures étaient maîtres de la cité de la Losa et d'un défilé, par où les Espagnols arrivèrent, et que la cordillère traverse. Cette situation grave fut de suite l'objet d'un conseil de guerre où l'on discuta les chances de forcer le passage, lorsqu'un berger se présenta et indiqua un chemin qui menait à la plaine. Don Diego Lopez de Haro fut désigné pour vérifier sur-le-champ cette assertion, dont l'exactitude permit à l'armée une marche de flanc. Le mouvement terminé, les chrétiens se préparèrent au combat. Le 16 juillet 1212, l'action s'engagea dans l'ordre suivant : L'avant-garde de l'armée castillane était commandée par Haro ; le centre, par don Gonzalez Nunez ; la droite par le roi de Navarre ; la gauche par le roi d'Aragon ; le front et la réserve, par le roi de Castille.

L'armée maure, comme de coutume, comprenait quatre corps, placés en demi-lune, avec une réserve commandée par l'empereur.

L'avant-garde espagnole se porta au-devant des ennemis, mais elle fut refoulée. Alors le centre et les ailes l'appuyèrent ; l'action fut indécise. La cavalerie maure exécuta une charge, repoussée par le roi de Castille. Les chrétiens, en formation compacte, avancèrent vers la position occupée par l'empereur maure que protégeaient des chaînes et des chameaux ; l'empereur était en outre défendu par une garde de 10,000 nègres.

Les chrétiens brisèrent les chaînes et massacrèrent les troupes musulmanes ; 200,000 ennemis et 20,000 Espagnols restèrent sur le terrain.

Cette victoire, si bien disputée, fut due à la bonne combinaison tactique des attaques du centre, des ailes et à l'emploi fait à propos de la réserve.

Ferdinand III dit le Saint. — Ferdinand III dit le Saint succéda en Castille à sa mère Bérengère (1217), et, dans le royaume de Léon, à son frère Alphonse IX (1230). L'union des deux pays était à jamais faite ; une ère nouvelle commençait ; la grandeur de l'Espagne enfin allait s'en ressentir.

Prise de Cordoue. — Ferdinand III s'empara de Cordoue (1236) ; les Maures ne pouvaient lui résister ; leur roi Jean se rendit après huit mois de résistance.

Conquête du royaume de Séville. — Le roi maure de Grenade, très affecté de sa propre situation et poussé par la crainte de tomber sous la domination du roi de Castille, préféra devenir son tributaire ; cette politique ne lui réussit pas ; Ferdinand fit la conquête du royaume de Séville (août 1247). Les récits des différents combats de cette mémorable campagne présentent un tel intérêt, qu'ils pourraient certainement servir à plusieurs œuvres romantiques. Séville se rendit après cinq mois de siège (1248).

Alphonse X. — Roi de Castille et de Léon, en 1252, Alphonse X, le Sage, littérateur distingué et légiste remarquable, appelé par des princes allemands, disputa l'empire à Rodolphe de Habsbourg ; les Maures en profitèrent pour envahir ses États et son fils don Sanche le détrôna (1282). Alphonse est l'auteur du premier code espagnol, connu sous le nom de *Lois castillanes* et divisé en six recueils.

Alphonse XI (1). — Sous ce règne se révélèrent deux hommes : Don Sanche le Brave et Don Guzman le Bon ; ce dernier se distingua sous les murs de Tarifa, défendue par les Maures alliés avec les rois voisins du Portugal et de la Navarre. Alphonse XI tailla en pièces une nombreuse armée venue d'Afrique, unie à celle du roi maure de Grenade ; le choc eut lieu à Salado. L'importance de cette bataille fut telle, que je crois utile de la décrire :

Les Maures occupaient une excellente position à Tarifa, lorsque les habitants de cette ville sollicitèrent le secours du roi de Castille ; celui-ci répondit de suite à leur appel ; il arriva, en effet, avec une nombreuse armée. Les infidèles se mirent en marche, à la recherche des chrétiens, qu'ils rejoignirent bientôt ; le fleuve seul de Salado les séparait.

Lo roi de Castille avait pris les dispositions suivantes : le roi de Portugal attaquerait le camp du roi maure de Grenade, tandis que lui contiendrait l'armée du roi du Maroc ; D. Pedro Moncada, chef de l'armée aragonaise, ferait diversion pour attirer l'attention des ennemis ; de leur côté les habitants de Tarifa attaqueraient les derrières de l'ennemi. Voilà le principal dispositif du combat ; malheureusement, par suite de l'inactivité de Moncada, les résultats de ce plan, quoique très bien conçu, ne furent pas ceux qu'on était en droit d'espérer.

---

(1) Les restes d'Alphonse XI et de son frère Ferdinand IV reposent dans l'église la « Colegiata de San Hipolito » ; les cendres de ces rois sont renfermées dans des urnes de jaspe rouge et noir.

Dans la matinée du 30 octobre, toutes les forces de Don Alphonse, jointes aux habitants de Tarifa, se formèrent en bataille ; la cavalerie espagnole prit le contact des adversaires, passa le ruisseau et chargea les cavaliers ennemis avec une grande impétuosité. Rien ne lui résista ; dès le premier choc, les Maures furent culbutés ; les cavaliers espagnols de l'ordre de la Bande (1) étaient tous au premier rang ; ils frappaient d'estoc, de taille et refoulaient vigoureusement les infidèles. Pendant ce temps le roi de Castille attaqua à droite le roi de Maroc et s'empara de la position qu'il occupait ; le roi de Portugal marcha contre le roi maure de Grenade, placé à gauche. Le monarque castillan enleva un petit pont sur le Salado dont il se servit pour le passage de son armée.

La lutte fut indescriptible ; des deux côtés l'acharnement s'en mêla ; les Maures se battaient en désespérés ; les chrétiens ne le leur cédèrent en rien. Les Maures enfin reculèrent jusqu'à Tarifa, dont la garnison fit une sortie vigoureuse ; les infidèles prirent la fuite avec une perte de plus de 200,000 hommes ; les chrétiens ne laissèrent sur le champ de bataille que quelques centaines d'hommes.

Bataille d'Aljubarrota. — Plus tard, les Castillans furent moins heureux ; leur roi Jean Ier perdit, le 14 août 1385, à Aljubarotta (Estramadure), près de Leïria, la bataille que lui livra le roi Jean Ier de Portugal.

D. Fernand. — A la mort de Henri IV les royaumes de Castille et d'Aragon ne formèrent plus qu'un seul et unique État par suite du mariage de Dona Isabelle avec Don Fernand ; ce grand événement politique ouvrit une nouvelle ère de gloire à la vaillante Espagne, dont les armes, toujours victorieuses, ont commandé à toutes les nations du monde pendant plus de trois siècles.

(1) L'ordre des cavaliers de la Bande fut institué par Alphonse ; ces cavaliers portaient une croix noire sur le côté droit.

Royaume d'Aragon. — Le royaume d'Aragon s'était formé des conquêtes faites sur les Maures par les Espagnols réfugiés dans cette partie de la péninsule, lors de l'invasion des Sarrasins.

Les chefs, nommés par le suffrage universel, relevèrent de la couronne de Navarre jusqu'à la mort de D. Sanche le Grand. Le premier prince qui prit le titre de roi fut Don Ramire.

CHAPITRE XI

Chronologie des rois d'Aragon. — Pendant le séjour des Sarrasins, la chronologie des rois d'Aragon nous donne les règnes de Pedro Ier, Alphonse Ier le Batailleur, Jaime Ier le Conquérant et son successeur Pedro III le Grand. Voici les principaux faits militaires qui eurent lieu sous leur règne : bataille d'Alcoraz, siège de Saragosse, expédition d'Andalousie, conquête de Majorque et de Valence, guerre de Sicile, etc.

Sancho Ramirez. — En 1094, Sancho Ramirez faisait le siège d'Huesca, quand accoururent à son secours les émirs d'Albarracin, de Jativa et de Denia ; défaits par les Aragonais, ces derniers attaquèrent la ville avec toutes espèces de machines et cherchèrent à empêcher l'introduction des vivres. Le 4 juin, tandis que Ramirez regagnait son camp, il fut atteint mortellement par une flèche lancée de la ville ; sur le point de mourir, il fit jurer à ses fils de ne jamais lever le siège de cette ville et de s'en emparer.

D. Pedro Ier. — Son fils D. Pedro Ier lui succéda et, suivant son serment, poursuivit le siège d'Huesca avec une grande vigueur, jusqu'en 1096. Le roi maure, qui se défendait courageusement, sollicita le secours des autres chrétiens et des réguliers de Tortosa, de Denia, de Lérida et de Saragosse. Tous, devant un danger commun, se préparèrent à rassembler une imposante armée, double en nombre de celle de D. Pedro ; ils se dirigèrent en hâte vers la ville investie. Les assiégeants levèrent le siège et se portèrent à la rencontre des coalisés, qu'ils atteignirent, le 18 novembre, dans les plaines d'Alcoraz.

Le combat fut acharné ; beaucoup de chrétiens périrent ;

les Musulmans abandonnèrent le camp et laissèrent sur le chemin une grande quantité de blessés et de morts. 40,000 Maures restèrent sur le champ de bataille, tandis que les chrétiens eurent seulement 1,000 hommes hors de combat. La conséquence de cette victoire fut la prise d'Huesca par Pedro Ier.

Alphonse Ier le Batailleur. — Alphonse Ier, successeur de Pedro Ier, prit Saragosse (1118), dont le territoire bordait celui de la monarchie aragonaise, et était souvent sujet aux incursions des Mahométans. En se dirigeant sur Saragosse Alphonse prit Tauste (province de Saragosse), sur le fleuve le Riguel, Borja sur la frontière de la Navarre, Magalona et huit autres places de moindre importance parmi lesquelles se trouvait Tudela.

Le huitième jour de la prise de Saragosse, les chrétiens se rendirent maîtres du faubourg, situé de l'autre côté de la rivière ; une nombreuse armée musulmane, renforcée de troupes d'Afrique, vint en vain au secours de cette ville. En effet, ces armées une fois réunies au château de Maria, occupé par les infidèles, marchèrent au-devant des forces aragonaises et les rencontrèrent à Daroca (province de Saragosse). Complètement battus par les Aragonais, ils laissèrent sur le champ de bataille 20,000 hommes et eurent leur général fait prisonnier. Les assiégés, à la suite de cet échec, n'espérèrent plus de secours et se rendirent, le 18 décembre, après huit mois de siège.

Expédition d'Andalousie. — L'expédition d'Andalousie, sous le règne d'Alphonse Ier, vaut aussi la peine d'être racontée.

A l'instigation des chrétiens de cette partie de la péninsule, un corps de 4,000 hommes d'élite se forma et jura de suivre partout le monarque et de ne jamais battre en retraite devant l'ennemi.

Les Aragonais se dirigèrent de Saragosse à Valence en passant par Denia (ville voisine d'Alicante), et le territoire de Murcie, dépendant du royaume de Grenade ; ils grossirent leurs rangs des chrétiens du pays, qui vivaient toujours unis, soutinrent des combats journaliers contre les Maures, suivirent la côte de la Méditerranée, tournèrent aussitôt vers le territoire de Grenade, où ils pénétrèrent en passant par Cadix, et se retirèrent par le même chemin. Cette expédition, que je qualifierai d'héroïque, eut lieu en 1125; elle dura quinze mois et fut conduite avec autant de vigueur que de célérité.

Jaime Ier. — La minorité de Jaime Ier (1) n'a pas été une époque de calme ; heureusement, à la majorité de ce roi, les dissensions intestines cessèrent et permirent de projeter la conquête de l'île de Majorque.

Une escadre transporta 10,000 hommes d'infanterie et 15,000 cavaliers. Le roi maure ne put résister à ces forces ; sa déroute fut complète. Don Jaime se dirigea alors vers la ville de Palma, pour le siège de laquelle il employa tous les stratagèmes de l'art militaire. Il se servit de pontonniers, d'artilleurs et de soldats du génie, réunis sous l'appellation du temps de *bastidas* ou d'hommes de pont et de tour ; il fit usage de *trabucos* pour lancer des projectiles au centre d'une place, d'*almojaneques* ou machines destinées au même usage, et de *fundibalos*, sorte de pierrier qui causait de grands ravages.

L'île conquise, les chrétiens marchèrent sur Valence ; pour cela, ils avaient prêché une croisade, et réuni une armée innombrable. Successivement, ils s'emparèrent des châteaux de Morella et d'Arès, puis ils se dirigèrent sur

(1) Dans la chapelle de Corpus Christi, de la cathédrale de Tarragone, on conserve le corps parfaitement momifié de don Jaime Ier, el conquistador ; le corps de sa femme et celui d'autres rois ou princes d'Aragon ont été apportés également dans cette chapelle, comme le sien, des ruines du couvent de Poblet, où ils reposaient.

Dans la *Casa de la Cuidad* de Valence, on peut voir l'épée du roi don Jaime Ier, les clefs de la ville remises à ce prince par les Maures, la vieille bannière de la cité et l'étendard que les Maures amenèrent lors de la reddition de la place.

A la cathédrale de Valence, dans la *Capilla mayor* du côté droit, est placé l'écu de Jaime ; à partir du XIIe siècle, on désignait le bouclier par le nom d'écu. Les éperons de ce roi et la bride de son cheval figurent dans la chapelle de San Dionisio.

Burriana, forteresse moins importante, mais clef du territoire de Valence. Burriana prise, Peñiscola, Almazora, Castellon, Borriol et beaucoup d'autres points tombèrent au pouvoir des Aragonais.

Devant Valence, les chrétiens se servirent, comme devant Palma, de toutes les machines de guerre connues à cette époque ; la ville fut réduite fin septembre 1238.

La chute de Valence entraîna celle de Jativa ; les infidèles quittèrent alors le territoire depuis Jucar jusqu'à Murcie.

Pedro III. — Domination sur la Sicile. — Les qualités militaires déployées par Pedro III lui valurent le nom de Grand ; ce monarque a ajouté à la couronne d'Aragon : la Sicile, où le despote Charles d'Anjou régnait en maître souverain. Les Siciliens, outrés de la tyrannie de ce prince, se soulevèrent à Palerme et assassinèrent tous les Français réunis dans cette place ; cette exécution sommaire est connue dans l'histoire sous le nom de Vêpres siciliennes (1282).

A la nouvelle de ce massacre, Charles d'Anjou jura de se venger. Les Siciliens se placèrent sous la domination du roi d'Aragon.

Expédition d'Orient. — Les Aragonais et les Catalans entreprenaient alors une expédition en Orient. Menacé par les Turcs, l'empereur de Grèce, Andromique, avait demandé aux Espagnols de le secourir.

Roger de Flor, commandant l'expédition envoyée en aide au souverain grec, débarqua à Constantinople en 1303.

De nombreux historiens ont retracé à longs traits les exploits remarquables et les prouesses héroïques de cette armée. Murio de Flor perdit la vie dans cette expédition, victime de la lâcheté la plus noire ; ses soldats vengèrent sa mort ; ils ajoutèrent à la couronne d'Aragon le territoire d'Athènes et des pays circonvoisins.

Navarre. — Garcia Sanchez Iñiquez. — Jusqu'en 885, époque de son indépendance, où il choisit pour roi Garcia

Sanchez Iñiquez (1), le royaume de Navarre dépendait du royaume des Asturies. Avant l'incorporation de la Navarre à la Castille, dont je parlerai ultérieurement, les Navarrais agrandirent leur pays ; leurs succès sur les Maures méritent certainement d'être relatés.

Le successeur d'Abderahman, tué, comme je l'ai dit précédemment, à la bataille de Poitiers, voulut venger son prédécesseur, marcha sur la Gaule avec une forte armée et tenta de passer par la Navarre ; là, les Navarrais se levèrent en masse et obligèrent les Maures à repasser l'Èbre, (734).

Bataille de Roncevaux. — Plus tard, en 778, les Français subirent un désastre terrible à Roncevaux : le chef de Saragosse Ibn-el-Arabi s'était déclaré indépendant et avait réclamé l'alliance de Charlemagne, qui régnait alors en France. Ce dernier, à la tête d'une nombreuse armée, entra en Espagne ; il divisa ses troupes en deux corps : l'un d'eux pénétra dans la péninsule par la Catalogne et la Navarre Arrivé à Saragosse, l'entrée de la ville lui fut refusée par le chef, qui s'était ravisé, de telle sorte que ce corps parcourut tout le pays, arriva à Pampelune, ville alors démantelée et saccagée, dont les habitants avaient formé deux corps pour lui barrer le passage au ravin appelé aujourd'hui Zubiri. L'armée française, une fois dans les défilés, fut attaquée par les Vascons et les Navarrais, qui la mirent en déroute. Charlemagne et peu d'hommes s'échappèrent avec la plus grande difficulté (2).

(1) Garcia Iñiquez, ainsi que sa femme Doña Urruca, finirent d'une façon tragique : en se rendant à l'abbaye de San Juan de la Peña ils périrent dans une embuscade que leur avaient tendue les Maures. Doña Urruca était enceinte et accoucha avant de mourir. Recueilli et élevé par Sancho de Guevara, Sancho el Caso (le Césarien), fils d'Urruca, fut élu roi par les Navarrais et surnommé Abarca, comme nous le verrons plus tard.

(2) Douze des pairs de Charlemagne tombèrent dans cette fatale embuscade ; parmi ces pairs, le preux Roland, préfet de la Marche de Bretagne et neveu de Charlemagne.

Plus tard, Loup II (en basque Ochoa), duc de Gascogne, vassal du roi de France, convaincu d'avoir dirigé les montagnards dans ce guet-apens, fut puni de sa félonie par la corde, suivant une charte de Charles le Chauve.

Sanche Garces. — A la mort de Garcia (891), Sanche Garces, appelé Abarca (1), monta sur le trône ; comme il avait envahi la Gascogne, les Maures en profitèrent pour essayer de surprendre Pampelune.

Don Sanche, à cette nouvelle, ordonna demi-tour à ses soldats, les chaussa de cuir rustique pour marcher plus allègrement dans les montagnes et surprit les infidèles, qu'il défit complètement.

Sanche II. — En 894, sous le règne de Don Sanche II, appelé le Grand, le royaume fut considérablement augmenté, ce qui obligea ce monarque à le diviser entre ses trois fils ; cette division donna lieu à des rivalités et à des discordes.

Sanche III. — Sanche Ramire et Alphonse VI. — Garcia Ramire. — Sanche III attaqua le roitelet de Saragosse et l'obligea à lui payer tribut ; à sa mort (1150), les rois d'Aragon et de Castille, Sanche Ramire et Alphonse VI, se partagèrent le territoire de ce royaume, qui recouvrit son indépendance, en 1134, jusqu'à ce que les Navarrais eussent proclamé pour roi Don Garcia Ramirez ; ce pays fut plus tard incorporé à la Castille, en 1512.

Comté de Barcelone. — Charlemagne, avec le territoire conquis sur les Maures de la péninsule ibérique, érigea, en 791, le comté de Barcelone pour son fils Louis, son successeur, et s'empara du pays de Lérida ainsi que de celui d'Huesca, que détenaient encore les Maures ; ensuite il occupa Barcelone.

Dans une autre expédition, Louis s'empara de Tarragone et des territoires de la rivière de l'Ebre ainsi que de celui de la Sègre, puis il s'établit à Tortosa.

Louis a donc été le premier comte de Barcelone ; du temps du comte Borel (986), les Maures reprirent la ville, dont ils furent chassés la même année par les chrétiens.

Ramon Berenguer, comte de Barcelone (1035), étendit

______
(1) *Abarca* veut dire chaussure de cuir rustique.

beaucoup sa domination et regagna le temps perdu par ses prédécesseurs; il ajouta, en effet, de nouvelles conquêtes, soit par des alliances, soit par les armes.

Un autre comte de Barcelone, du même nom que le précédent, se maria avec Dona Petronila, fille et successeur de Ramire II le Religieux, roi d'Aragon et successeur d'Alphonse Ier le Batailleur. A partir de 1137, le comté de Barcelone revint à la couronne d'Aragon.

CHAPITRE XII

De l'art militaire à cette époque. — Dans les premiers temps des diverses luttes dont l'Espagne fut le théâtre, l'art militaire progressa peu ; l'importance de la cavalerie l'emportait toujours sur celle de l'infanterie, comme chez les Goths ; plus tard, les pénibles campagnes contre les Sarrasins fournirent un enseignement pratique et utile à la fois ; les résultats furent excellents.

Cavalerie et Infanterie. — La cavalerie constitua la principale force des armées jusqu'au ixe siècle, époque où *l'infanterie devint la reine des batailles;* c'est dans la plaine de Tolosa que, pour la première fois, l'infanterie joua un plus grand rôle que la cavalerie.

Organisation militaire. — A cette époque, les Espagnols possédaient une organisation essentiellement militaire, et comme la guerre avait un but religieux, tous ceux en état de porter les armes étaient soldats ; les ecclésiastiques même se couvraient d'armures guerrières. Les hommes riches levaient des soldats et les entretenaient à leurs frais.

Le titre ou plutôt l'emploi de comte était supérieur à celui de duc ; les comtes de Castille et de Barcelone ont été les premiers comtes de l'Espagne.

On distinguait aussi : les *prévôts des villes* (prepositos) ; les *chefs des bourgs* (vellicos) ; les *marquis* (marqueses) et enfin les *châtelains* (castellanos). Les premiers gouvernaient les capitales ; les seconds, les bourgs ; les troisièmes défendaient les frontières, et les derniers, les châteaux disséminés sur le territoire.

Le nom de *gardingo* (emploi goth) s'appliquait à la charge de vicaire.

Au ix° siècle, les Espagnols n'avaient aucune tactique, mais ils se servaient de formations régulières.

Les armées comprenaient plusieurs corps ; chaque chef d'armée s'appelait *commandant*.

L'emploi d'adalide ou de *maître de camp* nécessitait une certaine instruction et une grande intelligence ; cet emploi répond aujourd'hui à celui de *chef d'état-major*.

Les *mesnadas*, ou compagnies d'hommes armés, étaient composées, suivant les chroniqueurs du temps, des corps de troupes régulières, levées et soutenues par certaines personnes, propriétaires de ce privilège.

Armes offensives de la cavalerie. — La cavalerie avait pour armes offensives : l'épée de forme variée, la lance assez longue, la dague, la hache et la masse d'armes, avec laquelle le cavalier donnait des coups terribles.

Armes défensives de la cavalerie. —Les armes défensives consistaient en une armure de fer qui recouvrait le corps du cheval et du combattant, de telle manière que le cavalier avait tous ses mouvements libres. Les cavaliers étaient armés d'une espèce de bouclier appelé rondache, pour parer les coups d'estoc et de taille.

La cavalerie comprenait aussi un corps d'arbalétriers et un autre d'archers.

Suivant l'armement et l'équipement, la cavalerie se divisait en grosse cavalerie et en cavalerie légère.

Armes offensives de l'infanterie. — Les armes offensives de l'infanterie étaient : la hallebarde, la pertuisane, la lance de massier, la lance courte du cavalier et la dague.

Armes défensives de l'infanterie. — Les armes défensives comprenaient : le bouclier et l'espadon attaché à une courroie en cuir.

L'infanterie, suivant les armes, se divisait en arbalétriers, en archers et en piquiers ; les hommes de l'infanterie portaient le nom de fantassins.

Corps de partisans. — L'organisation militaire des Espagnols comprenait un corps de *partisans*, milice permanente composée des montagnards de l'Aragon, de la Navarre et de la Catalogne ; les partisans combattaient généralement à la débandade, sans prendre de formations régulières.

Pour faire partie de ce corps indépendant, l'homme devait jouir d'une bonne santé ; il devait aussi être robuste, agile, sobre et accoutumé à la fatigue ; en campagne, il servait d'éclaireur de terrain ; il marchait en avant ou sur les flancs de l'armée, il tenait continuellement le contact de l'ennemi ; il le harcelait sans cesse et surprenait à tous moments ses convois. Le chef de ces unités tactiques portait le nom de *almocadenes* (capitaine d'infanterie).

Chaque soldat était pourvu d'un sac où il renfermait sa ration de pain ; sa chaussure consistait en peau rustique ; il couvrait la tête de son cheval d'un petit filet ; il avait pour armes : la lance et le dard. Les partisans se distinguèrent principalement dans les guerres que soutinrent les rois d'Aragon contre les Français en Italie.

De la législation militaire. — La législation militaire subit peu de changements ; les juges ne pouvaient avoir égard aux recommandations ou accepter des gages.

Peines. — Il y avait comme peines : la mort, la décalvitie, la mutilation, la réclusion, la confiscation des biens et beaucoup d'autres peines.

Récompenses. — Les récompenses étaient les mêmes que celles dont j'ai parlé précédemment.

Le caractère religieux de l'époque amena la création d'ordres militaires et la profession de chevalier.

Pour être chevalier, chaque candidat devait avoir servi, comme page, tout jeune encore, des seigneurs, afin qu'il apprît l'urbanité et la courtoisie ; de page, il passait écuyer, fonction qui lui permettait d'accompagner le seigneur à la guerre ; d'écuyer, il devenait chevalier, ce qui nécessitait certaines pratiques religieuses.

Ordres militaires. — Les ordres militaires furent créés par suite de circonstances que traversa l'Espagne, bouleversée par des luttes sanglantes avec un ennemi fanatique, fort et valeureux.

Le premier ordre militaire fut celui de la Encuia (1), institué en Navarre (712), par le roi Garcia Gimenez ; son existence n'eut pas de durée. Plus tard, on fonda celui de Santiago, qui s'est perdu dans l'obscurité des temps ; les chevaliers de cet ordre observaient la règle de saint Augustin ; ils bâtirent beaucoup de couvents et d'hôpitaux.

Les rois appelèrent ceux qui les dirigeaient des commandeurs ; le chef portait le titre de grand maître. Lors des Croisades, cet ordre rendit de grands services, tant en Espagne qu'en Palestine.

Je dois citer aussi l'ordre des Templiers, dont l'origine date de la prise du temple de Jérusalem. Le pouvoir de cette institution était grand, surtout en Aragon ; en 1134, accusé de grave délits, l'ordre des Templiers fut aboli par disposition du grand pontife Clément V.

Je vais à présent parler de l'origine de l'ordre de Calatrava (2). La place de Calatrava, sur le point de tomber entre les mains des Mahométans, malgré la défense héroïque des Templiers, fut recommandée par Sanche III, roi de Castille, à Abad de Fitero et Fray Diego Velasquez, religieux de l'ordre de Cîteaux (3). Voués à la défense des intérêts chrétiens, les chevaliers de Calatrava continuèrent longtemps (xive siècle) à pratiquer les statuts de leur ordre et à porter le scapulaire, ainsi que le capuchon par-dessus le vêtement militaire ; après l'expulsion des Maures, cette institution n'eut plus d'objet. A partir de Ferdinand V le

(1) Arbre appelé yeuse.

(2) L'ordre de Cîteaux, en 1098, fut créé par saint Robert, abbé de Molesnes, dans le diocèse de Langres ; l'importance de cette congrégation religieuse devint telle, que ces moines fondèrent les quatre abbayes de la Ferté, de Pontigny, de Clairvaux et de Morimond. L'abbaye de Morimond créa les communautés de Calatrava, d'Alcantara, de Montesa, en Espagne.

(3) L'ordre des Cîteaux fut supprimé en France pendant la révolution de 1789. Au commencement de ce siècle, l'ordre de Calatrava possédait encore 56 commanderies.

Catholique (1489), la croix de l'ordre ne fut qu'une distinction accordée par le souverain ; de nos jours, l'habit de cérémonie des chevaliers est un manteau blanc orné au côté gauche d'une croix rouge fleurdelisée ; la croix s'attache à un ruban rouge.

L'ordre d'Alcantara (1) fut une branche de l'ordre de Calatrava ; il fut créé par plusieurs religieux qui demandaient au pape la permission de combattre les infidèles et de s'établir à Alcantara ; d'où vient leur nom.

En 1493, les rois catholiques obtinrent du pape l'administration des trois ordres militaires de Santiago, de Calatrava et d'Alcantara, en raison du grand nombre de villes, de forteresses et de troupes qu'ils possédaient.

A l'extinction de l'ordre des Templiers, Jaime III créa celui de Montesa (2) ; le pape confirma cet ordre, en 1318. L'institution militaire de Montesa relevait de celle de Calatrava ; la grande maîtrise fut réunie à la couronne par Philippe II, en 1587. Le costume des chevaliers était blanc avec une croix noire.

Les quatre ordres militaires de Santiago, de Calatrava, d'Alcantara et de Montesa existent encore en Espagne ; ils y sont très prisés.

Il y eut bien d'autres ordres militaires : par exemple, ceux de San Georges d'Alfama, de San Salvador de Montreal, de la Paloma en Aragon et de la Escama en Castille ; ils furent vite abolis.

Les ordres militaires contribuèrent beaucoup à entretenir l'esprit belliqueux de cette époque ; ce fut, du reste, le but des diverses créations dont j'ai énuméré plus haut les causes.

Artillerie. — Les historiens, en général, ne sont nulle-

---

(1) On voit encore, à Alcantara, le couvent de San Benito, qu'occupaient les chevaliers frères de l'ordre d'Alcantara ; les ruines donnent une haute idée de cette puissante institution.

(2) Le titre de chevalier de Montesa survit de nos jours comme distinction nobiliaire ; les ruines du château de Montesa, près de Mogente, 19 kil. de la Encina, existent encore ; à la suite d'un tremblement de terre, en 1748, le château de Montesa s'est écroulé ; il était flanqué d'ouvrages de défense remarquables.

ment d'accord sur l'époque de l'emploi de l'artillerie en
Espagne ; d'après certaines recherches, je crois pouvoir
assurer que le XIVe siècle a été le témoin de cette révolution
dans l'art de la guerre ; les boulets devaient enfin l'emporter
sur la pointe des sabres.

Bombardes. — Avec beaucoup de chroniqueurs, je puis
affirmer que l'Espagne, la première, s'est servie de l'artillerie (1), introduite par les Arabes, le peuple le plus civilisé
alors de l'univers.

Au XIIe siècle, dans une bataille navale entre les Maures
de Tunis et ceux de Séville, les premiers usèrent de coups
de mousqueterie et de coups de canon ; de cette époque date
l'emploi de la poudre.

Dans les premières années du même siècle (1118), Don
Alphonse le Batailleur fit usage contre les murs de Saragosse d'une machine traînée par plusieurs bœufs ; cette machine lançait des coups de canon.

Au siège de Requena (Nouvelle Castille) et à celui de Majorque (1219), l'artillerie fut employée.

A propos de l'attaque d'Algésiras, voici ce que dit l'histoire d'Alphonse XI : « Les Maures tirèrent des coups de
canon contre les ennemis, qui ripostaient par des coups de
canon de moins gros calibre. »

Comme ajoute très bien un écrivain espagnol : « Personne
ne peut douter que cette poudre enflammée et tous ces feux
divers ne soient l'effet de canons de différents calibres. »

Il existait alors des variétés nombreuses de pièces d'artillerie ; le musée de l'artillerie espagnole en possède des
spécimens remarquables, propres à réfuter toute assertion
contraire.

Tout le monde peut voir à Madrid, dans la belle promenade
du Buen Retiro, une espèce de mortier, placé sur un piédestal,
depuis un temps immémorial ; ce mortier lançait des pierres
à une grande hauteur ; on prétend qu'en 1084, Alphonse VI

---

(1) Au musée d'artillerie de Madrid on trouve une fort belle collection de
pièces d'artillerie, depuis le XIIe siècle jusqu'à nos jours.

s'en servit au siège de Madrid. Ce mortier est long de quatre pieds environ ; sa bouche mesure à peu près vingt pouces.

Burgos et Ségovie possèdent aussi des mortiers qui datent de la première fabrication.

Un tronçon d'escopette qui servit pour la conquête de Tudela par Don Alphonse le Batailleur, en 1118, se trouve, par hasard, dans la cité juste au pont qui traverse l'Ebre ; le canon est long de dix pieds six pouces ; son calibre mesure vingt pouces.

Un fauconneau de position, pièce d'artillerie datant du xiv° siècle, du calibre d'un pouce onze lignes et long de six pieds six pouces quatre lignes, figure également au musée d'artillerie espagnole. D'autres pièces, très variées dans la fabrication, sont certainement antérieures au xiv° siècle, époque où l'on perfectionna les pièces. C'est à partir de ce moment que date la fonte des pièces.

Dans le principe, les pièces se construisaient avec des barres de fer longitudinales, unies par de forts anneaux, toujours en fer, qu'on plaçait dans un affût quadrangulaire, large d'un seul pied, au centre duquel se trouvait une entaille demi-circulaire pour recevoir la pièce, retenue à l'affût par des chaînes. Une fois en position, la pièce chargée était prête à faire feu.

L'usage de la poudre pour des armes réduites est postérieur.

Beaucoup de pièces de cette époque se composaient de deux bras à angle droit avec des âmes correspondantes ; ces sortes de fourneaux de mine avaient un bras vertical ou un bras horizontal. Le premier se plaçait près de la muraille que voulaient prendre les agresseurs ; le second se posait extérieurement et communiquait avec une réserve de poudre ou sachet.

Fauconneau. — Je citerai encore le fauconneau, pièce de plus petite dimension que la bombarde et un perfectionnement des armes à feu ; le fauconneau était un acheminement vers les mousquets portatifs et les arquebuses du xvᵉ siècle. Cette pièce d'artillerie fut d'abord construite en forme de canne en fer avec une âme creuse dans toute sa longueur; chargée, elle lançait des projectiles de petit calibre qui décrivaient une courbe elliptique à la sortie de l'âme. Pour diriger le tir, on plaçait le fauconneau sur un tour vertical.

Armes portatives. — Au xvᵉ siècle, l'usage de l'artillerie se généralisa et les armes portatives entrèrent dans l'armement du soldat; parmi celles-ci, je mentionnerai le mousquet à mèche. Chaque mousquet était muni d'une petite fourche que l'on plantait en terre afin d'appuyer le canon; pour faire partir le coup, on mettait le feu au moyen d'une mèche. Les armes, perfectionnées dans ce genre, furent celles à roue; ensuite celles à bassinet : l'espingole et l'arquebuse.

Le comité d'artillerie était alors très informe; les servants des pièces se choisissaient parmi certains praticiens absolument distincts de la troupe. On créa aussi le corps des pétardiers pour ceux chargés de l'emploi des pétards et celui des conducteurs pour ceux qui traînaient les pièces.

L'Espagne a donc été la première nation de l'Europe qui ait employé l'artillerie ; l'honneur lui en revient tout entier.

TROISIÈME PÉRIODE

DEPUIS LE RÈGNE DES ROIS CATHOLIQUES JUSQU'A L'ARRIVÉE AU TRÔNE DE LA MAISON DE BOURBON

CHAPITRE XIII

Les succès des rois catholiques ont été très glorieux pour l'Espagne ; je me propose d'énumérer successivement leurs conquètes, à partir de celle de Grenade.

Conquête du royaume de Grenade. — Le royaume de Grenade était encore tributaire de la couronne de Castille, lorsque Muby-Aben-Hacen refusa de payer le tribut et répondit aux envoyés des rois catholiques d'une manière hautaine et comminatoire.

En présence d'une telle arrogance, les rois catholiques firent d'immenses préparatifs, à l'effet de s'emparer du dernier boulevard des Maures.

De son côté, le roi des infidèles rassembla une armée et s'empara par surprise de Zahara ; il passa tous les habitants au fil de l'épée, sans autre forme de procès. Pour venger le sort de Zahara et châtier la cruauté du vainqueur, Don Rodrigo Ponce de Léon, marquis de Cadix, un des officiers les plus remarquables de l'armée chrétienne, surprit, à son tour, Alhama, centre très populeux, à huit lieues de la capitale, et massacra tous les Mahométans qui avaient survécu au combat.

L'armée castillane, avec le roi catholique à sa tête, tenta de prendre Loja (Andalousie), mais elle fut repoussée.

Le maître de camp Don Alphonse de Cardenas proposa alors une diversion dans la Sierra de Malaga ; le marquis de Cadix désapprouva ce projet et démontra les inconvénients d'une telle expédition dans un pays inconnu et sans service

d'exploration. Malheureusement, ce conseil ne prévalut pas ;
les chrétiens, à peine en marche, furent surpris par le fameux
chef Zagal, qui connaissait à fond son terrain. Les chrétiens
firent des prodiges de valeur ; le sort des armes, néanmoins,
leur fut contraire. Le marquis de Cadix, avec une poignée
d'hommes, gagna difficilement Antequera (Andalousie).

Les Maures, au lieu de profiter de leurs succès, consu-
mèrent, heureusement pour les chrétiens, leurs forces dans
la guerre civile. Le roi Aben-Hacen prit pour successeur
un de ses fils, qui vivait avec une esclave, puis il emprisonna
la sultane Zoraïda et les fils de cette dernière.

Les Maures se divisèrent en deux bandes, en vue de
marcher contre les chrétiens ; la discorde s'éleva bientôt
entre eux pour le bonheur de leurs adversaires.

Boabdil, fils de Zoraïda et roi de Grenade, essaya de s'emparer de Lucena (Andalousie), place défendue par Don Diego
Fernandez de Cordova ; celui-ci informé du dessein des infidèles, s'apprêta à repousser l'attaque et sollicita dans un
moment propice le secours du comte de Cabra.

Les Maures arrivèrent devant la place sans les précautions d'usage ; le comte de Cabra les attaqua par le flanc,
tandis que le vaillant alcade de la ville opérait une sortie
de front.

L'armée maure, devant une pareille impétuosité et une
telle vaillance, se retira, à la hâte, sur les bords de la
Xenil (1). Attaqués de nouveau par les chrétiens, les Maures
furent jetés en grande partie dans la rivière. Boabdil, fait
prisonnier, ne fut mis en liberté que lorsqu'il eut souscrit
un traité avantageux pour les Castillans.

De retour à Grenade, Boabdil suscita entre les habitants
de nouvelles dissensions qui servirent admirablement les
chrétiens.

Les Maures subirent bientôt un autre échec sur les bords
du Lopera ; le marquis de Cadix en profita pour reprendre
Zahara.

(1) Xenil ou Genil, rivière, naît dans la Sierra Nevada, arrose Grenade, Loxa,
Ecija et se jette dans le Guadalquivir, près de Palma.

Après de sanglants combats, les Castillans prirent Coin, Cartama et Ronda.

En 1485, une fois maîtres de Loja, les chrétiens s'emparèrent de Velez-Malaga ; le marquis de Cadix avait battu le fameux Zagal, qui cherchait à secourir Velez-Malaga.

Le chef des chrétiens assiégea Malaga ; cette place se rendit après une résistance acharnée.

La reddition de Malaga eut lieu, en présence du roi catholique ; les Maures n'occupaient donc plus que Grenade, leur capitale. Les rois catholiques, au courant des difficultés qu'il y aurait à s'en emparer de suite, différèrent l'attaque et rassemblèrent 80,000 hommes.

Un volume ne suffirait pas pour décrire les épisodes, les combats, les faits héroïques de cette campagne : pendant une nuit, le camp des chrétiens fut détruit par un incendie ; aussitôt leurs chefs bâtirent la ville de Santa-Fé, afin de mettre les soldats en sûreté et de faire perdre ainsi tout espoir aux infidèles. Isabelle la Catholique excitait, par sa présence, les combattants et leur donnait ses consolations ; une foule de héros se révélèrent. Enfin Grenade capitula et les rois catholiques y entrèrent le 2 janvier 1492.

Dans la conquête du royaume de Grenade, on négligea beaucoup les règles de l'art de la guerre ; chacun marchait pour la sainte cause sans se préoccuper de la moindre tactique, tant on avait confiance en soi-même.

En 1499, les Maures d'Alpujarras se soulevèrent ; le chef des chrétiens Gonzalez Fernandez de Cordova, si connu par sa glorieuse campagne d'Italie, se proclama général de guérillas, seule manière de combattre les rebelles. Contrariés dans leurs croyances religieuses, les Maures se levèrent en masse contre leurs oppresseurs. Après la prise de Guejar, les Maures d'Alpujarras posèrent les armes et se soumirent aux rois catholiques. Au contraire, les Maures de la Sierra Bermeja, réfugiés dans les montagnes, opposèrent une résistance désespérée et infligèrent un déplorable échec aux Espagnols, qui s'étaient avancés dans un terrain découvert ; peu après, ils furent vaincus par les chrétiens qui leur octroyèrent une capitulation honorable ; cette capitulation est connue sous le nom de « soulèvement des Alpujarras ».

Les Hermandades. — L'institution des Hermandades (1) rendit de grands services aux rois catholiques ; son origine se perd dans la nuit des temps. Cette institution, très populaire du reste, fut créée par les bourgeois, afin d'empêcher le peuple de mal vivre.

Première armée permanente (1475). — Au milieu de l'année 1475, les Hermandades organisèrent la première armée permanente, composée dans le principe de la noblesse, et chargée de débarrasser les chemins des brigands qui les infestaient. Chaque centaine de bourgeois entretenait un cavalier, âgé de vingt ans au moins et de soixante au plus ; ce cavalier servait quatre mois.

La couronne nommait les chefs ; le premier capitaine général fut le comte de Villahermosa.

Au début, la force de ce corps s'éleva à 2,000 hommes ; chaque escadron était commandé par un capitaine.

D'un dévouement sans bornes à la couronne, ces troupes jouissaient d'une grande autorité et d'un prestige énorme ; elles se distinguèrent dans la campagne de Grenade. La guerre contre les Maures une fois terminée (mai 1493), les rois catholiques reconnurent de grands défauts dans l'organisation des Hermandades et créèrent une force de 2,500 hommes de cavalerie sous le nom de « gardes de Castille ».

Gardes de Castille. — Pour entrer dans ce corps, il fallait remplir certaines conditions. La garde permanente des rois était composée de 100 hommes, commandés par un capitaine qui avait sous ses ordres : un lieutenant, un enseigne, un porte-étendard et un trompette.

Le chef des Hermandades portait le titre de capitaine général ; ses subordonnés étaient : un officier payeur, un alcade, un secrétaire et un alguazil chargé de l'administration de la justice.

(1) Au xve siècle, Ferdinand le Catholique en fit un soutien du pouvoir royal.

Au xviiie siècle, ces gardes formèrent les cadres des régiments, c'est-à-dire des unités tactiques de la nouvelle organisation militaire.

En présence des capitaines, chaque garde percevait, tous les trois mois, une solde réglée suivant la classe à laquelle il appartenait; l'officier payeur opérait le paiement.

Ces gardes n'étaient pas seulement au service des rois, mais encore de leurs alliés.

Armement et équipement. — Ils avaient pour armes : la cuirasse, le brassard, la lance, l'épée et la dague; ils entretenaient à leurs frais deux hastères pour arranger les lances et un sellier pour avoir toujours en état leur équipement; la tenue était la même pour tous.

En 1504 se forma une compagnie de soldats pour le service des personnes royales; cette compagnie porta le nom de « garde amarilla », à cause de la couleur de l'uniforme.

La compagnie comprenait 100 hommes, commandés par un capitaine; le premier capitaine fut Gonzalez de Ayora, fameux par ses talents militaires.

Le capitaine avait comme subordonnés : un lieutenant, un enseigne, deux sergents, deux caporaux, deux musiciens et un alguazil, qui remplissait les fonctions d'officier d'administration pour le logement.

Sanche Garcia, comte de Castille, organisa un corps de gardes pour le service du palais; ce corps portait le nom de « monteros de Espinosa, » (veneurs épineux).

Origine du régiment commandé par un colonel. — Gonzalez de Ayora, dont j'ai parlé plus haut, comprit que l'unité tactique était la compagnie; en vue de la guerre, il composa une nouvelle force armée, formée de plusieurs compagnies et commandée par un officier avec le titre de colonel.

Personne ne peut contester que, sous les rois catholiques, des essais heureux furent le prélude de l'armée permanente; les troupes percevaient régulièrement leur solde et présentaient un coup d'œil uniforme ; la noblesse y était largement représentée.

Tercios. — Les régiments prirent, plus tard, le nom de tercios. Nous verrons le rôle glorieux qu'ils jouèrent dans les guerres soutenues en Italie et en Allemagne.

Un mouvement d'expansion coloniale contribua beaucoup à la grandeur du pays ; l'Espagne ne se contentait pas de son rôle important en Europe, elle voulait encore être la *reine intellectuelle du monde*.

Expéditions de Christophe Colomb. — A la fin du XVᵉ siècle, un marin génois, du nom de Christophe Colomb (1), se rendit dans toutes les cours d'Europe et offrit la possession d'un monde inconnu, situé à l'occident.

L'Espagne l'accueillit avec enthousiasme ; du reste, Christophe Colomb y comptait de nombreux amis, tels que le comte Alphonse de Quintanilla, majordome de la reine Isabelle ; Mendoza, archevêque de Tolède ; Gonzalez de Cordoue ; Giraldini, précepteur des princes et d'autres, jusqu'à la magnanime Isabelle (2), qui encourageait le plus ses projets.

Afin de vaincre tous les obstacles, la reine vendit ses bijoux pour préparer l'expédition, où elle ne voyait qu'un but religieux.

Trois navires mirent à la voile du port de Palos de Moguer, le 3 août 1492 ; ils portaient les noms de *Santa-Maria*, de

---

(1) La *Bibliothèque Colombine*, de Séville, fondée par Fernand Colomb, fils du célèbre explorateur et léguée par lui au chapitre ecclésiastique, contient la bibliothèque particulière de Christophe Colomb, les relations de ses voyages ainsi que des notes antérieures et postérieures à la découverte du nouveau monde.

La famille de Christophe Colomb n'était point italienne d'origine, mais bien espagnole ; en effet, les recherches historiques que j'ai faites prouvent qu'à Plasencia, dans la *Biscaye* (provinces basques), plusieurs marins du même nom se distinguèrent au service de l'Espagne. Tout fait présumer que la famille Colomb, par suite des révolutions politiques qui affligèrent souvent cette province, fut obligée de quitter le pays et de se réfugier à Gènes, d'où plus tard le célèbre navigateur revint pour offrir à l'Espagne le talent de ses lumières.

(2) Isabelle s'éteignit, en 1504, dans la forteresse de la Mota, résidence de la cour de Castille, située près de la ville de Médina del Campo ; son fils Don Juan, mourut en 1496 ; il repose dans l'église de Saint-Thomas, construite, en 1482, par Ferdinand et Isabelle à Avila.

Pinta, et de la *Nina*; sur le *Santa-Maria* flottait le pavillon amiral.

Les équipages se composaient d'Espagnols, au nombre de 120 par bâtiment.

Un vent favorable souffla dans les environs des îles Canaries, limite du monde connu, à cette époque, du côté de l'occident. Pendant la navigation quelques-uns se découragèrent, murmurèrent et fomentèrent des séditions pour attenter à la vie du célèbre explorateur.

Chaque jour couronna ses efforts; le 12 octobre 1492, Colomb découvrit les îles Lucayes et débarqua à San-Salvador, l'une d'elles.

Cette conquête pour les rois catholiques lui valut à son retour d'être reçu en Espagne avec la plus grande pompe.

Une nouvelle expédition, plus importante et mieux équipée que la première, s'organisa rapidement, et Colomb reconnut les îles Guadelupe, l'Espagnole, Cuba et Puerto-Rico. Il retourna ensuite en Espagne avec des produits de ces pays lointains. Nommé duc de Veragnas et grand amiral des Indes occidentales, en raison de ses éminents services, Colomb ne considéra pas sa tâche comme terminée et prépara d'autres expéditions qui furent bientôt suivies de trois autres.

En butte à la jalousie de ses émules et désolé de la froideur du roi, ce grand navigateur mourut misérablement à Valladolid (1), en 1506.

(1) Christophe Colomb est mort dans la maison n° 7, qui porte son nom; son armure existe au musée des antiquités : « l'Armeria », de Madrid.

CHAPITRE XIV

Revenons aux événements qui se passaient en Europe.

Avant de raconter la guerre et la prise d'Oran, je dirai quelques mots de l'illustre cardinal Don Francisco Jimenez de Cisneros.

Don Francisco Jimenez de Cisneros.—Fils d'une humble famille, il naquit à Torrelagune, en 1436; son talent et ses rares qualités politiques lui gagnèrent de suite l'estime de la reine Isabelle et des grands de la cour. A la mort du roi catholique, jusqu'à la majorité de Charles Ier, il fut choisi comme régent, à cause de la fermeté de son caractère.

Prise d'Oran. — La Méditerranée était infestée de pirates et la nécessité de conquêtes en Afrique se faisait de plus en plus sentir. Cisneros exposa alors au roi catholique les avantages d'une expédition contre Oran. Le roi approuva l'idée ; par suite de la situation du trésor public, il ne put accéder aux désirs de Cisneros ; il lui conseilla, néanmoins, de rassembler un nombre suffisant de troupes et de donner à ses projets d'expédition un caractère religieux.

Le cardinal rassembla 10 galères, 80 vaisseaux plus petits et 14,000 hommes.

Au milieu de mai 1509, les troupes espagnoles quittèrent le port de Carthagène et débarquèrent à Mazalquivir, près d'Oran.

Le plan d'attaque, très bien conçu du reste, comprenait la prise d'une colline, au pied de laquelle était bâtie la ville. L'attaque eut lieu simultanément par terre et par mer : par terre, Pedro Navarro avec quatre pièces d'artillerie délogea les ennemis de leur position avantageuse; de son côté, l'escadre vomit un tonnerre de feu; à peine la nuit arrivée, les Espagnols donnèrent un assaut général; alors, des scènes d'horreur impossibles à décrire s'en suivirent.

Fin des expéditions en Afrique. — La ville d'Oran fut prise et saccagée; le cardinal Cisneros revint en Espagne. L'année suivante, de nouvelles défaites obligèrent les vaincus à se reconnaître les vassaux de la Castille.

Les expéditions en Afrique s'arrêtèrent à la catastrophe des Gelves, dans laquelle les Espagnols perdirent une grande partie de leur armée, commandée par D. Garcia de Toledo, fils du duc d'Albe, et par Pedro Navarro; le premier mourut dans la mêlée et le second parvint difficilement à rembarquer 4,000 hommes des 15,000 du corps expéditionnaire.

Nouvelle campagne des Français contre les Espagnols. —Ce désastre mit fin aux conquêtes espagnoles en Afrique; le roi catholique ne pouvait distraire ses forces, en raison des événements qui se passaient en Italie; de plus, le roi de France, mécontent du résultat de la bataille de Cerignola, dont j'aurai encore l'occasion de parler, avait lancé trois armées contre les Espagnols : une sous les ordres d'Albret, contre l'Espagne; une autre, commandée par de Rieux contre le Roussillon, et la troisième enfin en Italie, pour chasser Gonzalo de Cordova. L'Espagne, ainsi menacée, ne pouvait continuer ses expéditions lointaines, d'autant plus qu'une escadre française, dans un moment propice, devait croiser dans les eaux espagnoles.

Heureusement pour les Espagnols, le projet des Français ne réussit pas; ceux-ci, en effet, en vue d'anéantir Cordova, le grand capitaine, avaient dirigé beaucoup de troupes en Italie dans d'assez mauvaises conditions. Pendant ce temps, l'armée d'Albret avait cherché en vain à entrer en Espagne par Fontarabie; avant de franchir les Pyrénées, d'Albret avait eu ses forces dispersées.

L'armée d'invasion du Roussillon, forte de 22,000 hommes et commandée par un général expérimenté, attira l'attention des rois catholiques.

Le roi d'Espagne rassembla une armée de 6,000 hommes, sous le commandement du duc d'Albe, pour marcher contre les Français. De leur côté, Ferdinand et Isabelle, avec l'aide de la noblesse, levèrent une armée de 40,000 fantassins et de 12,000 cavaliers; le roi catholique se mit à leur tête et gagna Salces, où campaient les Français, après avoir eu le soin d'incorporer en route les troupes du duc d'Albe.

Le maréchal français, à la nouvelle de l'arrivée de cette armée, battit en retraite ; le roi de Castille le poursuivit et le défit complètement. Les Espagnols prirent plusieurs territoires, s'emparèrent d'un riche butin et regagnèrent la péninsule ; l'armée espagnole fut licenciée.

L'escadre française croisait sur les côtes d'Espagne, quand une horrible tempête l'obligea à abandonner son blocus. La fatalité s'en mêlait pour la France, aussi eut-elle la sagesse de signer sans retard un traité de paix.

La Ligue sainte et ses suites. — Peu après, le roi catholique s'unit à la Ligue de Cambrai avec le pape, l'Autriche et la France contre les Vénitiens, afin de restituer à quelques monarques des États que leur avaient enlevés ces derniers. Deux ans après, Fernand, anxieux des projets ambitieux des Français, s'allia avec le pape et les Vénitiens; il forma une confédération sous le nom de Ligue sainte, (4 octobre 1511), dont le but était de chasser les Français du royaume de Naples.

Don Hugo Cardona, vice-roi de Naples, commanda cette ligue ; les Français choisirent pour général Gaston de Foix, à peine âgé de vingt-deux ans, très expérimenté et beau-frère du roi catholique.

L'armée des Espagnols et celle du pape s'emparèrent de la place de Gemvolo qu'occupaient les Français. L'armée de la Ligue comprenait 16,000 fantassins et 5,000 cavaliers, y compris les troupes aguerries de Pedro Navarro.

Le vice-roi marcha sur Bologne sans résultats appréciables, à cause de son peu de talent militaire ; Gaston de

Foix, au contraire, après un siège insignifiant, s'empara de Bologne.

Cardona battit en retraite ; le général français sortit de la place à la recherche des Vénitiens, qu'il défit sur les bords de l'Adige, et s'empara ensuite de Brescia et de Bergame. Des négociations diplomatiques s'engagèrent sans succès ; les hostilités reprirent alors avec une nouvelle ardeur. Le général français, avec intention, s'était placé devant Ravennes pour soutenir le choc de ses adversaires, persuadé que les coalisés viendraient au secours de cette place. Une bataille sanglante s'engagea sous ses murs ; elle vaut certainement la peine d'être racontée.

L'armée des coalisés se composait des troupes dont j'ai parlé précédemment, moins celles du comte Urbin ; elle possédait 24 pièces d'artillerie ; les Français étaient au nombre de 28,000 fantassins et de 4,000 cavaliers avec 50 pièces d'artillerie. La ville de Ravennes est située topographiquement entre la rivière du Mouton et celle du Ronco, qui se réunissent, pour se jeter dans la mer, à peu de distance de la cité et entourent ses murs. Chacune des rivières était traversée par un pont ; entre elles se trouvaient les Français dans une position stratégique bien critique dont pouvait tirer parti le général espagnol.

L'armée coalisée, arrivée au secours de Ravennes, se retrancha à deux lieues des Français, à gauche de la rivière Mouton.

Les Français se rendirent maîtres sans difficulté des bords du Ronco à gauche et fortifièrent les ponts du Ronco et du Mouton.

Les généraux de la Ligue tinrent un conseil de guerre afin d'adopter une ligne de conduite ; la majorité désirait rester dans le *statu quo*, seul Pedro Novarro fut d'un avis contraire, Cardona le suivit ; cette imprudence leur coûta cher.

Bataille de Ravennes. — Voici la position exacte des deux armées devant Ravennes : les Français s'étaient formés en demi-lune avec l'artillerie en avant et le Ronco derrière ; ils avaient leurs communications assurées sur les bords des deux rivières ; les coalisés s'étendaient parallèlement, au contraire, et formaient des colonnes d'attaque, dont une, avec toute la cavalerie, appuyée de 4,000 fantassins, était commandée par Cardona.

Des deux côtés l'artillerie tonna. La cavalerie espagnole chargea à outrance ; elle fut repoussée et obligée de battre en retraite, soutenue hardiment par la fameuse infanterie espagnole.

La victoire restait encore indécise, grâce surtout à la valeur héroïque de l'infanterie espagnole, réputée jusqu'alors invincible, quand fondit sur elle, comme une trombe de fer, toute la cavalerie française au galop de charge. Les Espagnols faiblirent; le vice-roi et Carbajal se retirèrent précipitamment du champ de bataille; le célèbre Zanudio gisait parmi les morts et Navarro était prisonnier.

Ce dernier, plus tard, malgré la volonté du roi catholique, passa au service de la France; pris par les Espagnols dans une bataille, il fut enfermé dans un cachot, où il mourut.

La bataille de Ravennes a été livrée le jour de Pâques. Les soldats du pape Jules II furent battus comme les autres troupes.

L'infanterie espagnole resta pourtant à la hauteur de sa vieille réputation, à un tel point que le duc de Nemours, exaspéré de sa résistance, se jeta si témérairement dans la mêlée, qu'il perdit la vie.

L'armée française se retira près d'Ancône, à trente lieues du champ de bataille. Elle avait gagné certainement la bataille, mais au prix de pertes effrayantes ; par son impatience inqualifiable, Pedro Navarro avait singulièrement favorisé ses adversaires.

Renforcée de 20,000 Suisses, l'armée espagnole obligea les Français à lever le siège de cette ville.

En 1512, du 24 au 27 juillet, le royaume de Navarre s'ajouta à la couronne de Castille; les Navarrais entrèrent dans la Ligue sainte, qui dirigea une expédition en Guyenne, de concert avec les Anglais.

Depuis, le royaume de Navarre n'a jamais été séparé de la couronne de Castille.

Revenons en Italie, où le vice-roi de Naples, pour châtier les chrétiens alliés aux Français, qui occupaient la Lombardie, porta la guerre jusque sous les murs de Venise, *la reine de l'Adriatique*, et repartit avec un riche butin.

Les Espagnols passèrent à Brenta par Conticella; là, ils aperçurent, à peu de distance, l'armée vénitienne qui les attendait; par un mouvement tournant, l'armée espagnole passa par Nuova-Cruce et se dirigea sur Vicence.

Le chef de l'armée vénitienne, Bartolome de Alviano, garda l'expectative, vu la supériorité numérique de ses adversaires.

Forcés de traverser le territoire vénitien, les Espagnols tinrent un conseil de guerre. Dans ce conseil figuraient Pescara et Prospero Colona; le premier commandait l'infanterie; le second, la cavalerie. On décida de continuer la marche en avant, avec le simulacre d'une retraite afin d'attirer les ennemis.

Bataille de Vicence. — Le téméraire Alviano, chef des Vénitiens, tomba dans le piège; il suivit les Espagnols et les attaqua, près de Vicence, dans un ravin où il ne put mettre en ligne tout son monde.

Prospero Colona soutint le premier choc et demanda du secours au vice-roi; les Vénitiens, enveloppés de toutes parts, furent mis en déroute; ils perdirent 8,000 hommes tués, blessés ou prisonniers et 20 pièces d'artillerie; l'armée victorieuse occupa toute la Lombardie, le 7 octobre 1513.

Voyons maintenant ce qui se passait en France.

A Louis XII succéda au trône de France François Ier, qui, jaloux des succès et de l'influence des Espagnols, chercha à reprendre pour son pays la prépondérance d'autrefois; en conséquence, il tenta de s'emparer du Milanais, gouverné par

Francisco Sforza, suivant les ordres de la Ligne sainte ; mais il se trouva devant la coalition formidable du roi catholique, de l'empereur d'Autriche, des Suisses et des Milanaisiens.

Pour fermer le pays aux Français, 20,000 Suisses occupèrent les gorges des Alpes ; les Français, néanmoins, jetèrent en Lombardie 40,000 fantassins et 2,500 cavaliers (1).

Bataille de Marignan (1515). — Le vice-roi Cardona resta dans l'inaction ; les Suisses, renforcés de 20,000 hommes, se dirigèrent vers les Français, qui occupaient le village de Marignan.

Les Suisses passèrent le Pô et furent rejoints par les Vénitiens ; accablés sous le nombre, ils se retirèrent tous en bon ordre, après un combat acharné, et sans être poursuivis (13 septembre 1515). Les Suisses signèrent la paix perpétuelle de Fribourg.

Traité de Noyon. — Le pape Léon X, d'abord hostile au roi François Ier, conclut la paix de Viterbe (1516). Charles d'Autriche, qui venait d'hériter de la couronne d'Espagne, fit un traité de paix à Noyon et acheva ainsi la pacification de l'Europe occidentale.

(1) Les routes pour aller de France en Italie sont convergentes et celles d'Italie en France sont divergentes ; l'importance de cette différence n'échappera pas à mes lecteurs.

CHAPITRE XV

Gonzalo Fernandez de Cordova ; ses exploits (1453). —
Parmi les grands capitaines de l'Espagne il faut citer
Gonzalo Fernandez de Cordova (1) et Aguilar, né à Montilla,
en 1453, et rejeton d'une des familles les plus distinguées
de l'Andalousie. Son intelligence et sa vivacité lui attirèrent
de suite les sympathies de toute la cour. Les rois catholiques étaient en guerre avec le Portugal ; de Cordova prit
aussitôt du service et reçut le baptême du feu. Cette guerre
avait pour sujet des droits sur le trône de Castille que
croyait devoir revendiquer Dona Juana la Beltraneja.

Prise de Grenade. — De Cordova se distingua encore
dans la guerre de Grenade et surtout à la prise de la capitale. Pour juger ses talents militaires, étudions-le comme
chef d'armée contre des ennemis plus forts dans l'art militaire ; l'occasion, du reste, va nous être bientôt offerte.

Charles VIII, roi de France, qui réclamait les droits de
la maison de Bourbon à la couronne de Naples, s'empara
de ce royaume sans trouver de résistance.

Ferdinand II, de la maison d'Aragon et roi de Naples,
sollicita le secours de son parent d'Espagne.

Expédition en Sicile et en Calabre. — Il partit aussitôt
de la Péninsule une expédition composée de 5,000 fantassins
et de 600 cavaliers qui débarquèrent en Sicile, sous le
commandement de Gonzalo (mai 1495); les forces siciliennes, une fois organisées, s'unirent à celles de Gonzalo
pour se diriger vers la Calabre.

Gonzalo fut un général aussi heureux qu'habile ; à cause

(1) Au musée d'antiquités « l'Armeria », de Madrid, on voit l'épée de Gonzalo de Cordova, épée sur laquelle jurent encore les princes des Asturies.

de son infériorité numérique, il usa de ruses et fit de prompts coups de main: il prit Reggio et Santa Agata, point où il rejoignit Ferdinand II.

Le général français d'Aubigny offrit la bataille. Gonzalo voulut l'éviter; mais Ferdinand II, impatient d'en venir aux mains avec ses adversaires, ne voulut rien entendre. L'action s'engagea et le résultat donna raison à Gonzalo. Sans l'habileté du général espagnol, l'échec aurait dégénéré en déroute; en effet, l'infanterie italienne avait pris la fuite, les Espagnols seuls soutenaient la retraite. Cette marche rétrograde, dirigée par Gonzalo, s'opéra en bon ordre; les Français ne cherchèrent point à l'inquiéter; le roi de Sicile se retira. Gonzalo, seul chef de l'armée, reprit en toute liberté son système de coups de main hardis et de marches rapides qui lui permirent de se rendre maître de plusieurs places importantes, telles que Catane.

Ferdinand II craignait la réunion des troupes françaises des châteaux de Naples avec celles de d'Aubigny, aussi manda-t-il à Gonzalo de se joindre à lui, opération très difficile dans un pays accidenté et occupé fortement par l'ennemi; après trois haltes, Gonzalo s'empara de la place de Cosenza, surprit le château de Laine et parvint enfin sans plus d'encombre au camp du roi.

Le duc de Montpensier occupait Atela avec un corps de 7,000 hommes. Gonzalo lui proposa le combat; le duc refusa. Aussitôt Gonzalo assiégea Atela et s'en empara; il marcha contre d'Aubigny, maître de la Calabre.

Le capitaine espagnol, avec sa promptitude de vue habituelle, força d'Aubigny à évacuer ce territoire. Après de nombreuses escarmouches et des marches pénibles, il lui enleva les places de Gaëte et de Tarente.

Pour ce dernier siège, Don Fadrique, successeur de Don Ferdinand, avait joint ses efforts à ceux de Gonzalo; la place se rendit à merci le jour après son arrivée.

Les Français occupaient Ostie; le pape implora l'aide du grand capitaine pour s'en emparer. Gonzalo, à cette demande, marcha en toute hâte sur cette ville, établit ses lignes de circonvallation et dirigea, d'endroits stratégiques, un feu d'artillerie très nourri sur les points vulnérables. Le cinquième jour du siège, Gonzalo prit la place d'assaut.

Un tel général mérite certainement le surnom de grand capitaine ; nul mieux que lui n'a droit à un tel titre. Nous venons de le voir à l'œuvre en Italie; dans ses succès antérieurs (1499), contre les Maures d'Alpujarras, qui s'étaient soulevés, il fut aussi admirable. Gonzalo soutint cette guerre de guérillas avec son génie militaire habituel; il obtint partout l'avantage et vainquit enfin sans peine toutes les insurrections.

Traité de paix avec Louis XII, roi de France. — Dès que Louis XII arriva au trône de France, celui-ci conclut un traité de paix avec Ferdinand le Catholique, traité qui dépossédait Don Fadrique du trône de Naples, donnait aux Français les Abruzzes avec la province voisine de la Terre de Labour et attribuait aux Espagnols la Pouille ainsi que la Calabre.

Guerre contre les Turcs. — Pour expliquer une pareille usurpation, le roi catholique s'appuyait sur la nécessité où il se trouvait de préparer une expédition contre l'île de Céphalonie, car il ne voulait plus souffrir les incursions des Turcs.

L'expédition partit du port de Malaga; elle comprenait 70 voiles, qui débarquèrent à Céphalonie 6,000 fantassins et 600 cavaliers, sous le commandement de Gonzalo.

A Saint-Georges, dans l'île de Céphalonie, on employa pour la première fois la poudre de mine, inventée par le célèbre ingénieur Pedro Navarro; la place se rendit au milieu de l'année 1500.

Retour de Gonzalo en Italie. — Gonzalo, à la tête des troupes espagnoles, retourna en Italie; avant de combattre son ancien protégé, D. Fadrique, il lui envoya un messager pour le prier de le relever de son serment de fidélité; ensuite, il marcha contre Tarente, au pouvoir du Napolitain.

Au siège de cette place, quelques soldats se mutinèrent et l'un d'eux tenta de le frapper; il le saisit sur-le-champ et punit le délinquant de la peine du fouet. L'ordre fut rétabli immédiatement.

Tarente était une place de beaucoup d'importance; du côté nord se trouvait une baie. Gonzalo, qui craignait que l'inaction ne fût préjudiciable à ses troupes, dirigea des embarcations vers cette baie, où l'on pouvait facilement débarquer.

Gonzalo surprit les défenseurs et leur accorda des conditions de paix honorables; le roi catholique remit aussitôt D. Fadrique en pleine possession de ses provinces.

Rupture du traité de paix avec la France. — Le traité passé entre le roi d'Espagne et le monarque français avait été fait suivant certaines circonstances politiques; ce dernier ne tarda pas à le rompre.

Les Français, supérieurs en nombre aux Espagnols, prirent l'offensive; Gonzalo en éprouva une vive satisfaction, car il laissait à ses adversaires toute la responsabilité de la guerre.

Son infériorité numérique ne lui permettait pas d'aborder les Français sans s'exposer à une déroute certaine; il se contenta donc de harceler ses adversaires jusqu'à ce qu'il eût reçu des renforts d'Espagne et d'Allemagne.

Il laissa un petit corps de troupes, sous le commandement de D. Diego de Cardona, dans la Calabre qu'avait envahie d'Aubigny, et s'enferma à Barletta, principale place de la Pouille, pour attendre des secours d'Espagne, tant que les circonstances l'exigeraient.

Gonzalo agissait avec prudence; il n'avait que cette alternative ou celle de se retirer en Sicile, pays peu propice pour maintenir ses troupes en haleine; de plus, sa retraite aurait passé pour une déroute et son prestige en aurait souffert.

Il resta, six mois durant, enfermé dans les murs de Barletta, gardé toujours et serré de près par le duc de Nemours.

Pendant ce siège, un défi, resté célèbre, et que produisit un amour-propre démesuré, se porta, sous les murs de Tarente, entre Espagnols et Français : onze combattants, tous choisis, sortirent de chaque côté. Parmi les Espagnols se trouvait le célèbre Diego Garcia de Paredes et parmi les Français le fameux chevalier sans peur et sans reproche, Bayard.

Après des prodiges de valeur, les juges déclarèrent que les Français étaient de « bons et courageux chevaliers ». Lorsqu'un des champions espagnols dit à Gonzalo que les Français les valaient, le fier capitaine lui répondit laconiquement : « Moi et vous meilleurs. »

Succès des Espagnols. — Pedro Navarro, qui occupait Canosa, l'abondonna, suivant les ordres de Gonzalo, et s'empara de Castellanete. Nemours, pour recouvrer cette place, leva le siège de Barletta; Gonzalo, avec sa perspicacité ordinaire, rallia toute sa cavalerie pour soutenir son infanterie, de telle sorte qu'il put tomber sur l'arrière-garde de l'armée française. La cavalerie espagnole simula une retraite et chargea en flanc les ennemis, qu'elle mit en déroute ; le général espagnol entra de vive force à Ruvo, ville située à 29 kilomètres sud-est de Barletta, et fit 4,000 prisonniers.

De son côté, l'escadre espagnole battait l'escadre française; la fortune était décidément contraire aux Français; leur monarque se décida à venir lui-même en Italie pour arranger ses affaires, en assez mauvais état du reste; là, il négocia un traité de paix avec l'archiduc Philippe, gendre des rois catholiques et leur mandataire. L'archiduc Philippe n'espérait pas la ratification du traité, qu'il communiquait à Gonzalo pour interrompre les hostilités ; celui-ci, aussi sage politique qu'habile général, contesta que les rois catholiques l'eussent envoyé en Italie pour faire la guerre aux Français sans obtenir d'autres avantages.

Après avoir reçu des renforts, malgré son infériorité numérique, Gonzalo entreprit de marcher sur Cerignola, ville voisine de Barletta.

Bataille de Cerignola. — A peine fut-il en présence des Français qu'il leur présenta la bataille.

Cerignola, située à 16 milles (1) de Barletta, se trouve placée sur une petite éminence plantée de vignobles et entourée d'un ravin que les Espagnols convertirent en fossé, défendu par des garde-fous, des ponts en fer et des pieux afin de mieux résister à l'action de la cavalerie française. Sur le flanc gauche, qui était la partie la plus faible de la position, Gonzalo éleva un parapet; dans les embrasures, il mit en position quatre pièces d'artillerie.

Ces préparatifs furent menés avec une telle célérité, qu'on les termina à la chute du jour.

Le duc de Nemours comprit la témérité qu'il y aurait d'attaquer les Espagnols ainsi retranchés, aussi chercha-t-il à différer la bataille pour le jour suivant. Ses lieutenants n'approuvèrent pas sa prudence et se disposèrent à commencer l'attaque.

Voici le dispositif des deux armées : Gonzalo plaça à sa droite l'excellente et vieille infanterie espagnole, sous les ordres de Francisco Pizarro (le conquérant du Pérou); au centre, les Allemands; à gauche, les Espagnols avec Diego Garcia de Paredes.

Pedro Navarro commandait les quatre pièces d'artillerie, en position sur le parapet. La cavalerie se tint à gauche, jusqu'à ce qu'il y eut un passage dans la tranchée pour charger facilement; la cavalerie légère prit position près du parapet, afin d'attirer les ennemis et d'être prête à toutes les éventualités.

Cette habile formation ne ressemblait nullement à celle des Français; plus avancé que le centre et la gauche, le duc de Nemours, avec sa grosse cavalerie, se posta à droite; l'infanterie suisse et l'infanterie française protégèrent le centre; la cavalerie légère garda la gauche, un peu en arrière au centre. L'armée française n'avait aucune raison pour prendre la formation en échelons.

____

(1) Le mille valait 1481 mètres environ.

Enfin, l'action s'engagea avec vigueur. Nemours avec sa grosse cavalerie chargea les Espagnols, mais il fut repoussé avec des pertes énormes ; l'artillerie espagnole fit merveille. Les Français, avec leur bravoure habituelle, revinrent à la charge ; les Espagnols fléchirent un peu, lorsque la pluie empêcha l'artillerie de tirer. Gonzalo parcourut les rangs et enleva chefs et soldats par ces mâles paroles : « Camarades, le feu de l'artillerie n'est point la lumière de la victoire. »

L'artillerie espagnole, une fois réduite au silence par la force de la nature, Nemours se lança contre les tranchées. Il fut de nouveau repoussé ; sa cavalerie se heurta aux fortifications passagères des Espagnols ; la pointe des sabres ne pouvait renverser de pareils obstacles ! Le général français ne se découragea pas ; avec une ténacité digne d'un meilleur sort, le vaillant duc de Nemours essaya une marche de flanc, durant laquelle les arquebusiers espagnols lui infligèrent de grandes pertes ; il paya de sa vie cet acte de témérité.

Gonzalo repoussa sans effort les ennemis qui s'étaient avancés jusqu'au centre, et cela, dans trois attaques : soit par les piquiers allemands, soit par les arquebusiers. Chandieu, le Suisse, qui commandait le centre, fut battu dans plusieurs endroits et obligé de se replier. Le général espagnol en profita pour compléter sa victoire ; il lança sur-le-champ toute sa cavalerie à la poursuite des ennemis.

Les Espagnols perdirent peu de monde ; les Français, au contraire, laissèrent sur le champ de bataille 3,000 hommes, leurs canons, leurs drapeaux et leurs bagages.

Entrée de Gonzalo à Naples.—Immédiatement, Gonzalo se dirigea sur Naples, qui lui ouvrit ses portes ; il prit de vive force les forts qui la dominaient.

Gonzalo de Cordova, par son génie militaire, soumit donc l'Italie au roi catholique.

Arrivée des Espagnols à Gaëte. — Gaëte était la seule place qui appartenait encore aux Français ; là s'était réfugié le reste de l'armée française, battue à Cerignola. Gonzalo conçut le projet de s'emparer de Gaëte ; dès qu'il fut arrivé près de cette place, il se rendit compte de toutes les difficultés qu'il aurait à vaincre pour y rentrer de vive force. Il se contenta d'en faire le siège régulièrement et resta constamment en communication avec l'escadre ; il prépara la campagne de Garigliano que, plus loin, je décrirai ; peu après, il entra dans Gaëte sans verser une goutte de sang ; il se retira ensuite avec ses troupes à Castellone, ville située à 6 kilomètres de Gaële et à Mola-di-Gaëta, place voisine également de Gaëte.

Les Espagnols menacés de nouveau en Italie. — Après la bataille de Cerignola, le roi de France ne se tint pas pour battu et continua à lutter contre les Espagnols. Une armée, sous le commandement du général comte de la Trémouille, pénétra en Lombardie et se réunit, à Pontecorvo, (130 kilom. de Rome), aux troupes du marquis de Saluces, composées de 10,000 cavaliers, réputés les meilleurs de l'Europe, d'un bon corps d'infanterie, d'une excellente artillerie avec 36 canons, en tout 30,000 hommes.

Prise de la forteresse de Montecasino. — Le grand capitaine Gonzalo se vit contraint, en face des forces françaises, de recourir à son ancienne tactique : il les attaqua en détail. Sur sa demande, Andrade et Pedro Navarro le rallièrent avec leurs troupes. Gonzalo veilla lui-même à la concentration et harcela constamment les Français, quoique plus nombreux. D'un coup d'œil, il jugea que la rivière de Garigliano, par suite de son débouché dans la mer entre Volturne et Gaëte, pouvait servir à ses plans ; il se transporta donc à Mola, sur la rive gauche, où se trouvaient les forteresses de Rocaseca et de Montecasino, puis il s'empara de cette dernière, au pouvoir des Français, à cause de son importance.

Devant Mola, place située sur la rive droite du Garigliano et le long d'un chemin qui conduit à Naples, coule la rivière, traversée par un pont, que défendait Pedro de Paz avec ordre d'empêcher à tout prix les Français de Gaëte d'attaquer Gonzalo par le flanc.

Le général de la Trémouille donna le commandement au marquis de Mantoue, qui quitta Pontecorvo et se transporta avec toute son armée, sur la rive gauche.

Le premier obstacle que rencontra le général français fut la forteresse de Rocaseca, dont il entreprit de suite le siège. Après un bombardement en règle, le duc de Mantoue livra trois assauts sans succès. Diego Garcia de Paredes parvint à entrer dans la place pour la renforcer, circonstance qui découragea les assiégeants. Les points fortifiés de Montecasino et de San German n'offrirent pas moins de résistance. Les Français se décidèrent à passer par un gué. Gonzalo pensait leur couper la retraite; les Français prévinrent ce mouvement et se lancèrent en masse sur le pont avant que les Espagnols pussent les arrêter. Pedro de Paz força les Français, venus de Gaëte, à rétrograder et à renoncer à leur tentative de passer sur la rive gauche de la rivière par le pont de Sessa.

Occupation de Roca Evandria.—Les Français cherchèrent alors à établir un autre pont sur le Garigliano, à l'abri de Roca Evandria, autre fortification placée du côté gauche, entre San German et Sessa, qui se trouvait en leur pouvoir depuis la campagne précédente. Gonzalo commanda à Garcia de Paredes de s'en emparer; cet ordre fut exécuté assez rapidement.

L'armée espagnole était dans les défilés de Sessa à gauche et l'armée française de front à droite.

Le marquis de Mantoue, à qui il ne convenait pas d'hiverner là, parvint, avec les moyens dont il disposait, à jeter un pont de bateaux sur le Garigliano, grâce à sa position sur le côté droit, plus élevée que celle des Espagnols du côté gauche et grâce aussi à sa nombreuse artillerie.

Dans les premiers jours de novembre, les Français tentèrent le passage par le fameux pont déjà décrit; ils furent refoulés par Garcia de Paredes; le jour suivant, sans diffi=

culté, ils parvinrent à s'emparer d'une redoute que les Espagnols avaient élevée du côté gauche.

Le grand capitaine se rendit compte de suite de la situation; il attaqua les Français et les délogea après un combat acharné. Dans cet engagement, les enseignes Hernando de Illescass et Alfonso de las Parras se couvrirent de gloire. Le premier perdit le bras droit et saisit son drapeau du bras gauche; un boulet le lui enleva; malgré cela, il parcourut les rangs des soldats et prononça à haute voix le nom de sa patrie : Espagne! Espagne!

Le second, avec le seul bras qui lui restait, suivit les siens le drapeau haut levé. Les Français, refoulés, employèrent leur artillerie; Gonzalo battit en retraite, mais en bon ordre.

Le marquis de Mantoue, découragé, donna le commandement à Saluces.

Les Français s'établirent sur les bords du Garigliano, dont le climat passait pour insalubre; la fortune favorisait donc Gonzalo.

Le général français profita du répit que lui laissait la retraite des Espagnols pour s'établir solidement dans le pays; ils fortifièrent le pont de bateaux par un retranchement à gauche et par un fort à droite.

Victoire des Espagnols sur les bords du Garigliano. — Gonzalo ne resta pas inactif; il reçut un renfort de 3,000 hommes, commandés par Alviano, et attaqua les Français dans leur camp; à cet effet, il construisit un fort à quatre milles plus loin que celui des Français. Le capitaine espagnol, pour faire diversion, commanda à Andrade d'occuper les Français au pont de bateaux; dans la nuit du 27 décembre, Gonzalo prit à droite par le pont récemment construit.

Alviano, Pedro Navarro, Villalba et Zanudio marchaient en avant-garde; Gonzalo suivait avec le reste de l'armée.

Alviano surprit des Français qui donnaient l'alarme aux troupes. Saluces envoya d'Alègre pour empêcher les Espagnols de se répandre dans le pays de Garigliano ; il fit passer la grosse artillerie par le pont de bateaux et l'artillerie légère par le chemin de Gaëte.

Gonzalo dépêcha de suite Prospero Colona, avec la cavalerie légère pour se placer entre Gaëte et les Français, pendant que lui s'avançait en sens contraire, c'est-à-dire face en tête.

Capitulation de Gaëte. — Cette habile tactique mit les Français en fuite ; Gonzalo avait complètement réussi à l'attaque de l'arrière-garde de l'armée française. Après un jour de combat non interrompu, les Espagnols traversèrent de nuit Castellone et se présentèrent le jour suivant devant Gaëte, occupée par les Français. Cette place, écrasée par l'artillerie espagnole, ne put résister longtemps ; le commandant se rendit, mais après avoir obtenu des conditions honorables.

Cessation des hostilités. — Le 15 janvier 1505, les Espagnols étaient maîtres de tout le royaume de Naples ; la France, dans l'impossibilité d'envoyer de nouvelles forces, accepta les conditions d'un traité que lui proposait l'Espagne.

Gonzalo, par ses succès réitérés, a gagné, à juste titre, le surnom de grand capitaine ; un tel général est une gloire pour un peuple ; l'Espagne peut en être fière.

Caractère militaire de Gonzalo. — A l'époque où Gonzalo se révéla, on croyait à la supériorité de la cavalerie sur l'infanterie ; plus tard, l'habile tactitien démontra d'une manière évidente l'importance des combattants à pied.

Le capitaine espagnol étudiait avec une grande attention le caractère particulier de ses troupes, de telle sorte qu'il saisissait de suite leurs qualités et leurs défauts ; il cherchait dès lors à augmenter les unes et à diminuer les autres, toujours avec cet esprit d'ordre et de discipline qui fait la force d'une armée. Affable et charitable, Gonzalo ne refusait jamais un service. La reine Isabelle appréciait ce grand caractère comme il le méritait. Celle-ci une fois morte, Gonzalo perdit tout son ascendant. Ferdinand le Catholique, jaloux de sa gloire, donna trop créance aux critiques vulgaires qui s'emparèrent des hommes en vue. L'histoire militaire de ce grand capitaine abonde en hauts faits ; elle met en relief son patriotisme et son désintéressement. Combien d'offres lui furent faites pour servir contre son pays ! Il aurait préféré la mort à un pareil déshonneur. Ce général, à l'esprit sagace et subtil à la fois, était aussi savant que modeste.

Revenu en Espagne, au milieu de l'année 1507, il ne put s'habituer aux intrigues de la cour et supporter des critiques injustes d'hommes incapables ; aussi, dégoûté du monde, il se retira à Loja ; son château de Montilla, où il était né, tombait en ruines et n'était plus habitable.

Mort de Gonzalo (1515). — Gonzalo rendit son âme au Créateur, le 5 décembre 1515, à Grenade.

L'histoire conservera toujours religieusement le souvenir impérissable de cet illustre et brillant chevalier ; le littérateur français Florian a fait de Gonzalo (Gonzalve de Cordoue) le héros d'un roman historique.

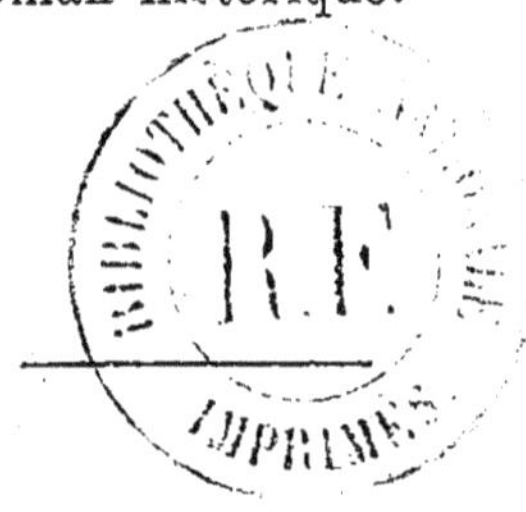

CHAPITRE XVI

Charles Ier, dit Charles-Quint. — A la mort de Ferdinand le Catholique, Charles Ier, dit Charles-Quint, fils de Philippe le Beau, archiduc d'Autriche et de Jeanne la Folle, monta sur le trône d'Espagne ; il succéda sans difficulté à son aïeul maternel, le roi catholique.

Les Flamands se crurent alors les maîtres de l'Espagne et se conduisirent de telle sorte que plusieurs séditions éclatèrent ; Pavilla, Brabo et Maldonado, principaux chefs du mouvement, payèrent de leur vie leur orgueil national ; avec cet exemple un peu sommaire, les diverses villes soulevées se soumirent ; Tolède, où se trouvait la veuve de Padilla, résista seule et opposa une héroïque résistance ; bientôt cette ville fut forcée de capituler.

Tout en châtiant, trop sévèrement peut-être, l'insurrection des *communeros,* le roi d'Espagne ne perdit pas de vue la politique de combat que lui créait son rival, François Ier, roi de France.

Celui-ci, jaloux de la gloire et de la puissance de l'empereur Charles-Quint, profita des soulèvements des partis espagnols pour rétablir sur le trône de Navarre Henri de Labrit; il envahit l'Espagne avec 12,000 fantassins et 800 cavaliers, sous le commandement de Lesparre ; celui-ci occupa sans coup férir San Juan de Pie del Puerto et s'empara de la citadelle de Pampelune, commandée par San Ignacio de Loyola.

Le roi de France, enhardi par d'aussi faciles conquêtes, ordonna à Lesparre d'avancer sur les bords de l'Ebre ; Lesparre assiégea la place de Logrono, qui résista à toutes les attaques des Français, jusqu'à l'arrivée du duc de Najera avec 12,000 fantassins et 500 cavaliers. A la vue d'un pareil secours, les Français crurent prudent de battre en retraite et de gagner Pampelune et Puente la Reina ; ils prirent position près de la montagne du Perdon et assurèrent leurs communications avec la capitale de la Navarre qu'ils voulaient défendre contre les Espagnols.

Le duc de Najera, d'accord avec les autres chefs, décida de traverser la montagne sans être aperçu de l'armée française, afin de se jeter entre elle et Pampelune.

Bataille d'Esquiroz (1521). — Les Espagnols se concentrèrent dans le village d'Esquiroz ; à la vue de ce mouvement, les Français résolurent de battre ceux qui les avaient contraints à la retraite.

Les adversaires s'apprêtèrent au combat avec une égale ardeur ; un corps de l'infanterie espagnole, qui s'avançait contre l'aile gauche des Français, fut repoussé et forcé de se replier en toute hâte ; un autre corps d'infanterie subit le même sort à droite. La cavalerie arriva à propos ; les Français, à leur tour, plièrent.

L'aile gauche de l'infanterie espagnole en profita pour se reformer et faire taire le feu de l'artillerie française ; elle tua les servants et s'empara des pièces.

La fortune ne fut pas favorable aux Français : leur général fut fait prisonnier ; leurs morts couvrirent le champ de bataille et le reste de leur armée gagna difficilement la frontière.

La bataille d'Esquiroz eut lieu le 30 juin 1521.

Pampelune ne tarda pas à ouvrir ses portes aux vainqueurs.

Ainsi se termina la tentative du roi de France pour reconquérir le royaume de Navarre.

CHAPITRE XVII

Considérons à présent le résultat des expéditions maritimes dont l'importance fut considérable sous le règne de Charles-Quint.

Expédition du Mexique. — Diego Velasquez, conquérant et gouverneur de Cuba, supposa, d'après Colomb, qu'il existait un grand continent à l'ouest ; en conséquence, il prépara une expédition, sous les ordres de Francisco Hernandez de Cordova, et une autre, commandée par Juan de Grijalva, dans le but d'explorer les côtes de la Nouvelle-Espagne (Mexique) ; l'espérance de Diego Velasquez fut couronnée de succès, suivant les calculs du célèbre marin Christophe Colomb.

Hernan Cortez. — Diego Velasquez organisa une troisième expédition, dirigée par Hernan Cortez (1) ; ce dernier, à peine embarqué, souffrit de la jalousie du gouverneur, qui voulut lui enlever le commandement de l'escadre.

Malgré cet incident, après avoir passé à la Havane, l'expédition continua son voyage d'exploration (1518) ; la flotte comprenait 10 navires et 1 brigantin, soit plus de 100 marins, 500 fantassins et 16 cavaliers.

Bataille de Tabasco. — Cortez aborda sur plusieurs points et entra dans la rivière de Tabasco ; les Indiens tentèrent de s'opposer au débarquement ; les Espagnols les mirent en fuite et s'emparèrent de Tabasco, capitale de la province du même nom.

Cortez ordonna une reconnaissance de 100 hommes, sous

______

(1) *El Archivo de Indias*, de la Casa Longa de Séville, possède des documents précieux sur la découverte de l'Amérique et sur les conquêtes de Fernand Cortès, de Pizarre et de Magellan.

les ordres du capitaine Lugo ; cette reconnaissance fut attaquée avec furie par les Indiens, qui se jetèrent de même sur le gros de la troupe, commandée par Cortez lui-même. Les armes à feu des Espagnols firent rage et causèrent des pertes énormes aux Indiens.

Cortez convint d'en finir le plus vite possible avec ces sauvages, dont l'armée était innombrable ; heureusement que la qualité dans une troupe vaut mieux que la quantité ; ce fut le cas des soldats espagnols.

Cortez plaça son armée à mi-côte d'une colline, couronna la cime de tous ses canons (perriers), et dissimula ses 16 cavaliers pour charger en flanc les ennemis.

Les Indiens formaient une masse compacte et rangée avec assez d'ordre : d'un côté, se tenaient les archers ; d'un autre côté, les frondeurs. Le combat commença vigoureusement ; les Indiens lancèrent une grêle de flèches et de pierres ; les Espagnols ripostèrent par un feu nourri avec leurs pierriers et leurs arquebuses. Les Indiens furent fortement entamés, malgré leur supériorité numérique et leur front très étendu, presque impénétrable ; chargés en flanc par les cavaliers espagnols, les Indiens reculèrent en désordre, poursuivis par la cavalerie et serrés de près par l'infanterie.

Cette victoire, connue sous le nom de Tabasco, coûta aux Espagnols 2 morts et 60 blessés ; les Indiens perdirent 800 hommes.

Cortez, aussi profond politique qu'habile général, profita de la terreur produite chez les ennemis par son succès pour leur offrir la paix ; ceux-ci l'acceptèrent de grand cœur.

Montezuma. — L'explorateur espagnol s'embarqua à San Juan d'Ullua, où les envoyés de Montezuma, empereur du Mexique, lui offrirent les plus riches présents de la contrée. Cortez demanda alors une audience à l'empereur ; mais celui-ci s'y refusa. Cortez, sur-le-champ, se fit proclamer, à la presque unanimité, gouverneur de la Nouvelle-Espagne.

Ce fait politique accompli, Cortez pénétra dans l'intérieur de l'empire du Mexique et s'allia avec les peuples de la côte qui préféraient la domination d'un étranger au régime odieux de Montezuma.

L'empereur mexicain envoya encore une ambassade à Hernan Cortez, pour lui offrir de riches présents, avec prière de ne point s'avancer sur le territoire. L'explorateur espagnol répondit qu'il était très désireux de connaître l'intérieur des terres et qu'il n'avait point changé de résolution.

Vera-Cruz. — La ville de Vera-Cruz fut créée, en peu de jours, pour servir aux Espagnols de point d'appui en cas de retraite. Quelques-uns des soldats espagnols fomentèrent une sédition pour retourner à Cuba ; Cortez, avec son habileté ordinaire, prit un moyen énergique : il détruisit l'escadre et plaça sa troupe dans l'alternative de vaincre ou de mourir.

Le chef mexicain commandait à 30 caciques ou gouverneurs, qui pouvaient lever chacun 100,000 hommes. Le bruit de l'artillerie et la vue des chevaux terrifièrent ces populations mal armées ; autrement, les Espagnols auraient pu se considérer comme perdus.

Cortez, avec une armée réduite à 400 hommes et à 800 alliés de la côte, s'avança dans l'intérieur de l'empire mexicain. Pendant une marche des plus pénibles, au milieu des Cordillères, l'expédition espagnole souffrit d'énormes privations et endura de grandes fatigues ; pas une plainte ne sortit de la bouche de ces hommes de fer. Enfin, Cortez arriva dans la province de Zocatan, où le cacique lui fit bon accueil.

République de Tlascala. — De là, deux chemins conduisaient à Mexico : l'un traversait une population soumise à Montezuma ; l'autre parcourait la république de Tlascala, en mésintelligence avec l'empereur mexicain.

Défaite des Tlascalatèques. — Sur le conseil de quelques-uns de ses alliés, Cortez suivit la dernière route ; les habitants de Tlascala n'acceptèrent pas ses offres de paix et voulurent lui barrer la route ; les Tlascalatèques furent défaits complètement en deux occasions. Ceux-ci ne se déconcertèrent pas ; ils se concentrèrent et s'apprêtèrent à fondre de nouveau sur les Espagnols ; Cortez forma sa troupe en carré et plaça à propos son artillerie ainsi que sa cavalerie.

Les ennemis commencèrent le combat en tirant une nuée de flèches qui se brisèrent sur les armures des Espagnols, sans les blesser ; ceux-ci ripostèrent par les armes à feu. Les Tlascalatèques virent l'inutilité de leurs efforts, aussi se lancèrent-ils contre les Espagnols pour combattre corps à corps. Ceux-ci se formèrent en carré ; de toutes parts, le combat fut acharné. Cortez fit charger les ennemis en flanc par sa cavalerie, qui répandit partout la terreur. La mort d'un cavalier leur donna du courage ; les Mexicains croyaient le cheval et le cavalier un être unique. Diverses autres charges les mirent peu à peu en déroute.

Entrée de Cortez à Mexico (1519). — Les Tlascalatèques, déconcertés par de pareilles défaites, crurent les Espagnols des fils du Soleil et leur proposèrent la paix, que ces derniers s'empressèrent d'accorder. Cortez marcha sur Mexico, où il fut parfaitement reçu par Montezuma, le 8 novembre 1519.

Le chef espagnol fut accueilli comme un dieu par les habitants, comme un maître par Montezuma.

La mort de quelques soldats espagnols entraîna la nécessité d'emprisonner Montezuma.

Pendant cette expédition, arriva à Vera-Cruz une escadre commandée par Panfilo Narvaez, avec des ordres du gouverneur de Cuba, Velasquez, pour emmener prisonniers Cortez et les siens. Le conquérant du Mexique battit Narvaez et le fit lui-même prisonnier à Zampaola.

Bataille d'Otumba. — Les Mexicains profitèrent des dissensions des Espagnols pour essayer de secouer leur joug. Cortez se dirigea encore sur Mexico, centre de la résistance, pour venger Montezuma, tué par ses sujets ; il fut obligé de battre en retraite et ne retrouva ses avantages qu'à la bataille d'Otumba (1520), où l'armée mexicaine comptait près de 200,000 hommes. Cortez ne rentra dans Mexico qu'en 1521 ; il fit pendre le nouvel empereur Guatimozin (1522) ; le Mexique dès lors fut occupé par les Espagnols.

Découverte de la Californie (1535). — Retour de Cortez en Espagne. — Cortez eut le même sort que Colomb : l'ingratitude. Nommé tout d'abord gouverneur du pays qu'il avait conquis, on lui enleva ensuite jusqu'à l'administration civile. Il se couvrit pourtant de gloire par la découverte de la Californie et par celle de la mer Vermeille (1535). Cortez revint en Espagne ; Charles-Quint le reçut froidement ; néanmoins, il l'accompagna dans son expédition contre Alger.

Un jour que Cortez fendait la foule pour parvenir jusqu'à Charles-Quint, celui-ci demanda quel était cet homme : « C'est, répondit Cortez, un Espagnol qui vous a donné plus de provinces que vos pères ne vous ont laissé de villes. »

Mort de Cortez (1547). — Abreuvé de dégoûts, Cortez (1) mourut, vers la fin de 1547, à Castilleja de la Costa, près de Séville. Il était né, en 1485, à Médellin (Estramadure), d'une famille noble, mais sans fortune. Tout d'abord, il étudia à l'université de Salamanque ; bientôt il laissa le barreau pour l'état militaire.

En 1504, il s'était rendu près de son parent Ovando, gouverneur de Saint-Domingue, et dans l'année 1511, il accompagna Velasquez à Cuba. Grijalva, lieutenant de Velasquez, n'osa pas s'aventurer dans l'intérieur du Mexique qu'il avait découvert ; cette mission fut donnée à Cortez.

L'Espagne peut s'enorgueillir d'avoir enfanté un tel conquérant ; la science, d'avoir possédé un tel savant.

Francisco Pizarro. — Un autre navigateur mérite également d'être cité : Francisco Pizarro ou François Pizarre,

____

(1) Son étendard se trouve au musée d'artillerie de Madrid.

fils du fameux Gonzalo Pizarro, qui s'était tant distingué dans les guerres d'Italie, d'après mon récent récit. Francisco Pizarro naquit, en 1475, à Truxillo (Estramadure).

Découverte de l'océan Pacifique (1513).— Almagro. — Pris de la passion des découvertes, Pizarro s'embarqua pour l'Amérique, reconnut les côtes du Pérou, fit partie de l'expédition de Balboa, et découvrit la mer du Sud ou océan Pacifique (1513). Il s'associa ensuite avec Almagro et Luque pour explorer les régions au sud de Panama (1524 à 1527). Dans l'impossibilité de continuer ses découvertes, il revint en Espagne, sollicita l'appui de l'empereur Charles-Quint et lui demanda le titre de vice-roi pour les contrées reconnues (1528).

Pizarro retourna en Amérique avec 3 vaisseaux, 150 fantassins et 36 cavaliers ; en 1531, il occupa l'île de Puna, clef du Pérou, et se présenta dans ce pays comme l'allié d'Huescar contre Atahualpa. Ce dernier tomba en son pouvoir et, malgré une forte rançon, fut mis à mort.

Pizarre s'empare du Pérou et du Chili (1535). — Tandis que Pizarre soumettait le Pérou, Almagro tentait la conquête du Chili (1533-1534); Pizarre fonda Lima et occupa le reste du pays (1535).

Rivalité de Pizarre et d'Amalgro.— Almagro est décapité.— Assassinat de Pizarre. — Une fois les Espagnols en possession de tout le territoire, des rivalités s'élevèrent entre les deux conquérants qui se brouillèrent et marchèrent l'un contre l'autre : Almagro fut battu à Cuzco (1538) et décapité peu après. Au milieu de 1541, Pizarre mourut assassiné, victime d'une conjuration du fils d'Almagro et de ses partisans.

Les successeurs de Pizarre continuèrent à étendre ses conquêtes dans ce riche et fertile pays, véritable paradis.

Magellan. — A la même époque, un marin portugais, mécontent de ne pas recevoir les récompenses dues à ses services, après ses combats dans l'Inde sous Albuquerque, se présenta à Charles-Quint, qui l'accueillit favorablement.

Expédition en Océanie. — Ce marin dirigea une expédition ayant pour but d'atteindre les Molusques ou îles aux épices (1).

Mort de Magellan. — **Sébastien del Cano.** — Pour parvenir dans ces îles, Magellan chercha une entrée dans l'océan Pacifique, à l'extrémité méridionale de l'Amérique. En 1519, il longea l'Amérique du Sud et découvrit (1520) un détroit qu'il appela de son nom : Magellan ; ce détroit sépare l'Amérique du Sud de la Terre de Feu. Magellan traversa l'océan Pacifique et aborda aux îles Philippines (2), (1521), quatre mois après. A peine arrivé, les naturels de Zébu, l'une de ces îles, le massacrèrent, Sébastien del Cano, compagnon de Pizarre, ramena les marins espagnols par le cap de Bonne-Espérance.

Magellan a été le premier navigateur connu qui ait fait le tour du monde, c'est-à-dire un des principaux flambeaux de la science. Honneur à lui !

(1) Grand archipel de l'Océanie (Malaisie néerlandaise).
(2) Plus tard, Miguel Lopez de Legazpia conquit les Philippines ; à Zébu, une de ces îles, il fonda la première ville espagnole.

CHAPITRE XVIII

Je reviens à présent aux faits militaires qui se passaient en Europe et qui intéressent l'Espagne.

Il faudrait certainement un grand espace pour décrire les succès des Espagnols ; aussi, je me propose de ne traiter que les questions relatives à « l'art de la guerre » et de ne citer que les événements saillants.

Guerre en Italie. — Avec des résultats divers, les Espagnols combattirent en Italie ; il est probable, et même certain, que si François Ier n'avait pas voulu venger ses troupes défaites, il n'aurait pas pénétré en Lombardie pour s'emparer de cette province.

En 1519, à la mort de l'empereur d'Allemagne, Charles, roi d'Espagne, et François Ier, roi de France, prétendirent tous deux à la couronne d'Allemagne.

Charles avait des droits incontestables, puisque les électeurs l'avaient acclamé comme successeur de l'empereur ; de là, entre Charles-Quint et François Ier un grand ressentiment, source de guerres continuelles.

Le connétable de Bourbon se brouilla avec le roi de France et passa au service de Charles-Quint.

Dès le début des hostilités, Charles-Quint n'obtint aucun succès en Italie ; il était trop occupé en Espagne à étouffer les séditions et à refouler les Français dans leur pays. Une fois les factieux battus à Villalar, et les Français repoussés chez eux, l'armée d'Italie, sous les ordres du marquis de Pescara et de Prospero Colona, envahit la Lombardie. Cette armée s'empara assez rapidement de la plus grande partie des places que les Français occupaient. Ceux-ci cherchèrent en vain à les reprendre ; poursuivis par l'armée impériale, ils se retirèrent en France. Les Impériaux prirent le port de Toulon et firent le siège de Marseille ; mais ils retournèrent bientôt en Italie : Pescara savait que François Ier avait pénétré en Lombardie, à la tête d'une nombreuse armée.

Le nouveau roi de Naples, Lannoy, commandait l'armée d'Italie ; il apprit que les Français étaient proches et qu'ils venaient de s'emparer de Milan. Il battit en retraite sur l'Adda avec sa petite armée, mal équipée et mal payée, en comparaison de celle de ses adversaires. Les Français se lancèrent à sa poursuite et enfin assiégèrent Pavie.

Siège de Pavie. — La garnison de cette place se composait de 6,000 hommes, sous les ordres du fameux Antonio Leiva, qui fit subir aux assiégeants de grandes pertes dans de fréquentes sorties ; les assiégés, de leur côté, furent soumis à un blocus rigoureux, toujours en alerte, et passant de bien tristes moments. Leiva réprima une mutinerie des Allemands, à qui on devait un arriéré de solde. Le monarque français y était peut-être pour quelque choses ; son argent avait sans doute séduit le colonel teuton.

Après une chaude allocution, Leiva calma les mécontents et alla jusqu'à leur distribuer sa propre nourriture.

Pavie était sur le point de se rendre ; Lannoy s'avança à marches forcées pour secourir cette place. Pescara continua à soutenir l'enthousiasme de ses troupes ; il s'empara de plusieurs points stratégiques, au pouvoir des Français.

Le duc de Bourbon, envoyé en recrutement, arriva sur ces entrefaites à Lodi avec 6,000 fantassins et 500 cavaliers.

La concentration de l'armée impériale effectuée, les Français furent obligés de lever le siège de Pavie.

Pendant la marche de Lodi à Pavie, les troupes s'étaient mutinées, parce qu'elles étaient mal payées ; l'affaire n'eut pas de suite.

Partout, les Espagnols montrèrent le bon exemple ; ils donnèrent leurs vivres aux troupes étrangères qui en manquaient.

Une petite garnison, commandée par le duc de Sforcia, fut laissée à Lodi.

L'armée impériale passa par Milan avec le projet de donner le change aux Français ; son objectif était toujours Pavie. Les Impériaux assurèrent leurs communications avec Lodi par Santo-Angelo.

Les Espagnols arrivèrent en vue de l'armée française en très bon ordre et sans apparence de fatigue. En présence de cette attitude martiale, les généraux français la Palisse et d'Aubigny conseillèrent à François Ier de battre en retraite ; ce dernier ordonna de garder les positions et d'attendre l'attaque.

L'armée impériale, le 7 février 1525, arriva sous les murs de Pavie, où elle fut reçue par un feu violent d'artillerie à très courte portée des premiers rangs de l'ennemi, parfaitement retranché et en possession d'une bonne ligne de ravitaillement par le Pô.

A la vue de cette situation critique, les Espagnols accoururent pour soutenir les Impériaux.

Pescara harangua ses troupes ; pendant la nuit du 19 au 20 février, avec 1,400 arquebusiers, il surprit les postes des Français, pénétra dans leur camp et leur causa de grandes pertes.

Les principaux chefs des Impériaux voulurent battre en retraite sur Lodi ; Pescara s'y refusa et prit le commandement de l'armée.

Le chef espagnol proposa de couper l'armée française en deux parties pour la vaincre plus facilement ; à cet effet, il fallait entrer dans le parc de Pavie avec le gros de l'armée ; ce plan réussit parfaitement.

L'armée impériale, couverte par sa cavalerie, s'avança dans le parc et appuya ses flancs contre une courtine démolie, près du fleuve Gravalon. La droite, composée de 6,000 Espagnols, marcha sur les Français. Le duc d'Alençon essaya sans succès de séparer ce corps du reste de l'armée ennemie ; trois fois, il fut repoussé par l'infanterie italienne avec de telles pertes, qu'il fut forcé de se reformer à l'arrière-garde. Les Suisses, en ce moment à la solde de la France et réputés comme les meilleurs soldats de l'univers, cédèrent devant la valeur des troupes espagnoles.

L'armée française était déjà mal engagée, quand Leiva l'attaqua de front; en même temps, en sens contraire, le marquis de Pescara marcha contre la cavalerie française avec la sienne, malgré son infériorité numérique.

Le premier choc fut favorable aux Français; Pescara, avec son intelligence ordinaire, sauva la situation : il introduisit dans les intervalles des escadrons 200 arquebusiers des plus adroits, soutenus par l'infanterie espagnole. La cavalerie française, malgré son intrépidité habituelle, tourna bride aussitôt; son artillerie tomba entre les mains de Pescara et les servants furent tués sur les pièces.

François Ier prisonnier (1525). — Dans cette journée, les Français perdirent 10,000 fantassins et la fleur de la noblesse française; François Ier fut au nombre des prisonniers (24 février 1525).

Les résultats de cette mémorable journée firent le plus grand honneur à Pescara, l'habile tacticien. L'histoire en parle peu : je sais bien que sa modestie égalait sa science; avoir l'honneur de faire prisonnier un roi de la valeur do François Ier n'était point un fait ordinaire.

Traité de Madrid (1526). — L'illustre prisonnier de Pavie ne recouvrit sa liberté que par le traité de Madrid (1526).

Ligue de la Clémentine. — A peine arrivé en France, François Ier forma une nouvelle ligue contre Charles-Quint; cette ligue prit le nom de Clémentine, du nom d'un de ses principaux membres, le pape Clément VII; la république de Venise et le duc de Milan en faisaient partie.

Des deux côtés, l'action s'engagea avec des succès variés, plutôt favorables aux Espagnols. Clément VII, au caractère changeant, prévoyait le mauvais résultat de la campagne; aussi, se sépara-t-il de la ligue; peu après, il y rentra et poussa avec ardeur la guerre contre les Impériaux.

Le duc de Bourbon fut chargé de châtier les fautes commises par Sa Sainteté; avec des troupes mal payées, à travers un pays difficile, rempli d'obstacles qui paraissaient insurmontables, le duc de Bourbon se présenta devant Rome, le 5 mai 1527. L'armée impériale comprenait 30,000 hommes, sans artillerie et sans les éléments nécessaires pour le siège d'une place. La nuit de l'arrivée se passa en préparatifs; le jour suivant, le duc de Bourbon, dans l'impossibilité de dominer l'ardeur de ses troupes, donna le signal de l'assaut. L'attaque fut impétueuse; les assiégés la soutinrent avec une fermeté admirable. Bourbon tomba victime de son intrépidité; le prince d'Orange prit le commandement et poussa l'assaut si vigoureusement, qu'il s'empara des faubourgs de la ville et força le pape à se réfugier dans le château de Santo Angelo. La ville fut mise à feu et à sang; des scènes horribles complétèrent malheureusement ce tableau navrant : les troupes voulurent venger leur ancien général !

Le pape fait la paix. — Le pape n'espérait plus de secours; il fit un traité de paix par lequel il s'obligeait à payer une rançon considérable et à donner aux Espagnols plusieurs places importantes ainsi que des otages en garantie de ses promesses.

Nouvelle ligue. — Ce traité, conclu le 6 juin 1527, permit au souverain pontife de retourner au Vatican; celui-ci foula aux pieds le traité et forma une nouvelle ligue contre l'empereur, sous le commandement de l'habile général Lautrec. Le général français, grâce aux dissensions des Impériaux, s'empara facilement de la plus grande partie de l'Italie, de Genève et de Pavie ainsi que du royaume de Naples.

Marquis de Vasto. — Dans ce dernier pays, les Impériaux étaient commandés par le marquis de Vasto; en présence des difficultés pendantes, ce chef réunit un conseil de guerre à l'issue duquel on décida d'attaquer; heureusement, Hernando de Alarcon fut d'un avis différent, car il basait son opinion sur un insuccès probable qui compromettrait la cause de l'Espagne dans ce pays; sur l'avis d'Alarcon 10,000 hommes, la plupart Espagnols, s'enfermèrent dans la ville de Naples.

Blocus de Naples. — Peu après, Lautrec établit le blocus de cette ville avec une nombreuse armée qui se composait de 80,000 fantassins et de 20,000 cavaliers, sans compter des renforts de tous genres.

La situation des Impériaux empirait; les Espagnols, dans cette circonstance difficile, firent preuve de beaucoup de sobriété et de discipline.

L'escadre française intercepta les vivres que l'on expédiait par mer aux assiégés; ceux-ci se décidèrent à armer quelques barques pour attaquer la flotte ennemie, commandée par Philippe Doria et mouillée dans le golfe de Salerne. A bord de la flottille espagnole se trouvaient 1,000 arquebusiers, conduits par de célèbres capitaines; surpris par cette attaque inattendue, Philippe Doria rallia son monde et ne l'emporta que grâce à la supériorité de ses forces.

Une grande partie des arquebusiers et beaucoup de chefs moururent au champ d'honneur; d'autres, comme le marquis de Vasto, furent faits prisonniers.

Après cet échec, les vivres commencèrent à manquer dans la cité, où se déclara la peste. Le prince d'Orange, en qualité de commandant des troupes, renvoya les bouches inutiles et mit les défenseurs à la ration.

Le général Lautrec, contrarié de cette résistance opiniâtre, resserra les lignes du blocus et établit de nombreuses batteries. Les assiégés, avec une constance admirable, résistèrent; ils tentèrent des sorties très meurtrières et s'emparèrent de convois de vivres destinés à leurs ennemis.

Dans des conditions semblables, la résistance paraissait téméraire, pour ne pas dire impossible; heureusement pour l'empereur survint alors la trahison d'André Doria, le célèbre marin qui commandait la flotte française. Doria accepta les propositions avantageuses du fils du prince d'Orange et passa au service de Charles-Quint. De son côté, Philippe Doria, frère et lieutenant d'André Doria, laissa ràvitailler la ville en troupes, vivres et munitions. A partir de ce moment, la situation s'améliora pour les assiégés; la désunion se mit parmi les assiégeants, frappés aussi de la peste et très éprouvés par leurs pertes.

Les Espagnols sortirent fréquemment et remportèrent plusieurs avantages ; une fois même, ils mirent les Français en déroute, circonstance qui favorisa un débarquement de troupes de renfort.

Le général Lautrec, dans une visite aux hôpitaux, contracta les germes de la peste et mourut victime de son dévouement (16 août 1528).

De Saluces. — Le marquis de Saluces prit le commandement de l'armée française ; plusieurs fois défait, il se décida à battre en retraite dans la nuit du 24 du même mois. Poursuivis par les Impériaux, Saluces et d'autres officiers français furent faits prisonniers par le prince d'Orange ; les troupes françaises se retirèrent sans armes et sans drapeaux.

Le siège dura quatre mois : depuis le 23 avril jusqu'au 24 août.

Voyons ce qui se passait dans le Milanais.

Antonio Leiva. — Antonio Leiva avait seulement 6,000 hommes pour garder le vaste territoire qui séparait la France de l'Italie, c'est-à-dire la ligne des Alpes.

Le général français, François de Bourbon, comte de Saint-Paul, à la tête de 10,000 fantassins et de 1,000 cavaliers, envahit le Milanais.

Leiva, vu sa situation, pensait s'unir à Brunswick, qui, du fond de l'Allemagne, s'avançait avec de nouvelles forces, afin d'empêcher la prise du Milanais et de vaincre toutes les difficultés pendantes ; pour le moment, Leiva se replia sur Milan et se tint sur la défensive.

Siège de Milan (1529). — En 1529, une épidémie épouvantable de peste ravagea la ville de Milan, assiégée par Saint-Paul. Le général français avait l'espoir de prendre cette place sans coup férir ; devant une résistance opiniâtre, Saint-Paul divisa son armée en deux corps avec Genève pour objectif ; lui-même resta en Lombardie avec le corps principal. Leiva en profita pour faire, la nuit, un mouvement offensif ; il tomba sur ses adversaires, les mit en déroute et s'empara de leur artillerie, de leurs drapeaux et de leurs bagages (21 juin 1529).

Traité de Cambrai (1529). — Toutes ces défaites forcèrent les Français à solliciter la paix, qui fut confirmée, le 5 août de la même année, par le traité de Cambrai, très avantageux pour l'Espagne.

Dans ce traité on comprit toutes les nations affiliées à la ligue, à l'exception de la république de Florence. Charles-Quint, pour la punir, fit prévaloir l'idée du pape de rétablir dans ce pays le chef des Médicis.

Marche contre la république de Florence. — Le 19 août 1529, le prince d'Orange, à la tête d'une petite armée, envahit la république, prit plusieurs places et se réunit au marquis de Vasto, près du pont Saint-Juan.

Après plusieurs opérations, le prince d'Orange apparut devant Florence le 20 octobre de la même année et en fit le siège. Les assiégés tinrent bon et se défendirent avec une constance et une bravoure héroïques ; le sentiment politique, à la vérité, les exaltait, tant les Florentins détestaient les autres formes de gouvernement.

Prise de Florence. — De Vasto s'empara d'Empoli, ville de beaucoup d'importance pour les Florentins ; le prince d'Orange défit 3,000 ennemis, mais il fut tué dans le combat. Fernando Gonzaga, son successeur, rétrécit les parallèles ; les Florentins se rendirent à la discrétion de l'Empereur, le 9 août 1530, après avoir résisté onze mois.

CHAPITRE XIX

Organisation militaire. — C'est du XVIe siècle que date l'organisation des tercios ou régiments, composés chacun de 3,000 hommes ; au lieu de les désigner par des numéros comme dans d'autres armées européennes, on les distinguait par des noms de pays : tercio de « Lombardia », tercio de « los Morados », tercio de « Napoles », tercio de « Sicilio », etc .; la même coutume existe encore de nos jours : on dit le régiment de « Ségovie », le régiment de « Vittoria », etc.

Chaque tercio était à 12 compagnies ; le chef le plus élevé en grade prenait le titre de maître de camp et celui le moins élevé, de sergent-major.

Les compagnies comprenaient 250 hommes ; elles étaient commandées par des capitaines.

La force de l'unité tactique des tercios variait de 1,500 à 3,000 hommes ; l'État formait les compagnies et en devenait directement le chef ; certaines formalités remplies, tous les chefs étaient choisis dans son sein.

Le trésor public versait au capitaine la solde de sa compagnie ; il exigeait que chaque capitaine fît passer en revue son état de solde par des contrôleurs spéciaux.

Cette organisation défectueuse donnait lieu à de nombreux abus, tels que marchés honteux, prévarications, etc.; par suite, déconsidération du métier des armes.

Tant que durèrent les tercios espagnols, on n'admit aucun étranger dans le recrutement, ce qui contribua beaucoup à maintenir leur éclat.

Les rois catholiques créèrent le grade de capitàine général, grade qui subsiste encore aujourd'hui; celui qui en était investi jouissait du pouvoir de nommer des capitaines.

Il y avait aussi des chanceliers, dont les fonctions, comme

celles des contrôleurs, consistaient dans le rôle que jouent à présent les commissaires de guerre.

En 1516, la direction et le commandement de la cavalerie furent confiés à un officier, appelé colonel général. A la même époque, l'empereur de Flandres tint 20 compagnies d'hommes d'armes à cheval, dénommées « bandes d'ordonnance » et 10 de cavalerie légère ; en Lombardie : 10 compagnies d'ordonnance et autant de cavalerie légère ; enfin à Naples : 8 compagnies d'ordonnance et 8 de lanciers. Ensuite, on créa le grade de général et celui d'adjudant général. Chaque homme d'armes gagnait par an 30,000 maravédis (1) de solde, et les trompettes, les armuriers et les maréchaux-ferrants 18,000 ; le premier tercio, les vétérans des cavaliers à demi-lance et les lanciers touchaient la même solde ; les autres 14,000.

Armement de l'infanterie. — Passons à présent à l'étude de l'armement de l'infanterie et de la cavalerie.

Avant la bataille de Pavie l'infanterie espagnole était armée de piques et d'arquebuses ; il y avait plus de piquiers que d'arquebusiers. Après les résultats obtenus par les arquebusiers espagnols sur la cavalerie française, on renonça à peu près partout en Europe à l'armement de la pique.

Au commencement du xvie siècle, l'arquebuse à rouet remplaça l'arquebuse à mèche.

Les officiers, les sergents et les caporaux étaient armés de la hallebarde, de ginètes (demi-lances) et de pertuisanes ; toutes ces armes représentaient des lances, mais de forme variée.

Armement de la cavalerie. — La grosse cavalerie se servait de lances plus légères que celles de l'infanterie ; la cavalerie légère avait l'arquebuse ; quelques cavaliers portaient un marteau qui remplaçait l'ancienne masse d'armes.

Par suite de cette transformation, la cavalerie se divisa en lanciers, arquebusiers et petits forgerons.

____

(1) Quatre maravédis de la monnaie espagnole valent 5 centimes.

Les anciennes armes défensives n'avaient plus cours : les brassards de cuir, le casque et la cuirasse étaient seuls en usage.

Artillerie. — Sous le règne des rois catholiques, l'artillerie se perfectionna beaucoup ; jusque-là on s'était servi de pièces de dimension colossale, venues de France et d'Allemagne, dont on avait confié la réduction à des ingénieurs entendus.

L'artillerie joua de plus en plus un rôle primordial dans les combats ; les pièces de gros calibre étaient placées au centre de la ligne de bataille ; l'artillerie suivait tous les mouvements stratégiques de l'infanterie ; l'artillerie légère, composée de fauconneaux, occupait les ailes ou s'espaçait sur le front de la ligne d'action.

Les artilleurs, pour conduire les pièces, s'entendaient avec des entrepreneurs, qu'on indemnisait suivant le nombre de chevaux. Cette manière de procéder revenait très cher au trésor public ; aussi, la changea-t-on avec le temps.

A la fin du xvie siècle, on connut les obusiers et les mortiers, décrits plus tard au xviie siècle par les historiens militaires de l'Espagne.

Étudions à présent l'organisation de l'artillerie introduite, comme je l'ai déjà dit, par les Espagnols en Europe.

L'arme de l'artillerie comprenait trois capitaines généraux : un pour l'armée d'Espagne, un autre pour l'armée d'Italie et enfin un troisième pour l'armée de Flandres ; dans chaque corps d'armée se trouvaient deux seconds capitaines généraux.

Le « gentil-hombre » (*le gentilhomme*) dirigeait un certain nombre de pièces ; venaient ensuite les connétables ou sergents, puis les servants, qui se subdivisaient en conducteurs et en artilleurs.

On distinguait aussi les fourriers et les hommes chargés des tentes : les premiers organisaient les parcs et les campements ; les seconds s'occupaient des tentes des officiers et des abris pour les munitions.

Des cavaliers, comme commissaires vaguemestres, parcouraient la ligne des tireurs et visitaient les trains d'artillerie.

Administration. — Les vérificateurs, les trésoriers et les majordomes dirigeaient l'administration.

Dans l'artillerie se trouvait un corps d'officiers et de soldats dit corps des ingénieurs chargés de lever les plans.

Le corps d'artillerie comprenait les mineurs et les artificiers.

On peut affirmer sans conteste que l'armée espagnole, à cette époque, était certainement égale, sinon supérieure à ses rivales ; de là date réellement l'autorité militaire.

Corregidor. — Le corregidor remplissait les fonctions de magistrat avec un pouvoir assez étendu ; c'est lui qui faisait la distinction entre les habitants et les soldats.

Peines. — Tous les délits étaient punis conformément aux lois du royaume.

Le corps d'artillerie avait un tribunal, appelé prévôté.

Solde. — La solde était réglée, avant la revue, suivant le grade de chacun.

Récompenses. — Les récompenses consistaient en fonctions et honneurs militaires ; dans certaines occasions, on privilèges concédés par la couronne aux plus dignes.

CHAPITRE XX

Soliman le Magnifique. — Les événements qui se passaient alors en Orient étaient d'une telle importance, que je crois nécessaire de les relater.

Au commencement du XVIe siècle régnait, à Constantinople (l'antique Byzance), Soliman le Magnifique, prince de beaucoup d'ambition et d'un talent supérieur.

Soliman envahit la Hongrie (1527), s'empara de Bude ainsi que de Belgrade, et arriva jusqu'à Vienne, dont l'héroïque gouverneur repoussa trois assauts successifs. Sans grosse artillerie, les Turcs levèrent le siège et battirent en retraite sur Constantinople.

Poussé par François Ier, Soliman s'intitula empereur d'Orient et d'Occident.

Croisade contre les Turcs. — Charles-Quint s'avança en Allemagne avec les troupes espagnoles, recrutées en Flandre et en Italie ; Antonio Leiva et le marquis de Vasto les commandaient ; aux troupes espagnoles se joignirent celles du duc de Ferrare et celles du pape. Charles pouvait mettre en ligne 150,000 fantassins et 30,000 cavaliers. La France et l'Angleterre restaient en dehors de cette croisade.

L'armée turque comprenait 300,000 fantassins, 100,000 cavaliers et un bon train d'artillerie. Soliman entra en Hongrie et arriva à Guns (comitat d'Eisenburg), petite ville bien fortifiée. Cette place, défendue par Nicoliza, résista 23 jours, ce qui permit à l'armée chrétienne de se concentrer à Vienne.

Soliman ne s'enhardit pas à attaquer les chrétiens, il ordonna à 40,000 ginètes de ravager la rive gauche du Danube. Ces cavaliers, armés de lances courtes, furent fort maltraités par les chrétiens, quand ils voulurent rallier le gros de leur armée.

Succès des Espagnols dans le golfe d'Arta. — Pendant ce temps, Doria chassa l'escadre turque du golfe d'Arta et s'empara de Coron, (ville de Morée), après une résistance opiniâtre. Les chrétiens prirent aussi deux forts qui commandaient l'entrée des Dardanelles ; 4,000 Espagnols mirent en déroute une troupe énorme de cavaliers turcs ; dans le combat, ils se servirent souvent de la formation en carré. Coron fut abandonné au commencement d'avril 1534.

Le pirate Barberousse. — Cette même année, les exploits du fameux pirate Khair-Eddyn-Barberousse parvinrent à la connaissance de Soliman, qui s'empressa de le nommer capitaine-Pacha ou amiral ; Soliman réunit sous sa domination Alger et Tunis (1536). Barberousse continua ses prouesses, pénétra avec ses pirates dans la Méditerranée, débarqua en Sicile et enfin s'empara de Naples.

A cette nouvelle, Charles-Quint fit d'énormes préparatifs ; fin mai 1535, de Barcelone, il rejoignit, en Cerdagne, le marquis de Vasto.

Débarquement des Espagnols en Afrique (1535). — L'escadre espagnole comprenait 400 voiles avec 30,000 hommes de débarquement, parmi lesquels la noblesse et beaucoup de grands capitaines ; ces forces débarquèrent en Afrique et campèrent près des ruines de Carthage.

Pour sa part, Barberousse tenta de grands efforts ; il avait 60,000 hommes avec lui, fantassins ou cavaliers, en plus 30,000 cavaliers arabes et beaucoup de pirates ; Barberousse se concentra à la Goulette sur le territoire tunisien.

Dans un conseil de guerre, les chrétiens convinrent de s'emparer de la Goulette ; aussi se présentèrent-ils devant la place, au milieu de juillet.

Repoussés dans diverses sorties, les assiégés se renfermèrent, dans le château de la Goulette, au nombre de 8,000 hommes.

Prise de la Goulette et de Tunis. — Barberousse, avec le reste de son armée, attaqua les Espagnols ; il fut complètement défait ; la Goulette tomba au pouvoir des assiégeants, le 14 juillet, après un terrible assaut que supportèrent courageusement les infidèles.

Les chrétiens s'emparèrent de 300 pièces d'artillerie, d'une grande quantité de vivres et de 42 navires.

Peu après, les chrétiens se dirigèrent sur Tunis, qu'ils prirent facilement. Le monarque Muley-Hacem, qui avait été dépossédé de ses territoires, fut rétabli sur son trône.

Si cette expédition ne procura pas d'immenses avantages à l'Espagne, elle en augmenta singulièrement la gloire.

Le roi de France, désireux de s'emparer de la Lombardie, saisit avec empressement l'occasion favorable que lui offrait l'expédition de Tunis pour déclarer, sous un prétexte futile, la guerre à Sforza, duc de Milan.

Charles-Quint repousse les Français de la Lombardie. — François 1er se rendit facilement maître de la Savoie et du Piémont ; le duc de Savoie sollicita le secours de son beau-frère Charles-Quint qui, de suite, réunit en égale proportion des Siciliens et des Napolitains, soit 50,000 fantassins et 10,000 cavaliers avec 100 pièces d'artillerie ; celui-ci, avec de pareilles forces, n'eut pas de peine à forcer l'armée française à se replier.

Envahissement de la France par Charles-Quint. — L'empereur se disposa alors à envahir la France par trois points différents : en Picardie, avec une armée sous les ordres de Nassau ; en Champagne, avec une autre armée, commandée par Ferdinand, frère de Charles-Quint, et enfin en Provence, avec des troupes à la tête desquelles il se mit lui-même.

La défense du sol français fut confiée au duc de Montmorency qui, vu la gravité des circonstances, modéra d'abord l'ardeur et l'impétuosité du bouillant François 1er ; ensuite l'habile et prudent général affama une grande partie des territoires où devaient opérer les Impériaux, pour les empêcher de se ravitailler; le duc de Montmorency, quand il eut fortifié Marseille et Arles, se retrancha dans le camp d'Avignon.

Charles-Quint assiégea Marseille; la peste décima son armée, si bien qu'il fut forcé de battre précipitamment en retraite. Parmi les victimes de l'épidémie, nous pouvons citer le fameux Antonio Leiva et Garcilaso de la Vega. L'épidémie et le manque de subsistances précipitèrent la retraite; l'armée de Picardie et celle de Champagne quittèrent également la France.

Trêve de Nice (1538). — Charles-Quint signa la trêve de Nice (1538); l'année suivante, après une série de faits d'armes peu mémorables, mais généralement favorables aux Impériaux, ceux-ci se frayèrent un passage à travers la France pour aller réprimer une révolte des Gantois, quand, en 1541, Charles-Quint conçut la malheureuse expédition d'Alger avec l'idée de s'emparer du territoire.

Expédition d'Alger. — Les résultats furent désastreux : à la suite d'une tempête des plus violentes, l'escadre souffrit beaucoup; aussi, l'empereur leva le siège et embarqua les troupes; une autre tempête, encore plus violente, détruisit à moitié la flotte; les restes de l'armée revinrent en Espagne, vers la fin de la même année.

Deux ans plus tard (1543), le roi de France déclara la guerre à l'empereur, à l'occasion d'insultes faites par le vice-roi de Milan à deux de ses ambassadeurs; la France s'allia avec les Turcs, dont l'escadre alla ravager les côtes d'Italie.

Bataille de Cérisoles. — En 1544, les troupes françaises, commandées par le duc d'Enghien pénétrèrent dans le Piémont: le marquis de Vasto, avec une faible armée, traversa le Pô et rencontra les troupes ennemies près du village de Cérisoles.

La bataille s'engagea; le centre ne soutint pas l'avant-

garde, qui s'était déjà emparée de 12 pièces d'artillerie
française. A cette vue, le marquis de Vasto fit charger sa
cavalerie : peine inutile, car elle se heurta, face à face, à
la cavalerie française.

Les ginètes espagnols battirent en retraite par échelons.
De Vasto fut défait malgré la vaillance de ses troupes et
l'intelligence de ses subordonnés (24 mai 1544); il avait eu
affaire à de terribles adversaires.

Paix de Crespy (1544). — Au milieu de la même année
l'empereur, pour en finir une bonne fois avec l'humeur aven-
tureuse de François Ier, entra en France, assiégea Paris et
obligea enfin le roi à signer la paix à Crespy, le 16 octobre
1544.

Guerre de religion. — En Allemagne, les troubles de
religion devenaient de plus en plus sérieux par suite des pré-
dications de Martin Luther et de ses prosélytes ; l'empereur
s'en émut.

Préparatifs de guerre des protestants. — Les protestants de la secte des Luthériens formèrent une ligue, à la
tête de laquelle se mirent l'électeur de Saxe et le landgrave
de Hesse, tous deux généraux de médiocre valeur et de ca-
pacité douteuse. Au milieu de 1546, les chefs protestants
réunirent 80,000 fantassins et 9,000 cavaliers avec 100
pièces d'artillerie ; à Schartel, l'excellent capitaine, ils
donnèrent 10,000 fantassins et 100 cavaliers avec l'ordre
de barrer les défilés du Tyrol.

Schartel. — Sans grande résistance, Schartel s'empara
des deux châteaux forts qui dominaient les défilés ; il assiégeait Inspruck, quand un ordre de la ligue lui enjoignit de
se porter en arrière.

L'empereur prend le commandement des troupes. —
L'empereur, de son côté, ne resta pas inactif: il travailla en
silence. En effet, il concentra 36,000 fantassins et 2,000 cavaliers, avec quelques pièces d'artillerie ; plusieurs capi-

taines distingués se trouvaient dans cette armée, tels que le duc d'Albe et le marquis de Marignan, sans compter l'empereur, qui, lui-même, la commandait.

Bataille de Ratisbonne. — Charles-Quint traversa le Danube, se dirigea sur Ratisbonne et se retrancha sur la rive gauche dans une position qui dominait les bords du fleuve.

L'armée confédérée, après beaucoup d'indécision et de temps perdu, se présenta devant les Impériaux; une petite rivière seulement les séparait.

Retraite des protestants. — Les confédérés tinrent conseil et canonnèrent les Impériaux : 130 pièces d'artillerie, soutenues par 80,000 fantassins et 15,000 cavaliers, commencèrent un feu d'enfer sur le campement impérial (31 août).

La pluie de projectiles dura dix heures sans jeter le moindre désordre parmi les Espagnols ; pendant la nuit ceux-ci réparèrent les dommages causés par ce terrible bombardement et augmentèrent leurs fortifications passagères. Le jour suivant comprit le même thème, aussi les protestants se décidèrent à battre en retraite. Charles-Quint, avec le renfort de troupes des Pays-Bas, s'empara de plusieurs places importantes et devint le maître du cours du Danube.

Les protestants sigent la paix. — Les ligueurs, sur ces entrefaites, se séparèrent parce que Maurice, duc de Saxe, était revenu dans son royaume, afin de protéger ses sujets, menacés par le décret de l'empereur qui dépossédait de leurs biens tous les rebelles ; les autres confédérés, comprenant que leur résistance serait inutile, signèrent la paix avec l'empereur.

Résistance de Frédéric, l'Électeur de Saxe. — L'électeur de Saxe, Frédéric, résista toujours ; il remporta, du reste, des succès sur les troupes impériales ; avec 6,000 fantassins et 3,000 cavaliers, il tenait la hauteur de Mulhberg, du côté droit de l'Elbe, beaucoup plus élevé en cet endroit que le côté gauche, où l'empereur arriva à la fin d'avril 1547.

Les Espagnols convinrent de passer la rivière et d'attaquer l'ennemi; les difficultés étaient considérables: la rivière avait 103 pieds de large et 4 pieds de profondeur. L'armée espagnole passa quand même; la cavalerie avait profité d'un gué.

Défaite des Saxons. — L'électeur, voyant le péril, rassembla toutes ses troupes, dégarnit Mulhberg et battit en retraite sur Witemberg; l'empereur fit charger l'arrière-garde ennemie par sa cavalerie légère et contraignit Frédéric à accepter la bataille. Ce dernier plaça sa cavalerie aux ailes et son artillerie de manière à exécuter un feu droit et oblique. Charles-Quint lança 4,000 cavaliers, que les Saxons reçurent avec la plus grande intrépidité; après mille efforts, les Impériaux parvinrent à rompre un corps d'infanterie ennemi; en même temps, la cavalerie légère, d'abord repoussée, chargea de nouveau sur le flanc droit des ennemis; les Saxons, battus sur toute la ligne, eurent leur chef fait prisonnier.

Frédéric perd ses États. — Charles déposséda Frédéric de ses États, qu'il donna au duc Maurice, son allié.

Les succès continuèrent pour les Impériaux jusqu'à l'abdication de l'empereur; ils ne sont pas d'un grand intérêt au point de vue militaire.

Révolte du duc Maurice. — Le duc Maurice, qui avait joui de toutes les faveurs de Charles-Quint et qui croyait le moment favorable pour proclamer son indépendance, s'unit au roi de France Henri II, successeur de François Ier; comme son prédécesseur, Henri II était peut-être jaloux de la gloire de Charles-Quint.

Pour ne point tomber au pouvoir de Maurice, l'empereur, quoique pris par la goutte, quitta nuitamment Inspruck.

Trêve de Passau (1552). — Le 31 juillet 1552, Charles-Quint signa la trêve de Passau, trêve que lui dictaient les circonstances et qui devait être convertie, trois ans après, en paix définitive à Augsbourg.

La ville de Metz tomba au pouvoir des Français; le duc d'Albe l'assiégea ensuite et ne put la reprendre.

Victoire de Renty (1554). — En 1554 eut lieu la bataille de Renty, gagnée par les troupes espagnoles, commandées par Philippe de Savoie, contre les Français, sous les ordres du célèbre duc de Guise.

Le 25 octobre 1555, dégoûté du pouvoir, l'empereur donna à son père, Ferdinand, les États héréditaires d'Autriche et la couronne impériale; à son fils, Philippe d'Espagne, les Pays-Bas, l'Italie et le Nouveau-Monde; il se retira ensuite au monastère de Saint-Yuste (ou Saint-Just), dans l'Estramadure.

Pendant dix-sept ans, Charles-Quint avait médité cette abdication par suite de grandes infirmités. Au monastère de Saint-Just, il occupait une annexe de l'habitation générale et vivait sur un grand pied en dehors de la confrérie. Charles-Quint, dans sa retraite, avait toujours la haute direction des affaires publiques. Son fils et sa fille sollicitaient souvent ses conseils qu'ils suivaient toujours religieusement.

Charles-Quint mourut à Saint-Just, avec une noble piété et une grandeur naturelle, le 21 septembre 1558.

CHAPITRE XXI

Philippe II. — A l'abdication de Charles-Quint, l'empire d'Espagne était le plus vaste du monde ; Philippe II eut donc une lourde charge quand il prit la succession de Charles-Quint ; heureusement pour lui, il fut le plus profond politique de son siècle ; sous son règne, l'art militaire gagna en méthode, en stratégie, en innovations.

Au grand capitaine succéda le grand politique ; sa prépondérance dans les destinées de l'Europe en fut la meilleure preuve.

Alliance de Henri II et du pape Paul IV contre l'Espagne (1556). — En 1556, se liguèrent contre la monarchie espagnole Henri II et le pape Paul IV, avec le projet de s'emparer de Naples et de la Lombardie, objet constant de convoitise pour les Français.

Succès du duc d'Albe. — Le duc d'Albe reçut l'ordre de son souverain, mais à regret, de porter les armes contre la tête de l'Église. Le général espagnol, par une marche hardie sur le territoire pontifical, s'empara de nombreuses places et se présenta devant Rome ; prié par le pape d'accorder un armistice, le duc d'Albe eut la faiblesse d'y consentir. Pendant ce temps, les troupes espagnoles perdirent de leur discipline. Il répugnait au général, comme au souverain, de donner un mauvais exemple aux nations catholiques, à la tête de laquelle marchait l'Espagne.

Le duc de Guise envahit le royaume de Naples. — Le duc de Guise, général de grand talent, avec 60,000 hommes, envahit le royaume de Naples et prit plusieurs places.

Le général Philibert de Savoie. — Philippe réunit un même nombre d'hommes, dont il confia le commandement à Emmanuel Philibert de Savoie, général encore peu connu.

Expédition en France et siège de Saint-Quentin. — Au lieu d'entrer en France par la Champagne, Philibert arriva par la Picardie et se dirigea sur Saint-Quentin, siège militaire de la province et clef du chemin de la capitale.

La ville de Saint-Quentin est bâtie sur une hauteur très bien fortifiée et dominant le pays, aux bords de la Somme.

A la nouvelle de l'investissement de cette place par les Espagnols, 20,000 fantassins et 6,000 cavaliers se rassemblèrent sous les ordres du connétable de Montmorency. Cette armée, placée entre celles des ducs d'Enghien et de Nevers, du maréchal Saint-André, des comtes de Villars et de Turenne, s'établit à Pierre-Pont, point stratégique de grande importance. Au moment de se rendre, Saint-Quentin reçut fort à propos des renforts amenés par l'amiral Coligny ; un tiers de ces troupes fraîches put pénétrer dans la place ; Coligny demanda à Montmorency de l'aider à dégager Saint-Quentin ; le général espagnol ne s'intimida pas pour cela.

La Somme séparait les combattants, et Dandelot devait introduire de nouveaux renforts dans la place, en passant par un gué défendu par les Espagnols ; ceux-ci firent renforcer la défense de ce passage par 500 arquebusiers ; les Français ne pouvaient plus entrer en nombre dans la place.

L'opération terminée, l'armée française chercha à se retirer ; le duc de Savoie fit passer la Somme à la cavalerie légère pour la contenir ; le reste de la cavalerie espagnole suivit par quatre gués différents l'infanterie, avec le duc de Savoie en tête, qui appuya le mouvement.

La cavalerie espagnole refoula celle des ennemis dans sa propre infanterie et causa un grand désordre, car elle chargea soutenue par le gros de l'armée. L'artillerie espagnole joua aussi un grand rôle ; le comte d'Egmont contribua beaucoup à la victoire par des attaques savantes de flanc qui permirent un violent mouvement en avant.

Le connétable commit plusieurs fautes ; aussi le duc de Savoie en profita-t-il : 4,000 Français furent faits prisonniers, parmi lesquels le général en chef ; 6,000 restèrent sur le champ de bataille ; l'artillerie fut prise. De leur côté, les Espagnols firent des pertes sensibles (4 août 1557).

Prise de Saint-Quentin (1557). — L'effet moral sur les Français fut immense ; le duc de Savoie voulait en profiter pour marcher immédiatement sur la capitale ; Philippe II préféra tenir d'abord Saint-Quentin, dont Coligny prolongea encore un peu la défense (1557).

L'Escurial. — Pour fêter ses succès, Philippe II construisit le magnifique monastère de l'Escurial et le dédia à Saint-Laurent, en souvenir de la victoire remportée ce jour-là.

Le pape Paul IV signe la paix. — Le pape Paul IV, craignant de perdre ses États, se sépara du roi de France et demanda la paix au monarque espagnol, qui s'empressa de la lui accorder.

Prise de Calais. — Le duc de Guise, désireux de mériter toujours la faveur de la cour et de conserver son immense popularité dans le pays, conçut le plan hardi de s'emparer de Calais, au pouvoir des Anglais depuis des siècles. Cette ville était réputée comme inexpugnable ; les Anglais ne suivirent pas les conseils de Philippe II et perdirent cette place après huit jours de siège (8 janvier 1558).

Le général français prit encore le duché du Luxembourg, Thionville, place importante située sur les limites de la France et des Flandres.

Après des résultats aussi beaux, l'ardeur et l'enthousiasme des Français se calmèrent ; constatons, en passant, que partout les Espagnols firent toujours preuve d'un esprit

militaire fort développé ; les Français, du reste, ne leur
étaient pas inférieurs.

Le général Thermes. — L'Angleterre, ne pardonnant pas
à Philippe II son peu d'empressement à secourir Calais, s'allia avec la France ; le général français Thermes envahit les
Pays-Bas et s'empara de Saint-Omer ainsi que de Gravelines ; le duc de Guise, pour appeler l'attention des Espagnols, menaça Cambrai.

Thermes, à la tête d'une armée de 12,000 fantassins, de
2,000 cavaliers et d'un petit train d'artillerie, se mit en
mouvement, traversa la rivière de l'Aa et arriva à Dun-
kerque, qu'il occupa quelques jours après ; il essaya ensuite
de faire de même pour Saint-Omer et Gravelines, mais il
apprit qu'Egmont marchait à sa rencontre avec son excellente armée sinon supérieure en nombre, au moins égale.

Thermes tenta de repasser l'Aa et de s'enfermer dans les
murs de Calais, dont il était gouverneur ; Egmont devina
ce projet et, par une marche rapide, sans artillerie, sans
bagages, empêcha le mouvement de s'effectuer ; il attaqua Gravelines.

Les Français s'apprêtèrent au combat et se déployèrent
dans un angle que formait l'Aa à son embouchure dans le
port de Gravelines ; ils appuyèrent ensuite leur droite sur
les bords de la rivière, défendirent le centre par la mer et
protégèrent leur gauche avec leurs équipages militaires.
Devant le centre se trouvait un vieux pont où ils placèrent
leur artillerie. Toutes ces dispositions paraissaient excellentes ; il faudra bientôt compter avec un ennemi savant,
courageux et tenace à la fois.

Les Espagnols échelonnèrent sur leurs flancs leur cavalerie légère ; Egmont, lui-même, à la tête de la grosse
cavalerie, soutenue par l'infanterie, attaqua le centre de
l'ennemi pour faire taire son artillerie.

L'attaque fut impétueuse ; les Français, privés de retraite,
se battirent avec un véritable acharnement, prirent l'offensive et firent charger toute leur cavalerie. Les cavaliers espa-

gnols furent refoulés, et la cavalerie française, entraînée par son ardeur, distança bientôt son infanterie.

Victoire d'Egmont. — Le général espagnol, avec le plus grand calme, reforma ses escadrons et les ramena au combat. Pendant ce temps, quelques compagnies d'infanterie s'emparèrent d'assaut du parapet où l'ennemi appuyait sa gauche ; de là, ces compagnies exécutèrent des feux répétés sur le flanc et sur l'arrière-garde de leurs adversaires. La cavalerie française, après mille efforts, parvint à rallier son infanterie et généralisa de suite le combat sur toute la ligne. L'escadre espagnole, embossée dans la crique de l'embouchure de l'Aa, ouvrit alors un feu d'enfer sur les derrières des Français et y jeta la plus grande confusion.

Thermes fut fait prisonnier ainsi que tous les chefs qui ne succombèrent point dans l'action ; ceux des Français qui parvinrent à s'échapper sains et saufs furent décimés par les habitants du pays.

Paix de Cateau-Cambrésis (1559). — Les Espagnols perdirent 3,000 hommes, tués ou blessés. Dans les premiers jours d'avril 1559, le roi de France fut forcé de négocier la paix avec l'Espagne à Cateau-Cambrésis ; ce traité favorisait sans nul doute l'Espagne : il terminait ainsi les guerres d'Italie.

Le 2 avril, Henri II conclut la paix avec Élisabeth, qui lui assurait la jouissance de la ville de Calais, moyennant une indemnité de 500,000 écus payables dans huit ans. La signature de ce traité eut lieu le lendemain, c'est-à-dire le 3 avril ; Henri II s'engageait à donner sa fille Élisabeth, en mariage, à Philippe II ; il rendait à l'Espagne 189 villes fortifiées en Italie et en France ; par contre, Thermes, le général malheureux, Montmorency et Saint-André, les négociateurs du traité, recouvraient leur liberté.

Marguerite, sœur de Philippe II. — Charles-Quint, qui connaissait le caractère indépendant de ses sujets des Pays-Bas, les gouvernait avec douceur ; mais Marguerite, sœur de Philippe II, chargée de la direction de ce territoire, s'inspira des idées de son frère et voulut rétablir le catholicisme dans toute sa splendeur. Pour détruire le protestantisme jusque dans ses racines, Marguerite rétablit l'Inquisition ou le régime de la terreur.

L'austère Philippe II soutint quand même sa politique ; il donna pleins pouvoirs au duc d'Albe, grand général d'un caractère semblable à celui du roi. Le général espagnol réunit sur les frontières des Pays-Bas une armée de 9,000 fantassins et de 1,200 cavaliers, tous vieux soldats, commandés par des chefs illustres.

Mesures arbitraires prises par le duc d'Albe. — Le duc d'Albe gagna Bruxelles, prit des otages parmi les nobles, presque tous sympathiques à la cause espagnole, et confisqua les biens de ceux qu'il avait exilés. Cette façon un peu primitive de procéder ne tarda pas à porter ses fruits : une révolution épouvantable éclata. Le lieutenant du roi établit le fameux *Conseil du sang,* devant lequel tous les suspects furent traduits. Parmi les exécutions sanglantes, je dois citer celles des célèbres comtes d'Egmont et d'Horn.

Le général espagnol appliqua malheureusement trop le régime de la force à ces provinces : il se vanta d'avoir fait périr 18,000 personnes.

A partir de ce moment, la décadence du grand État espagnol commença ; bien des nations pouvaient porter le titre de grande et de fière ; aucune d'elles ne le méritait plus que la noble Espagne au sang chaud, à l'intelligence vive.

Aperçu géographique et politique des Flandres. — Revenons au théâtre de la guerre : les Flandres, qui comprenaient les Pays-Bas et le Brabant, avaient pour capitale Bruxelles. Ce vaste territoire était borné au nord par la mer du Nord, à l'est par l'Allemagne, au sud par la France et enfin à l'ouest par la Manche.

Les Flandres se composaient de la Hollande, de la Zélande, de l'évêché d'Utrecht ; des comtés de Gueldres, de Groningue, de Frise, d'Over-Issel, de Namur et de Hainaut; de la seigneurie de Malines; de l'évêché de Liège; des duchés de Marienbourg, de Limbourg, du Luxembourg et du Brabant.

Au point de vue militaire, la situation topographique de ce pays se prêtait admirablement à la défense pour conserver son indépendance.

Trois lignes défensives protégeaient les Flandres contre un ennemi extérieur; ces lignes comprenaient une série de places fortes, appuyées sur des fleuves ou sur la mer avec un terrain d'approche très varié et coupé d'obstacles naturels.

La révolution, comme je l'ai dit plus haut, venait d'éclater : les insurgés choisirent pour chef Guillaume de Nassau, prince d'Orange, d'un caractère tenace et audacieux. En peu de temps Guillaume de Nassau se trouva à la tête d'une armée respectable.

Sancho de Avila. — Sancho de Avila infligea aux insurgés un sérieux échec qui leur coûta 2,000 hommes, mais Louis, frère de Guillaume, battit le comte d'Aremberg devant Groningue; les troupes espagnoles se retirèrent en bon ordre dans cette place que le vainqueur assiégea.

Le duc d'Albe accourut au secours de cette ville et força les insurgés à lever le siège ; ceux-ci, décidés à accepter la bataille, occupèrent Gemmingen; le terrain était sillonné de lagunes, reliées par une digue que 10 pièces d'artillerie prenaient en enfilade.

Victoire du duc d'Albe. — Le duc d'Albe, après un moment de réflexion, ordonna à son tercio d'Espagnols de s'emparer des pièces. Les héroïques soldats jonchèrent le terrain de leurs morts; les canons tombèrent en leur pouvoir et les Orangistes furent mis en déroute avec une perte de 6,000 hommes; leur chef se sauva à la nage.

Nouveaux avantages des Espagnols. — Sans se décourager le prince d'Orange rassembla 24,000 hommes de nou-

velles troupes pour se rendre sur le théâtre de la guerre :
le duc d'Albe parvint encore à surprendre ses ennemis dans
une mauvaise position et les obligea à se retirer.

Soumission des protestants. — En 1571, les protestants
se soulevèrent de nouveau ; ils obtinrent au début quelques
avantages et se soumirent enfin.

L'échec que les Hollandais firent subir à la flotte mit en
disgrâce le duc d'Albe. Philippe II changea de politique et
confia la direction de ce pays à Don Luis de Requesens.

Don Luis de Requesens. — **Opinion de Rocquencourt sur
le duc d'Albe.** — Avant d'aller plus loin, nous devons
convenir que le duc d'Albe, comme général, a été un des
grands capitaines de son siècle ; de Rocquencourt, l'écrivain
français, s'exprime ainsi : « Le duc d'Albe, général espagnol, a droit à une des plus belles pages de l'histoire du
XVIe siècle pour sa prudence et ses talents dans l'art de la
guerre ; parcourez ses Pensées avant d'attaquer les armées
du duc de Guise, elles sont instructives et dignes d'attention. »

Les voici, du reste, en peu de mots :

Pensées du duc d'Albe. — « J'ai toujours confiance en
la Providence, qui donne à nos soldats une valeur incroyable
et une âme de bronze ; grâce à elle, mes hommes supportent
les plus grandes privations et courent au trépas, si je le leur
commande ; mes officiers se distinguent par leur prudence,
par leur calme, ils savent modérer l'ardeur de leurs subordonnés ainsi qu'inspirer à la troupe le respect du chef qui
fait la force des armées ; jamais mes soldats ne se décou-
ragent ; ils ont confiance en moi ; moi, j'ai confiance en eux ;
s'ils endurent des fatigues, des privations, je les endure
moi-même ; s'ils courent des dangers, je les partage aussi.

» Il ne s'agit pas de gagner des batailles ; il faut savoir en
profiter ; les résultats doivent être probants : sans cela à
quoi sert d'être victorieux...? »

Ce fameux général, après sa disgrâce, obtint son rappel à Madrid (1573), où un mariage secret qu'il avait conclu entre son fils et une dame de la cour ne contribua pas à lui rendre la faveur royale; pourtant Philippe II lui confia le commandement dans une guerre contre le Portugal, dont il s'empara rapidement et dont il chassa le roi don Antonio (1581). Le duc d'Albe mourut l'année suivante, à Lisbonne, le 11 décembre.

CHAPITRE XXII

Nouvelle direction dans les Flandres (1573). — Don Luis de Requesens, chargé de la direction des Flandres, gouverna différemment que son prédécesseur (1573). Ayant à lutter contre un pays insurgé, avec des troupes mal payées, il ne put avoir plus de succès que son prédécesseur. Cependant les frères de Guillaume d'Orange, Louis et Henri de Nassau, furent vaincus et tués à Mooker (1574); mais dans l'expédition de la Zélande, où Requesens chercha à dégager Middelbourg, et dans l'expédition de la Hollande, où il assiégea Leyde, le successeur du duc d'Albe échoua complètement : sa flotte fut détruite ; Middelbourg tomba aux mains des insurgés, qui, en inondant la province, parvinrent à conserver Leyde (1574).

Victoire de Sancho de Avila à Mooker. — La victoire du général espagnol Sancho de Avila à Mooker mérite d'être racontée en détail (avril 1574).

L'ennemi était parfaitement retranché et possédait une cavalerie nombreuse ; Sancho de Avila flanqua ses ailes d'arquebusiers avec ordre de se fractionner en petits corps au moment de l'attaque.

Les Espagnols, avec une régularité parfaite, dirigèrent le centre de l'action sur l'infanterie ennemie, très bien protégée par des obstacles naturels ; ils enlevèrent d'assaut les premières lignes. Le général ennemi tenta en vain, par des charges de cavalerie savamment menées, de reprendre le terrain perdu : la cavalerie espagnole, soutenue par les petites unités d'arquebusiers, refoula ses adversaires ; attaqués de toutes parts par les Espagnols, les rebelles prirent la fuite, après avoir essuyé des pertes énormes.

Siège de Leyde. — Passons maintenant à la description du siège de Leyde ; autre fait militaire dans les Flandres, sous le gouvernement de Requesens.

La ville de Leyde était assiégée ; le prince d'Orange, pour dégager la ville, eut recours à l'inondation, qu'il produisit par la rupture des digues. Ses efforts furent couronnés de succès : le général des rebelles introduisit des secours dans la place.

Devant des obstacles insurmontables, les Espagnols se retirèrent en bon ordre.

Dans les premiers jours de mars 1576, le commandeur de Requesens mourut ; le pays tout entier en profita pour se soulever en masse ; Don Juan d'Autriche fut nommé son successeur.

Don Juan d'Autriche. — Célèbre par sa victoire dans le combat naval de Lépante, dont j'aurai occasion de parler, Don Jean d'Autriche (1) pacifia les Pays-Bas par sa proclamation de paix (1577), appelée *Édit perpétuel.*

Édit perpétuel (1577). — Repoussées par le prince d'Orange, qui agissait au nom de la Hollande et de la Zélande, les troupes espagnoles soutinrent une foule de combats, sans grande importance, jusqu'à la bataille de Gembloux (31 janvier 1578).

Juan d'Autriche, prenant l'offensive, sortit de Namur et recruta un bon renfort de troupes sur les bords de la Moselle.

L'armée flamande, forte de 27,000 hommes commandés par Grigny, évita le combat et battit en retraite sur Gembloux (province de Namur), où il tenta d'entrer.

Bataille de Gembloux. — Prévenu par ses éclaireurs de ce mouvement, Don Juan d'Autriche ordonna à Gonzague, commandant son avant-garde, d'attaquer l'ennemi. Les Fla-

(1) Son armure préférée existe encore à « l'Armeria » (musée d'antiquités) de Madrid.

mands tinrent valeureusement tête sans cesser leur retraite, tout en étant presque entièrement enveloppés par la cavalerie espagnole.

Alexandre Farnèse. — Alexandre Farnèse, à un moment propice, chargea les ennemis de flanc et les mit en déroute. L'armée des États-Généraux laissa sur le champ de bataille 10,000 hommes, morts, blessés ou prisonniers ; parmi ces derniers se trouvait Grigny ; l'artillerie fut prise, ainsi qu'un grand nombre de drapeaux ; les Espagnols perdirent peu de monde.

Les restes de l'armée flamande s'enfermèrent à Gembloux ; Juan d'Autriche se dirigea de nuit sur cette place et y entra en vainqueur (31 janvier 1578).

Par suite de l'état maladif du héros de Lépante, Alexandre Farnèse prit le commandement de l'armée et devint lui-même gouverneur des Pays-Bas à la mort de Don Juan d'Autriche (21 novembre 1578).

Prise de Maëstricht. — Alexandre Farnèse coupa en deux corps l'armée des rebelles et assiégea Maëstricht, place importante du Luxembourg. La possession de cette ville offrait de grands avantages, car, une fois maître d'elle, Farnèse étouffait la rébellion. Je ne raconterai pas toutes les sorties, tous les combats, tous les faits d'armes de ce siège, qui dura quatre mois ; mais je constaterai que les Espagnols y sont entrés quand ses défenseurs eurent été réduits à la dernière extrémité.

Peu de temps après, une transaction fit abandonner ces pays aux Espagnols ; le prince d'Orange, en ennemi implacable, n'accepta pas cette réconciliation et continua la guerre.

Les Espagnols remportèrent quelques avantages sur les Français, alliés des rebelles, quand le prince d'Orange mourut assassiné, le 10 juillet 1584 ; son fils, le jeune Maurice de Nassau, lui succéda.

Siège d'Anvers. — Le général espagnol Farnèse conquit diverses villes : Gand, Malines et Bruxelles ; il mit le siège devant Anvers, qu'il prit en août 1585.

Les Anglais arrivèrent au secours des Flamands avec un corps d'armée composé de 6,000 hommes ; mais, après des discordes sans fin, ils s'en retournèrent chez eux. Plus loin nous verrons le châtiment que subit l'Angleterre par sa manière d'agir.

Si Alexandre Farnèse avait continué à résider dans les Flandres, sans nul doute il les aurait pacifiées ; malheureusement, comme je l'expliquerai plus tard, certains événements lui enlevèrent la direction des Pays-Bas.

Le 1er août 1589, Jacques Clément, pour délivrer Paris des horreurs de la famine, assassina Henri III, qui l'assiégeait. Le roi de Navarre, chef des protestants, lui succéda sous le nom de Henri IV.

Le duc de Mayenne, mis en déroute par lui, voulut investir Paris, peu de temps après la mort de Henri III : il fut contraint de lever le siège, par suite des querelles intestines de son armée.

Origine de Farnèse. — Alexandre Farnèse, duc de Parme, fils du duc Octave et de Marguerite d'Autriche, naquit en Italie (1545) ; tout jeune, il vint dans le palais de son oncle. Philippe II lui donna une éducation en rapport avec son rang élevé. Compagnon inséparable de Don Juan d'Autriche, son oncle, il développa son génie militaire. Volontaire à la bataille de Lépante, il se couvrit de gloire, et l'Europe admira ses sentiments religieux.

Première expédition de Farnèse en France. — Alexandre Farnèse, appelé par le duc de Mayenne, ne répondit à cet appel que sur l'ordre formel de Philippe II ; il était, en effet, très occupé par la pacification des Flandres.

En août 1590, Farnèse quitta Bruxelles avec 16,000 fantassins et 3,000 cavaliers.

Ce général connaissait Henri IV pour un génie militaire capable des plus hautes actions et l'une des gloires de la

France ; aussi donna-t-il à ses troupes un dispositif serré pour le combat et des ordres rigoureux avec un thème rationnel ; à Guise, il incorpora dans son armée 3,000 cavaliers et 2,000 fantassins du duc de Mayenne.

Henri IV, pour assiéger Paris, avait 20,000 fantassins et 7,000 cavaliers, tous très aguerris.

Alexandre Farnèse ne voulait pas exposer au sort d'une bataille la cause qu'il avait à défendre ; de plus, il devait tendre la main au duc de Mayenne, qui s'avançait à marches forcées sur la capitale. L'avant-garde du duc de Mayenne était sous les ordres du duc d'Aumale, tandis que le gros de l'armée marchait avec lui.

Pendant ce temps, les Parisiens souffraient de la famine et se nourrissaient de la chair des morts.

Les coalisés arrivèrent à Meaux, et Henri IV gagna Chelles, circonstance qui permit aux assiégés de se ravitailler en partie et releva leur courage abattu.

Le 29 août 1500, le duc de Parme s'établit à quelque distance de Meaux ; les protestants restèrent à Chelles, village situé dans une vaste plaine, dominée par deux collines.

Sur la Marne se trouvait, près de Lignac, un pont défendu par les troupes de Henri IV, pont dont l'importance n'échappa pas à Farnèse, qui comprit qu'une fois maître de ce point il communiquerait facilement avec Paris par la rivière.

Nous allons voir comment Farnèse s'empara de Lignac.

Henri IV sortit de ses retranchements pour étudier les positions de ses adversaires, deviner ce qu'ils voulaient faire de leur excellente cavalerie et surprendre leur plan d'attaque.

Farnèse forma trois lignes : la première, commandée par Renty, prit position sur les hauteurs ; la seconde, sous les ordres du duc de Mayenne, se défila derrière la première ; la troisième, enfin, avec de Motte, se tint en réserve ; la cavalerie était formée par échelons.

Sans quitter les hauteurs, la première ligne manœuvra

de façon à attirer l'attention de Henri IV ; la deuxième ligne passa à la gauche de la première et la troisième ligne se plaça derrière la deuxième.

Informé que les coalisés faisaient une démonstration du côté de Lignac, Henri IV envoya un corps en observation, sans supposer que les Espagnols voulussent s'emparer de ce point.

L'artillerie de la troisième ligne tint en respect cette troupe de soutien, tandis que Farnèse s'empara des faubourgs de Lignac. Une fois maîtres de la rivière, les coalisés ravitaillèrent facilement Paris ; dès lors, le blocus fut illusoire.

Henri IV, ne pouvant payer ses troupes, les avait tenues dans l'espérance de rançons militaires ; du moment qu'il levait le siège, il était forcé de licencier son armée (1590).

La manœuvre du duc de Parme fut décisive ; sans effusion de sang, il obtint tous les avantages possibles sur son terrible adversaire.

Farnèse prit encore quelques places dévouées à la cause de Henri IV. De tels succès eurent le don d'exciter la jalousie du duc de Mayenne ; aussi, pris de dégoût, Farnèse rentra dans les Pays-Bas, dont il améliora la situation, jusqu'à ce qu'il eût reçu un nouvel ordre de Philippe II de retourner en France.

Seconde expédition en France. — Cette seconde expédition avait pour objet de faire lever à Henri IV le siège de la ville de Rouen.

Les troupes de Farnèse, unies à celles du duc de Mayenne, se composaient de 18,000 fantassins et de 4,000 cavaliers avec 40 pièces d'artillerie.

Dans sa marche sur Rouen, Farnèse procéda avec sa prudence habituelle.

Pour la marche ordinaire, il fractionna son armée en petites colonnes pour la déployer plus facilement, le cas échéant ; ces colonnes furent flanquées de chariots afin de prévenir un coup de main, car il connaissait la ruse et l'activité de son adversaire.

Le duc de Guise conduisait l'avant-garde ; le duc de Mayenne, le centre ; le duc d'Aumale, l'arrière-garde ; l'artillerie figurait à sa place de bataille dans ce dispositif de marche.

Le roi de Navarre, devinant les intentions de Farnèse, se porta à sa rencontre avec 6,000 cavaliers, tandis que Biron assiégeait Rouen.

Pendant la marche, les coalisés livrèrent aux protestants différents combats ; c'est dans une de ces escarmouches que fut blessé Henri IV.

Farnèse arriva en vue de Rouen, dont les défenseurs reprirent courage.

D'accord avec le gouverneur de la place, le marquis de Villars, le général s'efforça d'y introduire un renfort de 25,000 hommes.

Farnèse marcha alors contre Henri IV, posté avec sa cavalerie à Saint-Cloud ; ce dernier se rapprocha encore de Rouen, mais il jugea prudent de lever le siège de cette ville et de battre en retraite (1592).

Farnèse suivit l'armée calviniste ; malgré l'opposition des autres chefs français, il se dirigea sur la forteresse de Caudebec, située sur la rive droite de la Seine ; en prenant cette forteresse dans une escarmouche, il reçut au bras gauche une balle qui mit ses jours en danger.

Farnèse repassa la Seine près de Paris, où il entra ; il renforça la garnison de cette ville et se dirigea jusqu'à Château-Thierry pour reposer son armée.

Dans les Pays-Bas, les Espagnols, après le départ de Farnèse, remportèrent peu d'avantages ; les insurgés avaient un chef habile : Maurice de Nassau.

Philippe II donna en dot les Pays-Bas à sa fille, qu'il maria avec l'archiduc Albert ; cette nouvelle combla de joie les populations de ces contrées.

CHAPITRE XXIII

Considérons à présent quelques autres faits qui se sont passés à l'intérieur ou à l'extérieur pendant le règne de Philippe II.

Soulèvement des Maures en Andalousie (1568). — A la fin de 1568, Philippe II souleva une insurrection parmi les Maures de Grenade, quand il leur défendit de parler leur idiome.

Le centre de la rébellion était Cadiar, village situé près de Grenade. Farax commandait le mouvement et Mahomet Aben-Humeya fut élu roi.

Le marquis de Mondejar, Garcia Villarroel, Pedro de Arias et le marquis de Velez battirent les infidèles dans plusieurs rencontres; les Maures se défendirent en désespérés et commirent mille cruautés.

Un historien dit en parlant de cette rébellion : « Si on examinait attentivement les maux produits par le fanatisme politique et religieux, on verrait toutes les tristesses de l'humanité. »

Les Espagnols ne purent empêcher les insurgés de recevoir d'Afrique des secours qui leur permirent d'assiéger Alméria; j'ajouterai sans succès, grâce à la défense opiniâtre des habitants.

C'est dans cette guerre qu'a débuté le fameux Don Juan d'Autriche, caractère indépendant et conseiller du marquis de Mondejar, du duc de Sessa, ainsi que de Requesens; les ennemis furent souvent battus.

A la mort d'Aben-Humeya, les rebelles choisirent pour

successeur Aben-Aboo ; celui-ci assiégea Orbigo, et se porta au-devant du duc de Sessa, qui accourait au secours de la place.

Au commencement de 1570, le marquis de Velez se présenta devant la Galère, centre des opérations des Mahométans ; il ne put s'emparer de ce point qu'après une lutte acharnée ; l'importance stratégique de la ville était telle, qu'il ordonna de la raser.

Les rebelles ayant sollicité la paix, le duc d'Autriche s'empressa de la leur accorder ; Aben-Aboo, qui ne voulait pas porter atteinte à sa dignité, se retira à Alpujarras (province de Grenade), avec un grand nombre de mécontents. Il fut tué, ce qui mit fin à la rébellion (janvier 1571).

La Ligue sainte. — Les Vénitiens étaient maîtres de l'île de Chypre ; le sultan Selim en convoitait la possession ; il occupa quelques villes.

La prépondérance des Turcs devenait un danger réel pour l'Europe ; aussi les Vénitiens s'allièrent-ils contre eux avec le pape Pie V et Philippe II. Cette alliance est connue sous le nom de Ligue sainte ; elle avait pour but de disputer dans la Méditerranée la suprématie aux escadres turques, qui y semaient la terreur à chaque instant. A cet effet, la flotte des alliés se réunit à Corfou (1571), au nombre de 206 navires, fournis ainsi : l'Espagne, 80 galères et 22 navires ; Venise, 80 galères ; Gênes, 12 galères, et le Pape 12.

Bataille de Lépante. — Don Juan d'Autriche commandait l'escadre avec plusieurs sous-chefs : Venier et Barbarigo pour les Vénitiens ; André Doria pour Gênes et Antonio Colonna pour le Pape.

A bord de la flotte des alliés se trouvaient 20,000 hommes dont 10,000 Espagnols et beaucoup de volontaires des plus illustres familles de l'Europe.

Les forces turques étaient de beaucoup supérieures ; elles se composaient de 286 navires avec 52,000 hommes, sous les ordres de Ali-Pacha (1), qui avait embossé son escadre dans le golfe de Lépante, ayant derrière elle la côte.

Voici l'ordre de marche de la flotte alliée : l'avant-garde comprenait 53 navires, commandés par André Doria et placés à droite ; le centre, ou le point fort, se composait de 63 galères, dirigées par le commandant en chef ; l'arrière-garde comptait 53 navires, sous les ordres de Barbarigo et postés à gauche. La réserve était de 30 navires, avec Don Alvaro de Bazan, marquis de Santa-Cruz, pour chef. Don Juan de Cardona naviguait en éclaireur avec 7 navires, à 20 milles de la flotte.

Les escadres se trouvèrent en présence dans le golfe de Lépante, le 7 octobre au matin, et se préparèrent immédiatement au combat. L'escadre turque se plaça en demi-lune avec l'aile gauche un peu prolongée (ce que les Turcs appelaient *l'aile sinistre*), dans le but de séparer la droite des ennemis du centre pour les battre plus aisément.

Les deux flottes tablaient sur un dispositif de combat complètement différent.

Don Juan d'Autriche, avant d'engager l'action, parcourut la ligne de bataille dans une frêle embarcation et harangua ses hommes pour les exciter au combat.

L'escadre des infidèles, favorisée par le vent, arriva avec une grande rapidité sur l'escadre des Ligueurs ; mais le vent étant tombé, les Turcs se servirent de leurs rames. Ils avaient l'intention de séparer la droite du centre des chrétiens ; Juan d'Autriche conserva un ordre admirable.

Avec une furie sans égale, les Turcs attaquèrent les ailes de la flotte alliée. Les chrétiens reçurent le choc avec une grande fermeté ; tous leurs navires se prêtaient un mutuel appui ; le commandant de l'aile gauche, Barbarigo, fut tué dès le début de l'engagement. Le centre des Ligueurs soutint un combat acharné et le navire du commandant en chef, Don Juan d'Autriche, s'aborda avec celui du chef ennemi. Plusieurs navires turcs vinrent au secours de leur comman-

(1) Le brassard de cet amiral se trouve dans « l'Armeria » (musée d'antiquités), de Madrid.

dant, quand le marquis de Santa-Cruz survint avec la réserve et décida de la victoire.

Le chef turc fut tué et des scènes horribles terminèrent cette bataille navale (1), un des grands faits de l'époque.

Les Turcs perdirent 160 galères et eurent 30,000 morts ; ils perdirent en outre 12,000 captifs qui leur servaient de rameurs. L'escadre alliée eut 8,000 hommes hors de combat, dont 2,000 Espagnols.

La lutte dura toute la journée ; le succès des chrétiens causa un grand enthousiasme en Europe et mit fin à la prépondérance des Turcs.

Expédition en Afrique. — Les Vénitiens quittèrent la Ligue (1573). Don Juan d'Autriche prépara une descente en Afrique et s'empara de Tunis ainsi que de la Goulette sans rencontrer de résistance. Les Turcs revinrent bientôt avec 300 galères et 40,000 hommes ; ils débarquèrent et reprirent la Goulette, après une défense héroïque de l'armée chrétienne ; la supériorité numérique de l'ennemi devait malheureusement l'emporter.

Tel fut le résultat déplorable de cette expédition.

Guerre de Portugal. — En 1580, Don Henri, roi de Portugal, successeur de Don Sébastien, mourut en Afrique ; les droits à la couronne revenaient à Philippe II, comme fils d'Isabelle, fille elle-même de Don Manuel, prédécesseur de Don Sébastien.

Don Antonio. — Les prétendants à la couronne de Portugal étaient nombreux : le plus dangereux s'appelait Don Antonio, religieux d'Ocrate, cousin de Philippe II, et fils naturel de l'infant Don Louis. Antonio résolut de vider le différend par les armes.

Le roi d'Espagne rassembla 26,000 hommes de toutes armes : 24,000 fantassins dont les deux tiers espagnols et l'autre tiers italien ; 1,500 cavaliers et 500 artilleurs.

(1) Dans l'église de San Juan de l'Hospital, à Valence, on remarque un beau tableau de la *Bataille de Lepante* par José Garcia.

Le duc d'Albe réunit ces troupes près de Badajoz ; sur l'ordre de son souverain, il pénétra en Portugal le 27 juin 1580, tandis qu'il confiait la direction de l'escadre à Santa-Cruz.

Dans cette conquête, n'en déplaise à certains historiens, la conduite du duc d'Albe fut digne d'éloges ; son armée respecta les personnes et les propriétés ; le général prohiba du reste sévèrement le pillage et la violence.

Victoires du duc d'Albe. — Les Espagnols rencontrèrent peu de résistance ; les châteaux d'Estremoz et de Setubal firent seuls un simulacre de défense sérieuse, sans résultat pour les assiégés ; grâce au concours de la flotte, le duc d'Albe s'empara de la place de Cascaes (Estramadure), de la tour de Belen (faubourg de Lisbonne), et enfin de Lisbonne.

Antonio, à la tête de l'armée portugaise, prit le contact des Espagnols ; le 25 août au matin, un engagement terrible eut lieu sur terre et sur mer entre les belligérants ; l'armée portugaise fut battue et sa flotte prise.

L'action s'était passée mathématiquement, suivant les prévisions statégiques du savant duc d'Albe.

Le Portugal et ses colonies reconnurent Philippe II comme roi, à l'exception pourtant des îles Terceras et Açores, dont s'était emparé, à la tête de 60 navires et de 6,000 hommes, Antonio, soutenu par la France et l'Angleterre.

La ville de San-Miguel craignait une attaque des Portugais, quand Santa-Cruz arriva seulement avec 38 navires, attaqua l'ennemi (24 août 1582), et débloqua la position, tellement son dispositif de combat était bien combiné.

Ensuite Santa-Cruz revint à Lisbonne, sans s'inquiéter d'Antonio, qu'il avait laissé aux Terceras. Celui-ci, à bord d'une escadre anglaise, essaya de faire quelques conquêtes ; il échoua complètement : l'Espagne possédait bien le Portugal et ses colonies.

Expédition en Angleterre. — Philippe II, désireux de

venger les continuelles offenses que la reine Elisabeth d'Angleterre lui avait faites, soit en secourant les protestants dans les guerres de Flandres, soit en saccageant quelques colonies espagnoles; jaloux aussi de restaurer la foi catholique en Angleterre, de punir la reine Élisabeth de l'exécution récente de Marie Suart, de faire valoir les droits qu'à plusieurs reprises Marie, prisonnière, avait légués au roi d'Espagne sur l'Écosse et sur l'Angleterre, Philippe II, dis-je, prépara à Lisbonne, contre l'Angleterre, une expédition navale composée de 130 navires avec 20,000 hommes de débarquement, tous vieux loups de mer ou vétérans ; cette expédition fut surnommée l'*Invincible*.

Au milieu de 1588, la flotte quitta le Tage sous les ordres du marquis de Santa-Cruz, qui mourut peu de temps après : Medina-Sidonia prit alors le commandement de l'*Armada*, mot espagnol qui signifie *flotte de guerre*.

Le duc de Parme, avec 32,000 hommes, devait se joindre à l'escadre, sur des bateaux plats.

En doublant le cap du Finistère, les Espagnols essuyèrent un coup de vent terrible ; près de Calais, leur flotte fut désemparée.

Medina-Sidonia ne put descendre en Angleterre et ramena avec peine les débris de son escadre, diminuée au moins de 80 voiles.

L'orgueilleuse reine d'Angleterre, avec sa victoire due aux éléments, s'imagina posséder à tout jamais la suprématie des mers ; elle rassembla 70 navires avec 14,000 hommes pour les débarquer sur les côtes d'Espagne.

L'héroïne Maria Pita. — Les Anglais tentèrent de s'emparer de la Corogne. Les défenseurs de cette ville, animés par la courageuse et héroïque Maria Pita, la digne émule de Jeanne Hachette, forcèrent les envahisseurs à reprendre la mer, avec une perte de plus de 1,500 hommes.

L'Espagne doit être fière de Maria Pita, qui portait si haut le sentiment national ; cette action n'a rien de comparable ; l'histoire ne la glorifiera jamais assez.

Le reste du règne de Philippe II, au point de vue militaire, ne mérite pas d'être raconté ; au point de vue politique, le traité de Vervins (1598) confirma celui de Cateau-Cambrésis (1559), sans autres faits saillants.

Mort de Philippe II. — Le 13 septembre 1598, Philippe II mourut, laissant pour successeur son fils Philippe III.

Avant de passer à la description de ce nouveau règne et des règnes suivants, je crois utile de jeter ici un coup d'œil rapide sur l'organisation militaire de Philippe II.

CHAPITRE XXIV

L'armée espagnole sous Philippe II, avec la nouvelle ordonnance. — La campagne d'Italie avait introduit beaucoup d'abus dans l'armée; à la fin de 1560, Philippe II décréta une nouvelle ordonnance pour l'infanterie; le tercio, sous les ordres d'un maître de camp, comprenait 10 compagnies à 300 hommes chacune; tous les capitaines de compagnies étaient élus au choix; les étrangers n'étaient plus admis.

Philippe divisa la solde par catégories ou par classes et donna directement ses ordres à l'administration centrale de la guerre.

Milices provinciales. — En 1562, Philippe II rendit un édit pour la création de milices provinciales auxquelles avaient toujours pensé les rois catholiques.

Le conseil de guerre royal ayant les mêmes attributions que le ministre de la guerre, non seulement dans la partie administrative mais encore dans la partie relative à la législation militaire, approuva la nouvelle organisation des milices provinciales; en effet, dès 1590, une instruction parut pour porter ce corps à 6,000 hommes. Les miliciens étaient obligés de faire la guerre, suivant les circonstances; ils constituaient donc une excellente troupe de réserve.

Armée permanente. — Sur la proposition également du conseil de guerre, l'armée permanente, qui tenait garnison dans la péninsule, comprenait approximativement 20,000 fantassins et 2,000 cavaliers, avec une réserve de 30,000 fantassins et de 6,000 cavaliers; l'artillerie était en rapport.

La force de l'infanterie varia suivant les nécessités du moment.

Recrutement. — Les levées et les engagements volontaires formaient la base du recrutement.

Armement et équipement. — Comme armes offensives, l'infanterie avait la pique et l'arquebuse ; comme armes défensives, l'armure complète et le mourion, sorte d'armure empruntée aux Maures et plus légère que le casque ; le mourion protégeait la tête et couvrait la poitrine, les épaules et la partie antérieure des bras.

Tactique de l'infanterie contre la cavalerie. — Le duc d'Albe, dans la guerre des Pays-Bas, se défendit des charges impétueuses de la cavalerie ennemie en armant de mousquets quinze hommes dans chaque compagnie ; pour tirer, les soldats ajustaient les mousquets sur des fourches en bois.

Solde. — Quant à la discipline, elle s'était bien relâchée ; nous devons en attribuer la principale cause à l'arriéré de solde d'un an, dû aux troupes ; contrairement aux autres nations, l'Espagne payait la solde après la bataille et non avant comme les autres.

Grande prévôté. — Les délits militaires étaient jugés par un conseil de guerre appelé grande prévôté, qui avait sous ses ordres une compagnie d'infanterie et une de cavalerie pour sa défense ainsi que pour la garde des délinquants, en attendant le prononcé des jugements.

Cavalerie. — L'arme de la cavalerie comprenait quatre classifications : les hommes d'armes, la cavalerie légère, les arquebusiers à cheval et les petits forgerons ; en tout quatre divisions départementales de 9,260 cavaliers.

En dehors de cette force, très respectable du reste, le roi pouvait disposer d'autres troupes en cas de nécessité. Ces troupes étaient administrées par les grands seigneurs et prélats, par les commandeurs et les ordres militaires, ainsi que par les gens considérables de Murcie et d'Andalousie.

Les exercices militaires étaient en rapport avec les nécessités de l'époque ; les tournois avaient été abolis, et tous les deux mois, les soldats passaient une revue de détail : ils se livraient à des charges en terrain varié ainsi qu'à des luttes d'escrime à la lance et à l'épée.

Maître de camp général. — Sous ce règne, on créa les emplois de maître de camp, de sergent général ainsi que d'autres emplois subalternes dont la mission était de communiquer les ordres ; ces emplois exigeaient des connaissances spéciales et comprenaient le corps de l'état-major.

Le règne de Philippe, très fécond en hauts faits militaires, a été en progrès au point de vue de l'art militaire; la gloire en revient certainement au fils de Charles-Quint et à ses habiles généraux.

CHAPITRE XXV

A la fin du XVIe siècle, sous le règne de Philippe II, l'Espagne manquait d'hommes et d'argent, par suite des luttes continuelles qu'elle avait soutenues précédemment.

Philippe III. — C'est ainsi que Philippe III arriva au pouvoir ; son humeur calme et tranquille le fit surnommer « le Pacifique » ; en effet, il conclut un traité de paix avec l'Angleterre et les États de Flandres.

En 1609, on expulsa d'Espagne environ un million de Maures, mesure que critiquent plusieurs historiens et que d'autres louent.

La présence des Musulmans en Espagne, il faut bien en convenir, présentait un danger perpétuel, car les infidèles entretenaient des relations continuelles avec l'Afrique.

Philippe IV. — Le règne de Philippe III a été généralement jugé heureux par la plus grande partie des critiques : il se passa dans la paix et dans la justice. Philippe III mourut le dernier jour de mai 1621, laissant comme successeur son fils, Philippe IV, qui a mérité de ses contemporains le nom de « Grand. »

Les Espagnols, maîtres depuis 1615 de la Valteline, vallée très étendue du pays des Grisons, qui s'étendait du nord à l'orient dans le Milanais, construisirent quelques forts pour consolider leur possession et assurer leur ligne de communication entre leurs États d'Italie et l'Allemagne.

Richelieu, le favori du roi de France, conçut le projet de s'emparer de la Valteline ; en conséquence, il prit toutes ses dispositions pour arriver le plus promptement possible à son but.

Une armée française, composée de 38,000 fantassins et de 6,000 cavaliers, sous les ordres de Lesdiguières et de Créqui, s'empara de toutes les places fortes de la Valteline et entra dans la république de Genève, l'alliée de l'Espagne.

Dans cette guerre à incidents variés, les Espagnols comme les Français se montrèrent à la hauteur de leur vieille réputation de bravoure. En 1626, la Valteline revint àux Grisons avec la garantie de l'Espagne et de la France (traité de Mouzon).

Expédition infructueuse des Anglais. — Les Anglais, toujours en gens avisés, profitèrent de ces circonstances pour débarquer à Cadix. Le marquis de Médina-Sidonia, après leur avoir fait subir de grandes pertes, les força à reprendre la mer (1625).

La guerre éclata de nouveau dans les Pays-Bas; les Hollandais et les Danois envoyèrent contre l'Espagne une flotte composée de 30 navires; les coalisés furent défaits dans les eaux de Gibraltar par l'escadre espagnole, sous les ordres de Don Fadrique de Tolède.

Prise de Breda. — Les ennemis, par contre, eurent quelques succès dans les Pays-Bas; sur ces entrefaites, le chef de l'armée espagnole, le célèbre marquis de Spinola, résolut d'enlever Breda, ville très forte sur le Merk et l'Aa. Maurice de Nassau, commandant de l'armée ennemie, soupçonnant les intentions de son adversaire, s'empressa d'y introduire des secours.

Les deux généraux se connaissaient parfaitement; aussi étudiaient-ils chacun le moindre de leurs mouvements; on pouvait dire qu'ils étaient dignes l'un de l'autre.

Au milieu de 1622, Spinola rassembla 40,000 hommes et investit Breda. Malgré les fréquentes sorties des défenseurs, ceux-ci furent contraints de limiter leurs efforts à la défense de l'enceinte.

La place de Breda, battue en brèche, tomba au pouvoir des Espagnols, en 1625.

La guerre recommença de nouveau entre l'Espagne et la France (1628) ; le motif était la conquête du comté de Montferrat par les Espagnols.

De son côté, le comte de Nevers ambitionnait la possession de ce territoire, aussi sollicita-t-il le concours de la France. Louis XIII accourut à la tête d'une nombreuse armée et obligea les Espagnols à lever momentanément le siège de Casal. Spinola investit de nouveau cette place, quand il vint à mourir (septembre 1630) ; le marquis de Santa-Cruz, descendant de D. Alvaro de Bazan, marquis de Santa-Cruz, lui succéda dans le commandement. C'était un bon marin et non un grand général. En mars 1631, la paix fut conclue entre les belligérants.

Le comte de Berg se trouvait devant le front de l'armée espagnole des Pays-Bas, lorsque la veuve de l'archiduc Albert, qui gouvernait ce pays, le céda à Philippe IV, comme fief de la couronne d'Espagne.

Le cardinal infant don Fernando. — Les habitants, mécontents, se soulevèrent, proclamèrent la république et entraînèrent avec eux le comte de Berg. Peu de temps après, l'armée espagnole des Pays-Bas fut renforcée par des troupes espagnoles venues d'Italie, sous les ordres de Fernando d'Autriche, cardinal et archevêque de Tolède, dit *Cardinal Infant*. Arrivé à destination, don Fernando devint l'allié de Ferdinand II, empereur d'Allemagne, auquel le roi de Suède, Gustave-Adolphe, avait déclaré la guerre, peut-être à l'instigation du cardinal Richelieu.

Bataille de Nordlingen. — De cette campagne, je décrirai seulement la bataille de Nordlingin (Bavière), comme étant le seul fait utile à connaître en détail.

L'infant D. Fernando se réunit aux Impériaux qui assiégeaient Nordlingen (2 septembre 1634). Une armée suédoise, commandée par le comte de Weimar, arriva en toute hâte pour dégager cette place.

Le 2 septembre de la même année, les deux armées, fortes chacune de 40 à 50,000 hommes, s'apprêtèrent à la lutte. De chaque côté, les combattants firent des prodiges de valeur ; la nuit, ils se replièrent sur leurs positions respectives. La cavalerie impériale avait beaucoup souffert et l'infanterie espagnole était toujours aussi redoutable qu'autrefois.

Le jour suivant, l'action recommença plus acharnée que la veille ; les Impériaux, stimulés par les exemples des Espagnols, enfoncèrent le centre de l'ennemi, malgré un feu meurtrier des arquebusiers suédois. Ceux-ci ne croisèrent même pas leur pique : ils rétrogradèrent et laissèrent sur le champ de bataille leur chef, le comte de Weimar.

L'ennemi perdit quatre ou cinq fois plus de monde et, en outre, 80 pièces d'artillerie.

Comme conséquence de cette victoire, Nordlingen et la majeure partie des places fortes ouvrirent leurs portes aux vainqueurs.

Expédition en France. — Après avoir recouvré quelques places, les troupes espagnoles envahirent la France, afin de faire lever aux Français le siège de Dôle.

En 1637, l'armée française reçut quelques renforts ; la guerre eut des alternatives de succès et de revers.

Don Fernando étant mort, il fut remplacé par une commission militaire composée de Don Francisco, de Melo et de trois autres officiers.

Après quelques escarmouches, de Melo prit ses dispositions de combat.

Les Français, retranchés et en bonne position, étaient commandés par d'Harcourt et de Guiches.

Au début de l'action, les Espagnols furent vigoureusement refoulés ; au contraire, dans un simulacre de charge sur l'aile gauche, l'infanterie française fut coupée et prise entre deux feux. L'armée française battit alors en retraite, en perdant son artillerie et ses bagages.

Bataille de Rocroi (1643). — Arrivons à présent à la description de la bataille de Rocroi :

En 1643, les Espagnols, sous les ordres du comte de

Fuentès, assiégeaient Rocroi, quand vint au secours de la ville le grand Condé (1), duc d'Enghien, jeune et savant général. Les adversaires se rencontrèrent, entre cette ville et Maubert-Fontaine, le 19 mai 1643.

La cavalerie espagnole ne tint pas longtemps ; l'infanterie opposa une résistance d'airain. Elle ne formait qu'une seule et même masse avec huit canons au centre ; pleine de sang-froid dans la retraite, elle conserva son antique réputation.

Le brillant général français, avec un rare mérite, sut l'emporter sur un adversaire aussi redoutable : son succès n'en est que plus grand. Condé, lui-même, aussi modeste qu'habile capitaine, rendit hommage à ses adversaires ; du reste, il connut mieux que personne le prix de sa victoire : il avait employé toutes ses réserves et perdu beaucoup de monde.

Levée du siège de Courtrai. — L'archiduc Léopold prit le commandement des Espagnols et tenta une diversion en France : il força les Français à lever le siège de Courtrai, qu'il ravitailla.

A la même époque, Condé et Turenne (2), les savants généraux français, brouillés avec leur roi, prirent du service en Espagne ; peu après, ils sollicitèrent et obtinrent de Louis XIV le pardon.

Bataille de Valenciennes. — En 1656, D. Juan d'Autriche, fils de Philippe IV, gouvernait les Pays-Bas, quand il fut appelé à marcher contre Turenne ; il rencontra ce général à Valenciennes et le contraignit à rétrograder.

---

(1) Condé était surtout un général « de guerre offensive », il l'a prouvé à Rocroi et non un général « de guerre défensive », comme on le verra à Lérida (1647).

(2) Henri de la Tour d'Auvergne, vicomte Turenne, possédait de grandes qualités comme général « de guerre défensive » ; il a été vraiment un grand capitaine dans la campagne de Bavière 1647—48 ; au contraire il a été faible dans l'offensive contre les Bavarois, à tel point qu'on envoya à Fribourg, pour le secourir, Condé, le savant général « de guerre offensive ». Turenne avait été battu à Marienthal par le général bavarois Mercy.

Bataille des Dunes. — La campagne recommença avec une nouvelle vigueur ; cette fois, Turenne, à la tête d'une armée considérable, gagna sur les Espagnols la bataille des Dunes, le 14 juin 1658.

Traité des Pyrénées (1659). — Les belligérants signèrent le traité de la Bidassoa ou des Pyrénées (1659), par lequel l'Espagne perdit la plupart de ses conquêtes.

Condé, en 1637, avait assiégé Fontarabie ; malgré un échec de la flotte espagnole, le général français avait été obligé de repasser la frontière.

Naturellement, ces hostilités permanentes n'avaient d'autre cause que la prétention de chacun des deux peuples à jouer un rôle prépondérant au préjudice de son voisin. Ces faits, regrettables au plus haut point, ont leur enseignement : ils montrent combien étaient vifs, à cette époque, les dissentiments entre ces deux nations sœurs, l'une et l'autre de race latine.

En 1640, les Français passèrent les frontières de Catalogne et organisèrent une armée d'observation, composée de 18,000 hommes qui devaient être entretenus et équipés par la province, mesure arbitraire et vexatoire à la fois.

L'esprit brouillon et entreprenant du comte duc Gaspard Guzman d'Olivarès, favori et conseiller funeste de Philippe IV, accrut davantage cette fâcheuse situation, si bien que les Catalans se donnèrent à la France.

Le vice-roi de la Catalogne, Santa-Colonna, fut assassiné par les insurgés. Le marquis de Velez, qui le remplaça, chercha à s'emparer du château de Monjuich, pris précédemment par les rebelles ; il échoua et se retira à Tarragone ; là, on lui donna pour successeur le duc de Maqueda.

Défaite des Français devant Tarragone. — Les Français se présentèrent inutilement devant Tarragone, et battirent en retraite sur Perpignan ; le Roussillon tomba momentanément au pouvoir des Espagnols.

Première défaite des Français à Lérida. — Le 22 mars 1642, les vainqueurs à leur tour subirent un échec qui les obligea à évacuer le Roussillon ; le général français La Motte avait su triompher de ses adversaires. Par contre, ce dernier eut le dessous, quand il chercha à secourir la ville de Lérida, occupée par ses frères d'armes, et que prirent, quelques jours après, les Espagnols.

Deuxième défaite des Français à Lérida. — L'année suivante une deuxième bataille eut lieu sous les murs de Lérida : La Motte commandait toujours les Français et le célèbre Don Philippe de Silva les Espagnols. Le général français fut d'abord battu à Lérida, puis à Tarragone ; il s'enferma ensuite à Barcelone.

Troisième défaite des Français devant Lérida. — En 1645, le général français, le comte d'Harcourt, assiégeait Lérida, quand le marquis de Léganes, chef des forces espagnoles, le contraignit à lever le siège et à battre en retraite.

Prise de Barcelone. — En 1651, Don Juan d'Autriche s'empara de Barcelone et rendit aux Catalans leurs antiques privilèges, espérant ainsi les détacher de la France ; ses efforts furent vains pour le moment.

Mariage de Marie-Thérèse. — Après diverses opérations les Français évacuèrent la Catalogne (1659), en vertu du traité des Pyrénées, traité qui stipulait le retour du Roussillon à la France et le mariage de Marie-Thérèse, infante d'Espagne, avec Louis XIV.

Soulèvement du Portugal. — En 1640, le royaume de Portugal se souleva, en faveur du duc de Bragance Don Juan, un des héritiers de Don Henri et de Don Sébastien.

Les opérations, dans la guerre du Portugal, n'offrent rien de particulier ; ce pays s'était allié à la France et à l'Angleterre pour recouvrer son indépendance.

Expédition en Portugal. — Le traité des Pyrénées conclu, Philippe IV donna l'ordre à trois armées d'envahir en même temps le Portugal, tandis que le duc de Vera guasse dirigerait sur Lisbonne avec une flotte.

Bataille d'Estremoz. — Sur mer, rien d'intéressant à citer ; sur terre, les Espagnols s'emparèrent de quelques places ; dans la bataille d'Estremoz, où Don Juan d'Autriche commandait les Espagnols, la victoire fut indécise ; Schonberg, général français au service des Portugais, força son adversaire à combattre de nouveau contre sa volonté ; Don Juan d'Autriche battit en retraite dans des conditions désavantageuses.

En 1665, à Don Juan d'Autriche succéda le marquis de Caracena qui, dans sa marche sur Lisbonne, se vit arrêté par l'armée portugaise, sous les ordres de Marialva.

Bataille de Villaviciosa. — Le 6 juin eut lieu, à Villaviciosa, une rencontre sanglante dont le sort fut contraire aux Espagnols ; les Portugais avaient usé de leurs réserves en temps opportun.

Le Portugal reprit son indépendance et la péninsule Ibérique fut séparée en deux parties.

Unis, les deux pays auraient été les plus florissants de l'Europe ; leur prépondérance aurait certainement exercé une grande influence sur les destinées du monde.

Mort de Philippe IV (1665). — Le 17 septembre 1665, Philippe IV mourut, laissant pour héritier son fils Charles II ; celui-ci était fils de Philippe IV et de Dona Maria-Anne d'Autriche.

Charles II. — Charles II n'ayant que quatre ans, la direction des affaires fut confiée à la régence de sa mère, qui se laissa malheureusement guider par des favoris.

Aucun fait militaire, à cette époque, ne mérite d'être relaté : l'Espagne n'était pas en progrès.

Jetons maintenant un coup d'œil rétrospectif sur l'organisation de l'armée.

CHAPITRE XXVI

De la discipline dans l'armée espagnole. — Le relâchement de la discipline dans l'armée peut être attribué aux dissentiments de la nation, à la sévérité ainsi qu'à l'instabilité des règlements de l'autorité, et enfin au favoritisme qui l'emportait sur la valeur réelle.

Solde et milices provinciales. — Sous le règne de Philippe III, la solde subit quelques modifications dans ses diverses classes ; vers la fin de 1609, l'organisation des milices provinciales reçut un nouvel essor.

En 1634, l'administration militaire établit pour les soldats la solde journalière ; trois ans plus tard elle forma cinq tercios de milices provinciales.

Grenadiers. — Plus tard (1685), on créa quatre compagnies de grenadiers dans chacune des armées de la Catalogne, des Flandres et du Milanais ; ces compagnies étaient de 50 hommes, armés chacun d'un fusil à baïonnette.

Du fusil à baïonnette. — Le fusil remplaça l'arquebuse vers le milieu du XVII° siècle ; à ce fusil, on adapta une baïonnette, sorte de poignard à lame triangulaire, d'une longueur de $0^m,60$ environ ; dans le principe, cette arme s'ajustait sur une tige de bois qui s'emmanchait dans le canon du fusil, de sorte que le combattant ne pouvait plus tirer. Par la suite, cet inconvénient disparut ; on inventa une douille à jour qui permit de laisser libre l'ouverture du canon.

Le nom de cette nouvelle arme blanche vient, dit-on, de Bayonne, ville où on l'inventa (1671).

La transformation de l'arme de l'infanterie augmenta son importance et diminua celle de la cavalerie.

En 1693, l'administration militaire chercha à répartir équitablement l'impôt du sang par le recrutement du cinquième des habitants ou d'engagés volontaires ; ces deux modes avaient leurs avantages et leurs inconvénients : tout esprit clairvoyant en saisit la portée.

Cavalerie. — La cavalerie n'avait plus la lance, mais le marteau ; aux arquebusiers à cheval, on substitua les compagnies à cheval (1632).

En 1635, les compagnies indépendantes de cavalerie se réunirent et formèrent des régiments, commandés par des brigadiers.

Recrutement. — Le recrutement de cette arme était assuré par une bande, chargée de ce service, et connue sous le nom de « recruteurs de l'étendard ».

Dragons. — Dans la cavalerie, on distinguait les dragons ; ce corps, en Espagne, est de création ancienne ; du temps même de Jules César, certains soldats combattaient tantôt à pied, tantôt à cheval ; dans l'expédition d'Oran, on leva des soldats de cette classe avec le nom de « fusiliers à cheval ».

Artillerie. — Du milieu du xvie siècle jusqu'à la fin du xviie, le corps de l'artillerie subit peu de modifications.

Les pièces d'artillerie comprenaient un grand nombre de variétés ; je les classerai en trois catégories :

Les pièces pour se battre en rase campagne ;

  — pour démanteler les remparts ;

  — pour couler les navires.

La première catégorie comprenait les mousquets, les fauconneaux, les couleuvrines, etc., de longueur en rapport avec le calibre ; le troisième enfin, les pierriers et les mortiers, avec lesquels on lançait d'énormes pierres.

A cette époque, les fonderies espagnoles eurent toujours une réputation supérieure à celles de l'Angleterre, de la France et de Genève ; celles d'Allemagne seules pouvaient rivaliser avec les premières.

Du temps de Charles-Quint, on citait les fameuses fonderies de Malines dans les Pays-Bas et de Malaga dans l'Andalousie ; sous Philippe III, celles de Burgos, de Saint-Sébastien et de Barcelone en Espagne, de Créma (province de Crémone) et de Milan en Italie, ainsi que celle d'Utrecht dans les Flandres.

Au milieu du XVIᵉ siècle, on créa des écoles d'artillerie à Burgos et à Valence ; ces écoles étaient les meilleures de l'Europe : en effet, on exigeait des candidats artilleurs, des connaissances très étendues.

Sous la direction du comte de Fuentès, on établit à Milan, au commencement du XVIIᵉ siècle, une école de deux cents artilleurs.

Parmi les écrivains et les inventeurs dans l'arme de l'artillerie, je citerai un des plus célèbres : Don Antonio Gonzalez, dont quelques peuples ont pris plusieurs inventions.

A la fin de XVIIᵉ siècle, Roca, à Milan, modifia les pièces de Gonzalez.

Je crois nécessaire à présent de parler des principes de fortification du corps des ingénieurs et de leurs travaux ; cette science a progressé, suivant les besoins du temps.

De la fortification. — La fortification, dans les temps primitifs, se perfectionna en raison des moyens d'attaque ; les murs, flanqués de tourelles espacées, étaient droits avec des angles saillants et rentrants.

Lors de la découverte de la poudre, les moyens d'attaque augmentèrent en même temps que ceux de la défense.

Le célèbre ingénieur militaire Vauban a donné une très grande impulsion à la fortification.

Au siège de Maëstricht, cet officier distingué inventa une nouvelle méthode d'attaque qui comprenait trois parallèles.

Dans le siège de Philipsbourg (1688), Vauban imagina le tir à ricochets.

Il perfectionna aussi les moyens de défense des places et se servit de l'eau, quand il en eut la possibilité.

Ce n'est qu'au commencement du xvie siècle que les ingénieurs espagnols se décidèrent à former un corps spécial.

CHAPITRE XXVII

L'armée dans la première partie du xvii⁰ siècle. — L'infanterie, très nombreuse, se divisait en deux classes :

1° Les soldats *piquiers* portaient comme armes défensives : un casque de fer, une demi-cuirasse et un tablier de plaques de fer ; comme armes offensives : une pique de 15 à 18 pieds et une longue rapière ;

2° Les soldats arquebusiers avaient comme armes défensives : un mousquet à mèche dont la charge et la décharge se faisaient en quelque temps ; pour tirer, le soldat appuyait l'arme sur une fourche, comme je l'ai déjà expliqué précédemment.

L'infanterie combattait toujours en carrés, au xvi⁰ siècle ; les carrés comprenaient 60 rangs de profondeur, et au xvii⁰, 10 seulement.

La grosse cavalerie se composait de cuirassiers avec la lourde armure du moyen âge ; la cavalerie légère, de carabiniers et de dragons.

Les cavaliers étaient armés d'une carabine de 3 pieds, de deux pistolets et d'une épée.

Dans la charge, le premier rang, après avoir déchargé ses armes, faisait demi-tour individuel au galop pour recharger ses armes à l'abri des rangs de derrière.

L'artillerie, une fois en position, ne bougeait plus ; en cas d'insuccès, elle tombait aux mains des vainqueurs.

L'armée moderne n'a été créée que par Gustave-Adolphe, roi de Suède.

Le but de cet innovateur en *art militaire* a été de rendre l'armée plus légère et plus mobile. Gustave-Adolphe a défini les grandes lignes d'une science militaire nouvelle qu'ont pratiquée ensuite plusieurs générations de grands capitaines.

L'infanterie avait des pertuisanes de 11 pieds, armes qui participaient de la pique et de la hallebarde, puis des mousquets plus légers, avec lesquels on tirait quatre fois plus vite et sans fourche.

L'infanterie se rangeait sur six rangs de profondeur avec un intervalle de trois pieds entre chaque troupe. Les cavaliers pouvaient passer à travers l'ordre dispersé de l'infanterie sans la rompre.

La cavalerie se composait de cuirassiers et de dragons; les premiers avaient une armure légère, une carabine à rouet, deux pistolets et une épée; les seconds ne portaient pas de cuirasse et combattaient aussi bien à pied qu'à cheval; ils étaient armés d'un sabre court et d'une hache; cette dernière arme servait pour abattre les palissades et couper les bois.

L'artillerie, devenue très mobile, comprenait des canons de 4 pieds de long que traînaient deux chevaux. Placée derrière les troupes, l'artillerie n'avait la parole que lorsque les troupes ouvraient leurs rangs.

CHAPITRE XXVIII

De Machiavel, 1469-1530. — Les xvᵉ, xviᵉ et xviiᵉ siècles
ont produit quelques auteurs militaires dignes d'attention ;
voici les principaux :

Machiavel a écrit un traité d'*Art militaire* très remarquable.

L'Italien Nicolas de Machiavel a été un prosateur simple,
vigoureux et clair ; ses théories ont fait époque ; celle surtout où il exprime la nécessité de supprimer les troupes
salariées et de les remplacer par des troupes nationales
bien disciplinées.

De Gontaut-Biron, 1524. — Les *Commentaires* du baron
Arnaud de Gontaut-Biron présentent un grand intérêt ;
il était élève du maréchal de Brissac, grand maître de l'artillerie. Les *Commentaires* sont utilement consultés par tous
ceux qui cherchent à s'instruire, à penser et à réfléchir.

Montecuccoli, 1608-1681. — Les *Mémoires* du comte
Raymond de Montecuccoli se composent de trois livres :

Le premier traite de l'art militaire ;

Le deuxième, de la guerre contre les Turcs ;

Le troisième, de la campagne de 1664, avec des préceptes
pour la guerre offensive et la guerre défensive.

En parlant de l'Espagne, cet écrivain dit : « L'Espagne a
perdu sa prospérité, quand elle a diminué les récompenses
et rabaissé le prestige des armes ; les soldats se sont
adonnés à des professions étrangères, et la monarchie a
perdu de sa puissance. »

Célèbre général, cet écrivain militaire a laissé des œuvres
doublées de la compétence d'un homme du métier.

Vauban, 1633-1707. — Le *Traité de l'attaque et de la défense des places* du marquis français Sébastien Le Prestre Vauban, célèbre ingénieur militaire, né en 1633 à Saint-Léger de Foucherets, près Saulieu (Yonne), a fait une véritable révolution dans l'art de prendre et de fortifier les places.

Pour l'attaque, il imagina les feux croisés, les boulets creux, le tir à ricochets, les cavaliers de tranchées, les parallèles.

Pour la défense, il se servit d'un nouveau genre de fortifications jusqu'au niveau de la campagne pour donner moins de prise à l'artillerie. Vauban perfectionna le système des inondations, en remplissant d'eau ou en mettant à sec les fossés suivant les circonstances ; entre les fossés et la ville, il ménagea toujours des endroits pour cultiver les légumes et nourrir les bestiaux.

Vauban travailla à 300 places anciennes et en construisit 33 nouvelles.

Grand patriote, cet écrivain était tout entier dévoué au bien public ; désintéressé, il refusa le titre de maréchal que lui offrait Louis XIV, et cela pour servir sous un général.

Les travaux d'un tel génie demeurent impérissables et passent à la postérité, jalouse de les imiter.

QUATRIÈME PARTIE

DEPUIS PHILIPPE V JUSQU'A NOS JOURS

CHAPITRE XXIX

Nous passons au règne de Philippe V.

Le duc d'Anjou, sous le nom de Philippe V, fut proclamé roi d'Espagne, suivant le testament de Charles II et la demande du roi de France, Louis XIV.

Philippe V fit son entrée à Madrid, au commencement de 1701 ; il fut reçu avec acclamation et enthousiasme.

A l'exception de l'Autriche, toutes les puissances reconnurent le nouveau roi d'Espagne.

. L'empereur d'Autriche, croyant avoir des droits à la couronne d'Espagne pour son second fils l'archiduc Charles, envoya en Italie une armée de 30,000 hommes, sous les ordres du fameux prince Eugène ; le roi de France, ainsi contraint et forcé, opposa à l'Autriche une autre armée, commandée par Catinat et Villeroy ; ces généraux ne furent pas heureux (1ᵉʳ septembre 1701).

Cette déroute amena une alliance formidable contre la maison de Bourbon : ce fut celle de l'Angleterre et de la Hollande avec l'Autriche.

Marlborough. — Le duc de Marlborough, célèbre général anglais, à la tête d'une armée nombreuse, pénétra dans les Pays-Bas et prit plusieurs villes : Venloo, Ruxemonde et Liège.

Le prince Eugène, de son côté, tenta de s'emparer par surprise de l'importante place de Crémone, récemment renforcée par Villeroy ; il n'y réussit pas.

Le général autrichien bloqua alors Mantoue. Philippe V, qui s'était transporté sur le théâtre de la guerre pour l'en empêcher, se plaça près de Luzzarra, arrivant au but qu'il se proposait. Le prince Eugène leva, en effet, le siège de Mantoue ; il se retrancha devant Luzzarra, dont il fit sa base d'opérations et son dépôt de vivres.

Bataille de Luzzarra (1702). — La mise en déroute d'un corps de cavalerie allemande à Santa-Victoria par le prince de Vaudremont, qui s'empara de Vasconcelle, obligea le général autrichien à sortir de ses retranchements ; celui-ci craignait la réunion de Vaudremont avec Philippe V. Les belligérants marchèrent l'un contre l'autre sans s'en douter et s'attribuèrent réciproquement la victoire ; ce qui est hors de doute, c'est que Philippe V occupa, en très peu de temps, Luzzarra (15 août 1702).

Pour passer l'hiver, les deux armées se retranchèrent sur les bords du Pô et du Tanaro.

Succès en Allemagne. — En Allemagne les Espagnols se battaient avec les Autrichiens ; ils étaient commandés par le célèbre général français de Villars, qui les conduisit souvent à la victoire.

Insuccès des Anglais à Cadix. — Croyant le moment propice, une escadre anglaise de 150 voiles se présenta devant Cadix et chercha à ramener les habitants à la cause de l'archiduc, mais sans y réussir ; aussi, les Anglais débarquèrent des troupes à Rota, dont ils s'emparèrent, pillant ensuite Santa-Maria. Les envahisseurs se seraient rendus maîtres de Cadix, sans l'héroïque défense de Villadarias, qui les força à rétrograder sur Rota et, enfin, à se rembarquer.

Attaque de Vigo. — L'escadre anglaise leva l'ancre et se dirigea vers la Galice ; dans les eaux de Vigo, elle surprit une flotte espagnole qui arrivait d'Amérique, et tenta de la capturer sans crainte du feu de la place et des navires. Les Espagnols, ne pouvant éviter un échec, sauvèrent quelques marchandises et incendièrent leurs vaisseaux ; les Anglais, néanmoins, prirent quelques bâtiments.

L'armée hollandaise mise en déroute. — L'armée hollandaise, en 1703, fut mise en déroute, lorsqu'elle essaya de chasser les Espagnols de la ligne fortifiée qu'ils occupaient autour d'Anvers.

Au même moment, le général anglais Marlborough prit Huy et Limbourg, continuant à remporter d'autres avantages.

En Allemagne, les Espagnols furent encore victorieux ; malheureusement, le duc de Savoie leur fit défection et passa au service de l'empereur d'Autriche.

La guerre, jusqu'à la fin de l'année, continua avec des résultats variés pour les belligérants.

Expédition en Portugal. — En 1704, dans la guerre contre le Portugal, le duc de Savoie embrassa la cause des coalisés ; Philippe V obtint des avantages positifs ; son système de fractionner ses troupes en petites unités tactiques affaiblit ses plans d'attaque et ne lui permit pas de reconquérir ce royaume.

Perte de Gibraltar. — Une escadre anglaise avait attaqué en vain Barcelone ; elle se dirigea alors vers Gibraltar (colonnes d'Hercule) ; par surprise, elle s'empara de cette importante position, clef de l'Océan à la Méditerranée. La guerre de succession a donné aux Anglais cette conquête ; plus tard, le traité d'Utrecht (1713) leur en assurera la propriété. Les Espagnols feront sans doute plus tard des efforts inouïs pour reprendre Gibraltar, mais sans succès : Gibraltar est *inexpugnable* et peut toujours se ravitailler par mer.

La guerre continua en Allemagne sans résultats appréciables ; en Italie, les Français remportèrent de grands succès.

A la suite de menées sourdes, Barcelone et Valence se soulevèrent en faveur de l'archiduc (1705).

Perte de l'Italie et des Pays-Bas. — Décidément, l'étoile des Bourbons palissait, surtout après les conséquences des batailles de Ramillies (23 mai), et de Turin (7 septembre, c'est-à-dire après la perte pour l'Espagne de l'Italie et des Pays-Bas. Le roi de France ne pouvait secourir avantageusement Philippe, ni l'aider à reconquérir les pays perdus.

Siège de Barcelone. — Philippe V assiégea Barcelone, (1706) ; la flotte anglo-hollandaise secourut cette place et contraignit le roi d'Espagne à se retirer.

Soumission de Castellon et de Murcie. — Philippe V réduisit à l'obéissance Castellon et Murcie ; ensuite il entreprit quelques opérations contre les Portugais.

Bataille d'Almansa. — En 1707, le duc de Berwick marcha contre les alliés dans le royaume de Valence et les mit en déroute à la bataille d'Almansa (1), (25 avril). Ce général fit 12,000 prisonniers et ramena 6,000 déserteurs ; les Espagnols perdirent 3,500 hommes tués ou blessés ; chaque armée comprenait 30,000 hommes.

Comme conséquence de cette victoire, les Bourbons rentrèrent en possession du royaume de Valence ; Jativa, Alcoy et Alcara avaient opposé une résistance héroïque.

Prise de Saragosse. — Le duc d'Orléans, qui opérait sur les bords de l'Èbre, s'empara de plusieurs places importantes, et parmi celles-ci, Saragosse.

Victoire de Gudina. — Dans la même année, les Espagnols gagnèrent une bataille sur les Portugais autour de Gudiña.

---

(1) La bataille s'engagea à trois heures du soir, le 25 avril 1707. Berwick commandait les troupes de Philippe V ; le marquis de Las Minas, celles de l'archiduc d'Autriche ; celui-ci perdit beaucoup de soldats tués ou prisonniers, 112 drapeaux, ses bagages et son artillerie.

Perte de la Cerdagne. — La guerre en Italie et dans les Pays-Bas recommença sans produire des faits dignes d'être relatés, si ce n'est pourtant la perte de la Cerdagne dont s'emparèrent les coalisés (1708).

Avantages remportés par les Bourbons. — Les armées des Bourbons conservaient l'avantage en Espagne; le royaume de Valence était soumis; Philippe V continuait à obtenir des succès en Catalogne.

Prise de Tournai. — Dans les Flandres, les confédérés prirent Tournai.

Bataille de Malplaquet. — A la même époque, les adversaires se rencontrèrent à Malplaquet; l'action fut indécise.

Prise de Douai. — Les confédérés occupèrent la place de Douai, après une résistance glorieuse des défenseurs.

Les Bourbons, battus en Espagne à Saragosse, se trouvaient dans une fâcheuse position. L'archiduc fit son entrée à Madrid; il y fut accueilli si froidement, qu'il quitta aussitôt la capitale de l'Espagne; le duc d'Anjou y revint le 3 décembre.

En 1710, l'archiduc suivit le chemin de Barcelone; Staremberg, un de ses lieutenants, prit celui de Saragosse. L'arrière-garde de l'armée de ce dernier, qui se trouvait à 5 ou 6 lieues du corps principal, se composait d'Anglais, commandés par Stanhope; Philippe V et Vendôme poursuivaient le chef anglais.

Rencontre de Brihuega. — A Brihuega, les adversaires se rencontrèrent; après un combat acharné qui dura toute la journée du 9 décembre, le général anglais et une division de 5,000 hommes furent faits prisonniers.

Bataille de Villaviciosa. — Staremberg, à la nouvelle de l'engagement des Espagnols avec les Anglais, vola au secours de ces derniers; il rencontra ses adversaires sur une hauteur autour de Villaviciosa et s'apprêta au combat.

Le marquis de Valdecañas commandait l'aile droite; le

comte d'Aquilar, l'aile gauche et le comte de la Torre, le centre. Ce dernier avait un terrain bien préparé où pouvait se développer sa cavalerie, qui était supérieure à celle de l'ennemi.

A la vue des Espagnols et à la nouvelle de la prise du général Stanhope, Staremberg tâcha d'éviter la bataille (10 décembre), mais Vendôme donna l'ordre d'attaquer.

La droite des ennemis se composait de la meilleure cavalerie, avec Staremberg, et de 8,000 fantassins, commandés par l'Espagnol Villarroel au service de l'archiduc ; la gauche comprenait les troupes palatines ; la cavalerie catalane et la cavalerie portugaise étaient sous les ordres de . Francherbergh.

Les forces des ennemis comprenaient 17,000 fantassins, et 5,000 cavaliers ; celles des Espagnols, 10,000 fantassins et 9,000 cavaliers.

A droite les Espagnols attaquèrent avec une telle impétuosité la gauche des ennemis, qu'ils tombèrent en flanc sur le centre ; pendant ce temps, Aguilar enfonça la gauche des ennemis, quoique formés en carré.

La lutte dura toute la nuit ; Staremberg se retira en assez bon ordre avec une perte de 13,000 hommes morts, blessés ou prisonniers ; de leur côté, les Espagnols laissèrent sur le champ de bataille 3,000 morts et 1,000 blessés ; l'armée ennemie se retira à Saragosse, sans être inquiétée.

Cette bataille a eu des résultats décisifs pour l'établissement de la maison de Bourbon en Espagne.

Dans les Pays-Bas, le génie persévérant de Villars lutta avec avantage contre les ennemis (1711).

Soumission de la Catalogne. — La même année, la Catalogne se soumit à Philippe V, à l'exception de quelques villes : Barcelone, Tarragone, Cardona et le village de Prats-du-Roi, dernière place dont s'empara Vendôme, qui l'abandonna ensuite, à cause de sa situation stratégique peu favorable.

Contrairement aux conseils des généraux espagnols, le

maréchal français assiégea Cardona sans aucun résultat, ce qui le força à se retirer.

L'archiduc Charles, empereur. — En 1712, la ligue se rompit; les membres qui la composaient voulaient la paix ; de plus, Joseph Ier, fils de l'empereur Léopold, mourut; l'archiduc Charles, frère de l'empereur Léopold, monta sur le trône.

L'Angleterre et le Portugal conclurent une suspension d'armes; l'archiduc, devenu empereur, sur les conseils du prince Eugène, chercha à prendre ses précautions dans les Pays-Bas; en conséquence, il commença une campagne digne d'attention, dans laquelle Villars battit ses adversaires à Denain, leur fit lever le siège de Landrecies et s'empara de plusieurs places importantes, parmi lesquelles Douai.

Traité d'Utrecht. — Les succès de Villars déterminèrent les Autrichiens à signer la paix d'Utrecht (1713), par laquelle Philippe V devait jouir paisiblement de ses colonies d'outre-mer et de son trône d'Espagne, à l'exception des États d'Italie et des Pays-Bas, de Gibraltar et de Mahon.

Occupons-nous de ce qui se passait dans la péninsule hispanique.

Les Espagnols étaient maîtres de Gérone; d'après le traité d'Utrecht, Staremberg se rendit à Tarragone et s'embarqua avec une grande partie de son armée.

Soumission de Barcelone et de l'île de Majorque. — La province de Catalogne et l'île de Majorque, appuyées par l'Allemagne et par la Porte ottomane, déclarèrent la guerre à l'Espagne ainsi qu'à la France. La ville de Barcelone fut assiégée par les Espagnols et les Français réunis, qui la prirent de vive force, ainsi que l'île de Majorque.

La description de cette campagne n'offre qu'un tableau lamentable; partout ce ne fut que désolation. Cette lutte était plutôt un conflit de politique intérieure que de politique extérieure ; les vaincus obtinrent des conditions qu'ils étaient loin d'espérer.

Le cardinal Alberoni. — En 1717, le cardinal Alberoni, originaire du duché de Parme et homme de grand talent étant placé à la tête du gouvernement espagnol, chercha à ajouter à l'histoire de son pays d'adoption quelques pages brillantes.

L'Autriche, l'Angleterre et la France, anxieuses des préparatifs du gouvernement espagnol, formèrent une ligue, sans arrêter d'abord un plan de conduite.

Alberoni chercha à susciter la jalousie et l'envie entre les coalisés ; il leur créa toutes sortes d'obstacles, mais il ne parvint pas à détruire la ligue.

Expédition en Sicile. — 30,000 hommes qu'Alberoni embarqua sur une escadre à Barcelone à destination de la Sicile, débarquèrent dans les premiers jours de juillet 1718.

Les Siciliens, toujours désireux de vivre sous la domination espagnole, se déclarèrent contre le duc de Savoie, nommé roi de leur île par le traité d'Utrecht. Tandis que les Espagnols se rendaient maîtres de l'île, la citadelle de Messine tomba au pouvoir des Piémontais ; le marquis de Leyde, chef des Espagnols, en fit le siège.

Le 11 août, la flotte anglaise de Bing battit l'escadre espagnole sur les côtes de la Sicile ; dans cette bataille navale, les Espagnols perdirent 11 navires ; les Anglais souffrirent de telles avaries, qu'il leur fallut quatre jours pour les réparer.

La citadelle de Messine capitula le 30 septembre, et le marquis de Leyde, avec une partie de ses troupes, fut victorieux à Milazzo de 8,000 Impériaux (15 octobre).

Quand Leyde se présenta devant Milazzo, il avait 6,000 hommes ; les Allemands perdirent 3,000 hommes tués ou blessés et un corps de cavaliers vétérans qui fut fait prisonnier ; les Espagnols laissèrent 1,500 hommes sur le champ de bataille.

Le 2 janvier 1719, la France déclara la guerre à l'Espagne ;

elle ordonna à Berwick de marcher en avant; celui-ci prit Fontarabie, secourue trop tard par le roi d'Espagne, Saint-Sébastien et Urgel ; les Anglais occupèrent Vigo. Pendant ce temps, les Impériaux défirent les Espagnols en Sicile.

Chute d'Alberoni. — Ces insuccès répétés contribuèrent à la chute d'Alberoni, dont le système de guerre continentale était irréalisable; on ne peut contester pourtant qu'Alberoni eût sorti l'Espagne de la prostration où elle était plongée depuis la guerre de succession.

Traité de la Haye. — Par le traité de la Haye, l'Espagne perdit la Sardaigne et ses conquêtes en Sicile; de Leyde revint avec ses troupes dans la péninsule et passa ensuite en Afrique, où il obligea les Maures à lever le siège de Ceuta, entrepris par eux depuis de nombreuses années.

Abdication de Philippe V (1724). — En 1724, le 10 janvier, Philippe V abdiqua en faveur de son fils Don Luis et se retira avec la reine à Saint-Ildefonse pour s'y consacrer aux soins de leur salut.

La mort subite de Don Luis et les vives sollicitations de ses sujets déterminèrent l'ex-monarque à reprendre la couronne (6 septembre).

Insuccès à Gibraltar. — En 1727, le roi tenta, par un coup de main, de reprendre Gibraltar; il confia une armée de 16,000 hommes, bien pourvue d'artillerie, au général comte de la Torre. Cette forteresse resta imprenable.

Expédition en Afrique. — Quelques années après (1732), Philippe V prépara une expédition de 12 navires de guerre et de 60 transports avec 26,000 hommes de troupes de débarquement, commandées par de Montemar, afin de s'emparer d'Oran, prise par les Maures qu'avaient favorisés les Anglais, (1708) pendant la guerre de succession.

Prise d'Oran. — Les Espagnols débarquèrent sans aucune opposition de l'ennemi; les adversaires en vinrent enfin aux mains : les Maures, battus le 30 juin, évacuèrent Oran, où les vainqueurs entrèrent le 1ᵉʳ juillet.

Le 1ᵉʳ août de la même année, l'armée se rembarqua à l'exception de 8,000 hommes qui tenaient garnison à Oran, sous les ordres du gouverneur, le célèbre marquis de Santa-Cruz, auteur des *Réflexions militaires*, livre d'une grande valeur.

Mort de Santa-Cruz.— Le 31 novembre, les ennemis serrèrent de trop près la place ; Santa-Cruz exécuta aussitôt une sortie, dans laquelle il défit les Mahométans, mais où il trouva malheureusement la mort.

Triple alliance. — Philippe V, en vue d'intervenir dans la guerre de succession de la Pologne, forma la triple alliance contre l'empereur d'Autriche.

Prise de Naples et de la Sicile. — Une escadre espagnole, avec 26,000 hommes de troupes de débarquement, commandées par le comte de Montemar et l'infant D. Carlos comme généralissime, s'empara de Naples, ainsi que de la Sicile, en 1734, puissamment aidée des indigènes.

Montemar avait battu Visconti, chef de l'armée impériale, à la bataille de Bitonto ; les royaumes de Naples et de Sicile reconnurent Charles pour roi.

Insuccès des Anglais en Amérique. — En désaccord avec l'Espagne, les Anglais envoyèrent deux escadres contre les possessions espagnoles d'Amérique ; ces expéditions ne réussirent pas aux Anglais (1741).

La guerre recommença en Italie (1740) ; l'empereur d'Autriche, Charles VI, mourut, laissant pour héritier sa fille Marie-Thérèse, dont l'électeur de Bavière et le roi de Pologne se déclarèrent les ennemis ; pendant ce temps, la Prusse, gouvernée par Frédéric II, pensa accroître son territoire.

Dans cette guerre, la France devint l'alliée de la Bavière ; la Sardaigne et l'Angleterre prirent parti pour l'impératrice.

Espérances de Philippe V. — Croyant le moment propice, Philippe V chercha à recouvrer les anciennes possessions espagnoles d'Italie : il pensa d'abord à la Lombardie, avec l'espoir d'obtenir l'appui du roi de Naples. En 1741, 15,000 Espagnols, sous les ordres du comte de Montemar, furent rejoints par des troupes auxiliaires de Naples et passèrent en Italie. A la nouvelle de l'arrivée subite des Anglais à Naples, les troupes auxiliaires revinrent précipitamment, car Don Carlos se trouvait sans troupes pour résister.

Le duc de Gages succéda à Montemar, en 1743, et eut une rencontre sanglante avec les Austro-Sardes, rencontre, du reste, indécise.

Au début, les Espagnols limitèrent leurs opérations à des escarmouches; attaqués par le général Lobkowitz, à la tête de 30,000 hommes, ils rentrèrent à Naples, dont le roi prit des moyens énergiques de défense pour empêcher les Autrichiens de s'emparer du royaume des Deux-Siciles.

Évacuation des États pontificaux. — Don Carlos se porta donc à la rencontre de l'ennemi dans les États pontificaux (1744), et établit son armée à Velletri; cette ville fut surprise par les Autrichiens et les Espagnols obligés d'évacuer les États pontificaux.

Défaite des Sardes. — Philippe V, ayant franchi les Alpes avec une armée hispano-française, s'empara du comté de Nice, força les retranchements des ennemis, passa par Villafranca, se porta jusqu'à Montalban, défit les Sardes, occupa Castel-Delfin ainsi que la forteresse de Dumont, et enfin assiégea Côme; l'hiver obligea le monarque à rétrograder.

Dans cette campagne, on commit une faute grave : si Gages, le roi de Naples et Philippe V avaient réuni leurs forces, sans nul doute que les résultats eussent été différents. En thèse générale, le groupement des forces vaut toujours mieux que l'éparpillement, quitte à étendre les unités tactiques quand la nécessité s'en fait sentir.

En 1745, les Espagnols obtinrent de sérieux avantages;

ils poursuivirent les Autrichiens jusqu'à Modène, traversèrent les Apennins et donnèrent la main à Philippe V, qui se trouva alors à la tête d'une armée de 90,000 hommes avec laquelle il battit le roi de Sardaigne et devint maître de toute la Lombardie.

L'année 1746 ne fut point favorable aux Espagnols : Marie-Thérèse, rassurée du côté de l'Allemagne, dirigea en Italie toutes ses troupes aguerries.

Bataille de Plaisance. — Le 16 juin, à la bataille de Plaisance, les Espagnols perdirent 7,000 hommes et l'espérance à tout jamais de recouvrer leurs possessions en Italie.

Mort de Philippe V (1746). — Philippe V mourut, le 11 juillet (1746), laissant pour successeur son fils Don Ferdinand ; Philippe, a laissé des ouvrages militaires d'une grande valeur.

CHAPITRE XXX

Frédéric le Grand. — Frédéric le Grand, le fameux capitaine et l'habile tacticien militaire, a joué, à cette époque, un trop grand rôle dans l'art de la guerre pour que je ne lui consacre pas quelques pages.

Frédéric le Grand, fils de Frédéric-Guillaume Ier et de Sophie-Dorothée de Hanovre, naquit à Berlin, le 24 février 1712.

Frédéric II, surnommé plus tard le Grand, eut pour précepteur un Français réfugié, Duhan, qui l'éleva dans de grands sentiments de sympathie pour la France.

Ses débuts furent assez tristes ; ne partageant pas tout à fait les goûts militaires de son père, il souffrit souvent de ses brutales rigueurs, au point de se réfugier en Angleterre, près de son oncle maternel Georges II. Son compagnon Katt, qui l'avait accompagné, fut moins heureux que lui; il ne put s'échapper et fut arrêté par ordre du roi, condamné comme déserteur et exécuté (1730). Frédéric II avait été frappé de la même peine pour la même cause; son père lui pardonna et lui commanda, en 1732, d'épouser la princesse Elisabeth de Brunswick.

Frédéric-Guillaume confia à son fils le commandement d'un corps auxiliaire dans la garde impériale ; Frédéric vécut peu de temps dans la retraite et monta enfin sur le trône (1740).

Réorganisation de l'armée prussienne par Frédéric II.— Dans sa jeunesse, Frédéric II n'était pas partisan de la milice; aussi, dès qu'il le put, il changea le recrutement de l'armée. Pour cela, il la divisa en troupes actives et en troupes de réserve; la première partie comprenait 60,000 hommes, la seconde 40,000.

Sans nul doute, son armée a été la mieux organisée de cette époque : les soldats connaissaient à fond leurs évolutions et pratiquaient admirablement l'exercice du fusil; chaque homme pouvait tirer six coups à la minute, grâce à une nouvelle baguette plus commode pour charger.

La discipline et la tactique des Prussiens étaient admirables; les forces militaires allemandes comprenaient des troupes aguerries, toujours bien approvisionnées; force primordiale d'une armée.

Sous le règne de Frédéric II, la nation prussienne se révéla comme grande nation militaire, malgré l'éparpillement des provinces.

Frédéric II, avec un grand et gros bon sens, étudia le fort et le faible de ses voisins; il saisit de suite que sa position géographique lui commandait toujours *l'attitude offensive;* c'est pour cela qu'il eut toujours sous la main une armée très mobile, bien exercée et pourvue de tout.

Le royaume pourvoyait seul au recrutement de la cavalerie, contrairement à celui de l'infanterie, composée moitié de Prussiens, moitié d'étrangers.

Lorsqu'un soldat ne pouvait plus servir aux bataillons actifs, il passait au service des places ou entrait aux Invalides.

Pour devenir officier, il fallait avoir servi trois ans comme cadet ou sergent.

En temps de guerre, le colonel proposait les récompenses, le roi les approuvait ensuite; en temps de paix, l'ancienneté faisait la loi; aussi, tous les soldats désiraient la guerre pour obtenir l'emploi tant recherché et si prisé de capitaine, dont la solde s'élevait à 5 ou 6,000 francs.

La discipline était très sévère, la désertion entraînait la peine de mort, la population où se réfugiait le délinquant devait se mettre à sa poursuite et le livrer mort ou vif.

A la mort de Guillaume Ier, l'armée prussienne comprenait 60,000 hommes de troupes actives; ce chiffre s'éleva jusqu'à 120,000, et, pendant la guerre de six ans contre l'Autriche, la France et toutes les nations du nord de l'Europe, l'armée prussienne compta plus de 200,000 combattants.

S'exerçant souvent, les troupes prussiennes possédaient à un haut degré l'esprit de corps.

Voici leur composition :

54 régiments de ligne ;

4   —   d'infanterie légère ;

12   —   de garnison.

et de quelques bataillons francs, formés de déserteurs ainsi que de prisonniers.

Chaque régiment se divisait en deux bataillons à six compagnies chacun, dont un de grenadiers ; la compagnie comprenait 120 hommes.

Payée très régulièrement, l'armée prussienne était fidèle et disciplinée.

Le colonel ou chef de régiment avait un second, appelé second colonel ou lieutenant-colonel et deux chefs de bataillon ; ces officiers constituaient l'état-major du régiment.

En comparaison, les Français possédaient plus de compagnies au bataillon, ce qui diminuait sa force ; les Autrichiens, au contraire, avaient moins de compagnies, mais ces compagnies étaient plus fortes.

Le nombre d'officiers et de sergents, dans chaque unité tactique, répondait à tous les besoins pour tenir les hommes encadrés et les empêcher de déserter.

Le fusil était à baguette et armé d'une baïonnette ; un morceau de cuir recouvrait le canon, à l'effet de préserver la main du tireur et de garantir l'arme de l'humidité.

Frédéric fit toujours exécuter les feux sur trois rangs : le premier rang mettait le genou en terre ; les feux se faisaient par peloton, pour que la moitié des armes fût chargée ; les feux de parapet s'exécutaient par les groupes des deux ailes et permettaient de tirer six coups à la minute ; les feux à volonté ne furent réglementés qu'après la guerre de Six ans.

De l'infanterie, passons à la cavalerie, à l'artillerie et au génie.

Pour la cavalerie, le roi rendit l'ordonnance suivante :

Suppression de la charge au trot avec tir de pistolet et de mousqueton ;

Charge au galop avec l'épée.

(Seydlitz, le fameux général prussien, a obtenu des résultats admirables : la force de la cavalerie consiste dans le choc, la pointe en avant pour le premier rang, la position de sabrer pour le deuxième rang, et non dans le tir des armes à feu.)

Afin d'appuyer les mouvements de la cavalerie et de l'infanterie, on créa des batteries d'artillerie à cheval, en établissant que *la préoccupation de la perte d'un canon ou d'un drapeau nuisait à l'ensemble des évolutions et à leur réussite;* le corps d'artillerie était nombreux.

Voici la composition de la cavalerie : 13 régiments de cuirassiers à 5 escadrons chacun, 12 de dragons à 10 escadrons chacun, 10 de hussards à 10 escadrons chacun, en tout 35 régiments. Les escadrons comprenaient 2 compagnies de 70 hommes chacune; les hommes portaient la cuirasse et le casque en métal.

Les hommes se formaient sur trois files, la troisième comblant les vides des deux autres.

Le corps des hussards se recrutait parmi les cavaliers les plus sûrs.

Les officiers se tenaient toujours en dehors des files, en nombre suffisant.

L'armée prussienne, qui avait entrepris tant de campagnes, avait souffert plusieurs fois dans ses logements ; le roi, pour remédier à cet inconvénient organisa un corps d'officiers ingénieurs, chargés d'enseigner le génie, de lever des terrains, de tracer des campements, de fortifier les villages, de construire des retranchements sur les hauteurs, d'élever des barrières, de signaler les colonnes, de vérifier la solidité des ponts et la profondeur des cours d'eau.

Frédéric II établit une académie militaire où l'on trouvait

les livres, les cartes géographiques et les récits des meilleurs écrivains, ayant trait à la science de la guerre et aux progrès accomplis. Ce grand capitaine attachait une importance capitale à l'étude du terrain ; aussi, le voyait-on souvent à la tête de l'avant-garde distancée par des éclaireurs, donner des ordres aux colonnes qui le suivaient, afin de se déployer ou de se tenir en lignes serrées. Frédéric envisageait la situation d'un seul coup d'œil ; c'était un tacticien dans l'acception du mot.

Le terrain lui indiquait son ordre de bataille : la topographie et le service en campagne jouaient donc déjà un rôle considérable.

L'infanterie se plaçait sur deux lignes à deux cents pas de distance l'une de l'autre ; l'intervalle des bataillons était fixé à douze pas.

Les compagnies de grenadiers, réunies en bataillons, couvraient les clairs des côtés entre la première et la deuxième ligne.

Les batteries se plaçaient dans les intervalles, et la cavalerie aux ailes, sur deux lignes : une de cuirassiers et une de dragons ; les hussards prenaient position dans un endroit favorable en colonnes avec distance, pour pouvoir se former de suite en bataille.

Frédéric II, au commencement d'une expédition, donnait à chaque compagnie 10 pelles et 5 pioches que portaient les soldats de la seconde ainsi que de la troisième file, afin d'exécuter des travaux de fortification passagère.

Frédéric rendit une ordonnance par laquelle aucun officier couvert par un retranchement, un parapet ou un mur à hauteur de tir, ne pouvait se rendre sans avoir employé tous les moyens de défense en son pouvoir.

Frédéric introduisit dans son armée les progrès suivants :

Marches des divisions d'infanterie en colonnes pour pouvoir se développer rapidement en bataille ;

Marches de flanc ;

Marches obliques.

Conséquences : évolutions plus rapides et plus faciles.

La cavalerie légère aidait la grosse cavalerie et la cavalerie de ligne.

Par suite de la nouvelle tactique, la mobilité de l'artillerie était nécessaire; les pièces changeaient souvent de position.

La baguette, adaptée au fusil, modifia la charge.

Frédéric II, par son talent, a produit une grande impression sur ses ennemis et sur ses amis ; son livre : *le Grand Art de la guerre,* opéra à cette époque une vraie révolution dans l'art militaire : grande mobilité dans toutes les situations. Au point de vue politique, ce grand capitaine a été supérieur et, certainement, cette circonstance l'a puissamment aidé dans toutes ses réussites.

Revenons aux événements qui se passaient en Espagne.

CHAPITRE XXXI

Règne de Ferdinand VI. — A la mort de Philippe V, son fils Ferdinand lui succéda et continua en Italie les opérations militaires, sans grand intérêt. Le traité d'Aix-la-Chapelle mit fin à la guerre (1748).

Délivré de toute préoccupation extérieure et secondé par un habile ministre, le marquis de La Enseñada, Ferdinand se consacra à la prospérité, à l'accroissement des forces ainsi qu'aux ressources de la péninsule. Son règne a été un bienfait pour son pays; s'il est resté beaucoup à faire, nous pouvons ajouter que la décadence depuis Charles-Quint était aussi bien grande.

Mort de Ferdinand VI. — Souffrant et triste par suite de la mort de son épouse chérie, Maria Barbara de Portugal, il ne tarda pas à la rejoindre dans la tombe.

Charles III. — Charles III, frère de Ferdinand VI, monta sur le trône ; il donna le royaume de Naples à son fils Ferdinand.

Pacte de famille (1761). — Contre les intérêts de l'Espagne, Charles s'engagea dans la guerre de Six ans, s'alliant, par un pacte de famille (1761), à la France, pour tenir tête à l'Angleterre.

Guerre de Portugal. — En 1762, une armée espagnole, sous les ordres du marquis de Sarria, envahit le royaume de Portugal, allié de l'Angleterre ; après quelques avantages, l'armée espagnole se retira dans l'Estramadure.

L'Angleterre, pour se venger de l'alliance des Espagnols et des Français, envoya contre l'île de Cuba et d'autres possessions espagnoles d'outre-mer une escadre avec 20,000 hommes, qui débarquèrent à Cuba au milieu de juin 1762, et attaquèrent immédiatement le château de Morro, clef de la Havane. Après une résistance héroïque des défenseurs, les Anglais entrèrent dans la place, vers la fin de juillet. Une fois maîtres de cette position et du fort de Puntalès, après neuf jours de siège, les Anglais s'emparèrent d'un butin considérable ; ils dirigèrent une autre escadre sur les îles Philippines et prirent Manille.

Traité de Fontainebleau (1763). — Par le traité de Fontainebleau, ratifié le 10 février 1763, l'Angleterre rendit la Havane et Manille à l'Espagne, qui lui céda par contre la Floride.

Défense des présides de Mélilla et de Peñon-de-Vélez. — En 1773, l'empereur des Maures, aidé de quelques officiers anglais, déclara la guerre à l'Espagne et assiégea Mélilla, dont le commandant Scherlock repoussa plusieurs assauts ; les ennemis furent obligés de lever le siège.

Devant Peñon-de-Vélez, place défendue par Florencio Moreno, les Maures ne furent pas plus heureux et se retirèrent au bout de quatre mois, avec des pertes énormes (1774) ; ces présides ou garnisons restèrent à l'Espagne.

Expédition d'Alger. — Sans entrer dans certaines considérations d'opportunité, étudions maintenant l'expédition du roi d'Espagne contre Alger.

A cet effet, le monarque espagnol arma 400 navires, sous les ordres de Castejon, et rassembla 20,000 hommes de troupes de débarquement dont O'Relly prit le commandement.

L'expédition contre Alger avait pour but de détruire la piraterie dans la Méditerranée et son foyer, qui était Alger.

Après des vents contraires et plusieurs tempêtes, l'escadre espagnole, le 4 juillet 1775, arriva devant cette ville. Les Maures s'opposèrent au débarquement et, après une lutte de dix heures, le 8 juillet, forcèrent les Espagnols à retourner dans leur pays.

Insuccès à Gibraltar et à Mahon. — En 1779, le moment parut propice pour abattre l'orgueil de la dédaigneuse Angleterre, occupée à soumettre ses colonies d'Amérique, révoltées et décidées à secouer le joug de la métropole. La France seconda le mouvement et s'allia à l'Espagne. Charles III profita donc de la situation embarrassée de l'Angleterre pour chercher à s'emparer de Gibraltar et de Mahon : Gibraltar sera toujours pour l'Espagne une perte irréparable.

Expédition en Angleterre. — La flotte espagnole et la flotte française se réunirent à la Corogne; elles se composaient de 52 navires de ligne : frégates ou autres navires de guerre, qui se dirigèrent vers la Manche.

L'escadre anglaise comprenait 38 navires, avec lesquels l'amiral Hardy bloquait Calais ; à l'approche des alliés, cette escadre se retira sans accepter le combat.

Blocus de Plymouth. — Les côtes anglaises étaient parfaitement fortifiées et bien pourvues de canons ; l'escadre alliée, commandée par d'Orvillers, bloqua Plymouth et captura le navire *l'Ardente*; par suite d'une horrible tempête, d'Orvillers regagna Brest, sans remporter d'autres succès.

Galvez. — En Amérique, Galvez, gouverneur de la Louisiane, à la tête de 2,000 hommes, battit les Anglais et se rendit maître de 430 lieues de terrain, des forts de Mobile et de Panzacola, ainsi que de toute la Floride occidentale, cédée à l'Angleterre par le traité de 1762.

Don Fernand Rives. — Don Fernand Rives s'empara de la côte de Campêche ; à la nouvelle de la conquête, par les Anglais, de San-Fernando de Omoa, ville située dans la baie de Honduras, Rives marcha contre eux et leur fit perdre tout le fruit de leurs victoires.

Siège de Gibraltar. — Comme le but constant de Charles III était de recouvrer Mahon et Gibraltar, ce monarque assiégea Gibraltar par terre et par mer ; l'amiral anglais Rodney accourut en toute hâte.

L'escadre espagnole qui bloquait Gibraltar devait s'augmenter de quelques navires ; l'amiral espagnol, Don Juan Langara, fut rejoint par Rodney à la hauteur du cap Saint-Vincent, circonstance qui permit à ce dernier de mettre en déroute son adversaire (1780), et d'entrer triomphant à Gibraltar avec beaucoup de vivres et de munitions ; peu après, la flotte anglaise fit voile vers l'Amérique.

Prise de Minorque. — Par contre, Crillon, après huit mois de siège, réussit à s'emparer de Minorque et de la citadelle où s'était refugié le gouverneur anglais (4 février 1782).

Nouvelle attaque de Gibraltar. — Enchanté d'un pareil succès, le roi essaya encore d'assiéger Gibraltar (1) ; Barcelo, chargé du blocus par mer, ne put empêcher la place de recevoir des secours.

Le duc de Crillon, nommé généralissime des opérations sur terre, déploya une grande activité ; les résultats furent encore nuls.

D'Arson, un officier français, imagina la construction de batteries flottantes à l'épreuve de la bombe, avec des réservoirs d'eau pour éviter l'incendie ; ces batteries devaient ouvrir la brèche au corps de place, afin de permettre aux Espagnols de donner l'assaut.

---

(1) Aujourd'hui Gibraltar est une place forte, située sur un rocher de quatre à 500 mètres de hauteur, inaccessible du côté de la terre et hérissé de batteries dans des galeries souterraines. La presqu'île où est placé ce rocher est longue de 4 kil. et large de 1 kil. ; elle termine la pointe d'Europe. La garnison se compose aujourd'hui de 4,000 hommes ; la forteresse est armée de 1,000 canons. Gibraltar a la possibilité de se ravitailler par mer, et, dans l'état actuel de la science militaire, cette place peut être considérée comme inexpugnable.

Le nom de Gibraltar vient de celui du général arabe Tarik, qui aborda sur ce rocher quand il fut appelé par le gouverneur de Ceuta et par l'archevêque de Tolède, pour marcher contre Roderic, roi des Wisigoths. — Gibraltar veut dire montagne de Tarik (Djebel al Tarik). Tarik défit Roderic à Xérès (711), et soumit une grande partie de l'Espagne ; il avait débarqué dans la péninsule sur l'ordre du calife Walid, sixième omniade de Damas.

Par suite du creusement du canal des Deux-Mers, qui doit mettre en communication l'Océan et la Méditerranée, et que doit faire construire la France de Bordeaux à la Nouvelle, la position de Gibraltar perdra une grande partie de son importance, au point de vue stratégique. Mais, au point de vue politique, la question restera entière, et l'Espagne continuera d'appeler de tous ses vœux le jour où elle rentrera en possession de cette portion intégrante du territoire national.

L'attaque eut lieu le 13 septembre 1782 ; les batteries flottantes s'embossèrent à 300 toises de la place et firent brèche. Le gouverneur, lord Elliot, se vit donc en péril et prit une résolution sauvage : au mépris du droit des gens, il ordonna aux batteries de tirer à boulets rouges de gros calibre sur les batteries flottantes, qui furent bientôt incendiées ; obligés de se retirer, les Espagnols, pour comble de malheur, essuyèrent une tempête furieuse.

Avantages en Amérique. — En Amérique, peu de temps avant ces événements, l'Espagne remporta quelques avantages sur les Anglais.

Rencontre aux îles Açores. — **L'Angleterre victorieuse.** — A la hauteur des Açores, l'escadre espagnole, commandée par Cordova, s'empara d'un convoi que l'Angleterre envoyait aux Indes ; après une nouvelle victoire navale de Rodney sur l'amiral français de Grasse, l'Angleterre conserva la suprématie des mers (1782).

Traité de Versailles (1783). — Les belligérants, fatigués de la guerre, conclurent le traité de Versailles, (20 janvier 1783). Charles III conserva Minorque et la Floride ; l'Angleterre renonça à l'émancipation politique de ses colonies.

En 1783, Barcelo reçut l'ordre de demander aux Algériens réparation des insultes faites au pavillon espagnol.

La flotte de Barcelo comprenait 12 frégates et 6 navires. Ce chef voulut bombarder Alger ; il en fut empêché par une horrible tempête.

Traité de paix avec les États barbaresques. — Plus tard, Charles III entreprit diverses expéditions contre les pirates et signa avec les États barbaresques un traité qui donnait libre accès aux navires de commerce sur la Méditerranée.

Mort de Charles III (1788). — Charles III mourut, le 14 décembre 1788 ; il fut certainement l'un des meilleurs souverains de la maison de Bourbon que l'Espagne s'honore d'avoir possédés. Charles III laissa trois fils : l'aîné était faible d'esprit; le second, Charles, héritait de la monarchie; le troisième, Ferdinand IV, avait été élu roi des Deux-Siciles.

Quelques mots sur le règne de Charles III.— Charles III, tout en affermissant et en augmentant quelque peu la monarchie espagnole, lui donna une force réelle et une prospérité indiscutable.

Charles III a créé :

A Ségovie, une école d'artillerie ;

A Carthagène, une école d'ingénieurs-constructeurs pour la marine ;

A Ocana, une école de cavalerie ;

A Avila, une école de tactique.

En 1761, l'Espagne comptait 37 navires de guerre ; vingt-sept ans plus tard, la flotte en comprenait 80 environ.

Charles III introduisit la discipline prussienne dans l'armée espagnole.

Sous son règne, la noblesse fut privée de ses juridictions spéciales, relevant désormais des tribunaux ordinaires ; le clergé eut ses immunités réglées par un concordat (1741); la justice se rendit suivant le code Carolin (1754), réforme qui mettait un peu de lumière dans onze législations différentes.

Les lettres, les sciences et les arts furent très encouragés ; les œuvres philanthropiques également; citons, par exemple, l'érection de l'Hospice royal des pauvres.

Charles III fonda à Valence l'Académie des beaux-arts de Saint-Charles (1768).

Les sept collèges majeurs, où étaient élevés les jeunes gens nobles, furent réformés.

D'un caractère très libéral, Charles III rendit un décret par lequel tout artisan pouvait être admis à remplir les charges municipales et acquérir des lettres de noblesse.

L'agriculture et l'industrie progressèrent ; les finances reçurent d'importantes modifications: unification des monnaies provinciales, etc.

Le commerce reçut une grande impulsion à l'extérieur :
Charles III le déclara libre dans les Indes pour tous ses
sujets ; à l'intérieur, il fit creuser des canaux, construire
des ponts et établir des chemins provinciaux ; parmi ceux-
ci, les quatre grandes route de :

Madrid à la Corogne ;
    —   à Barcelone ;
    —   à Valence ;
    —   à Séville.

Charles IV. — Charles IV, second fils de Charles III et
de Marie-Amélie de Saxe, naquit à Rome, en 1748 ; il succéda
à son père quarante ans après. Marié à sa cousine ger-
maine, Marie-Louise de Parme, femme ambitieuse, Charles IV,
un peu mou de caractère, subit toujours la domination de
son épouse.

Le 20 janvier 1793 retentit dans toute la France le cri de
liberté, égalité et fraternité ; la Révolution était dans tout
son fort ; la nation française se tordait dans les souffrances
d'une délivrance prochaine, et pour cela Louis XVI devait
périr, le destin l'avait ainsi décidé, malgré les efforts de
plusieurs souverains et de Charles IV en particulier.

Nouvelle guerre entre la France et l'Espagne. — La
sympathie de Charles IV pour Louis XVI déplut à la Convention ; les hostilités commencèrent, entre l'Espagne et la
France, le 23 mars de la même année.

Antonio Ricardos et la campagne du Roussillon (1793).
— Le plan de campagne comprenait l'envahissement de
l'Espagne avec une armée respectable. Tandis que deux
corps garderaient les frontières de la Navarre et de l'Aragon, un troisième corps de 20,000 hommes, sous les ordres
de l'habile général D. Antonio Ricardos, pénétrerait dans
le Roussillon.

Cette dernière armée obtint quelques avantages ; mais elle
ne put s'emparer de Perpignan : elle n'avait point les éléments d'approche nécessaires pour faire un siège régulier.

Le général espagnol délogea les Français de Thuir et de Masdeu (19 mai), força la plupart à se réfugier à Perpignan et s'empara de l'artillerie ennemie, de ses vivres ainsi que de ses bagages. Continuant ses succès, il occupa de vive force la place de Bellegarde, située sur la frontière, et fit la garnison prisonnière. Les Français se retirèrent derrière la rivière du Tet, couvrant ainsi Perpignan et Collioure.

Le général Ricardos prit l'offensive et marcha sur cette dernière place; mais auparavant il tenta de surprendre les batteries françaises établies sur la montagne d'Oriol. Les Français, avertis de ce plan par des volontaires catalans, usèrent de certaines précautions. Sans ce contre-temps, le Roussillon tombait au pouvoir des Espagnols jusqu'à la ligne du Tet; nous devons nous rappeler que cette province avait été prise par les Français sous Philippe IV.

A Pontellas se trouvaient les Espagnols; à Canoes, les Français; quand ils voulurent déloger leurs adversaires de leurs positions, ils tombèrent dans une embuscade; les Espagnols occupèrent Canoes (7 juillet 1793). Les Français se retranchèrent à Perpignan et sur la route d'Espagne; de cette manière, ayant la ligne du Tet, ils assurèrent leurs communications avec l'intérieur et empêchèrent le mouvement progressif de leurs adversaires.

Ricardos pensait simuler une attaque de front, pendant qu'un corps détaché opérerait un mouvement derrière, sur les bords du Tech, les Français seraient pris ainsi entre deux feux et obligés de lever le siège de Perpignan.

Les circonstances entravèrent la réussite de ce projet habile; néanmoins, Ricardos eut souvent l'avantage dans plusieurs escarmouches (16 juillet).

La place de Collioure, assiégée par les Espagnols sous les ordres de Crespo, pouvait sans grande difficulté communiquer avec l'armée française; le général Deflers conçut le plan de se joindre à la garnison pour attaquer Crespo avant l'arrivée de Ricardos, c'est-à-dire pour combattre la moitié des forces espagnoles.

Le général espagnol devina les desseins de Deflers et s'opposa au mouvement par un déploiement considérable de ses troupes en bataille.

Ricardos poursuivit ses opérations, attaquant utilement et au moment voulu les Français ; il ordonna à Crespo de prendre Villefranche et à son autre lieutenant, Adorno, de dégager les environs de Conflent. Tout s'exécuta suivant sa volonté.

Avec de pareils résultats, Ricardos espéra forcer l'entrée de Perpignan, agrandir sa ligne d'opérations et déloger les Français de la Cerdagne. Il commanda à Crespo de forcer le poste de Montalba et de s'établir sur la montagne de Montferrer ; en même temps, le marquis de Amarillas devait traverser le Tech entre le Soler et Saint-Féliu d'Avail, puis attaquer l'importante position de Cornella, occupée par Lemoine avec 5,000 hommes.

Le 30 juillet, les Espagnols se rendirent maîtres de Conflent et de la Cerdagne, obligeant Lemoine à quitter sa position stratégique. Les Français opérèrent une diversion sur la frontière de la Catalogne, commandée par le célèbre général Dagobert qui occupa Puycerda, dont la garnison se retira à Urgel, puis à Olette, à Osseja et enfin à Llivia.

Ricardos estima que la diversion des Français ne lui enlevait pas ses avantages ; en conséquence, il se prépara à prendre Perpignan.

Les Français étaient campés autour de Perpignan et occupaient l'importante position de Peyrestortes. Le 3 septembre, les Espagnols remportèrent quelques succès ; le 8, ils commencèrent une attaque générale qui échoua; ils furent obligés de se retirer à Trouillas.

A Conflent, les Français enlevèrent les postes avancés d'Olette et cherchèrent à couper les communications du gros de l'armée espagnole avec le détachement de Montferrer.

Dagobert remplaça Deflers et obtint sans cesse des renforts, tandis que Ricardos n'en recevait que très peu.

Le général français concentra aussitôt ses troupes de Salses et de Perpignan ; il attaqua la ligne espagnole de

Thuir et de Masdeu ; enfin il détacha, en temps utile, un corps avec l'ordre de tourner la position et de couper la retraite.

Dagobert, à la tête de 24,000 hommes, se présenta devant Thuir ; derrière, une division de 5,000 hommes menaçait la gauche des Espagnols, en position sur les hauteurs voisines. Ricardos comprit que le nœud gordien de l'échiquier statégique se trouvait à Thuir ; en conséquence, il renforça ce point, où les Français furent accueillis avec un feu d'enfer et obligés de reculer avec des pertes sensibles.

La droite des Espagnols repoussa les Français ; sur toute la ligne, ceux-ci furent refoulés, malgré les efforts et le talent de Dagobert. Cette bataille est connue sous le nom de bataille de Trouillas (22 septembre).

Les Français continuèrent, après cet échec, à recevoir de nombreux renforts, si bien que devant la supériorité numérique et une grande ténacité, Ricardos se retira au Boulou et à Bellegarde. Tout en conservant ses communications avec la Catalogne, il maintint le blocus de Collioure, de Port-Vendres et d'Elne, sans négliger de protéger sa ligne jusqu'à Bellegarde.

Le 30 octobre, les Français attaquèrent le campement ; ils furent repoussés, de même qu'à Camprodon, où opérait une division française contre l'arrière-garde espagnole.

Le général français, qui voulait à tout prix tenir les hauteurs des Pyrénées-Orientales, ne laissait ni trêve ni repos aux Espagnols, luttant chaque jour ; dans la nuit du 14 octobre, Dagobert entreprit une attaque générale dont l'objet principal était l'aile gauche ; Ricardos renforça ce côté de 300 Wallons, commandés par Kraiwinkel ; ceux-ci firent des prodiges de valeur et s'emparèrent d'une batterie. La lutte à l'aile droite et au centre était de moindre importance ; aussi, sur toute la ligne, les Français se retirèrent, abandonnant le but qu'ils s'étaient proposé d'atteindre.

Dagobert détacha un corps qui traversa les montagnes, sans être inquiété, et s'empara d'Espolla qu'une colonne espagnole reprit ; les Français ayant renouvelé la même attaque le 30, battirent en retraite sur le col de Banyuls.

Opposé à toute retraite, le général français se lança sur le centre de ses adversaires et sur ses flancs, après avoir établi des batteries enfilant la position de Céret. Ricardos combina une contre-attaque sur toute la ligne, où il remporta l'avantage ; 44 pièces d'artillerie, 2 drapeaux et beaucoup de matériel tombèrent au pouvoir du chef espagnol, qui occupa ensuite Villalongue, Laroque, Saint-Genys-des-Fontaines, ainsi que le col de Banyuls où il fit 300 prisonniers et prit plusieurs pièces d'artillerie.

A gauche, les Espagnols tenaient Argelès et cherchaient à occuper Port-Vendres ainsi que Collioure. Pour défendre ces deux points, les Français s'étaient retranchés à Banyuls-del-Aspres, occupant le fort d'Elne, qui couvrait Port-Vendres ; ces obstacles n'arrêtèrent pas Ricardos, qui s'empara de Port-Vendres et fit la garnison prisonnière.

Le général espagnol, ne recevant aucun des renforts promis, ne put rien tenter contre Perpignan.

Caro dans la Navarre. — Dans la même année de 1793, l'armée de Navarre, sous les ordres de Caro, se tint presque toujours sur la défensive : passant néanmoins la Bidassoa, s'établissant sur le côté droit de la rivière, battant ses ennemis et s'emparant de Bigorre, où se trouvait une fabrique d'armes.

Caro a été un chef d'une certaine valeur, car si ses opérations n'ont point eu un grand éclat, le résultat défensif a été complètement atteint.

Campagne des Pyrénées - Orientales. — Examinons à présent la campagne de 1794 dans les Pyrénées-Orientales.

Le marquis d'Amarillas. — Ricardos mort, O'Reilly le remplaça, mais il mourut lui-même. Le marquis d'Amarillas, qui lui succéda était un officier plus propre à conduire une colonne qu'une armée.

En vue d'exécuter un plan offensif, destiné à tenir la ligne, les Espagnols exécutèrent de temps en temps des coups de main ; aussi, Dagobert en profita pour essayer de compromettre leur arrière-garde ; il prit Montella, Llers, Seo de Urgel, et enleva la ligne de la Sègre.

Le marquis d'Amarillas, n'opposant aucune résistance, Dagobert occupa Palau, où s'appuyait l'aile droite des Espagnols.

Le comte de l'Union. — A la suite de ces résultats, d'Amarillas fut remplacé par le comte de l'Union, homme d'un grand courage, mais de peu d'expérience.

Le comte de l'Union tenta d'occuper la ligne primitive ; de leur côté, les Français qui avaient enfoncé l'aile droite des Espagnols, cherchèrent à rompre le centre, à détruire leurs communications avec Bellegarde et enfin à les rejeter sur les frontières de la Catalogne.

Dans la première attaque, les Français occupèrent les hauteurs de Montesquiou et de la Trompette ; ils coupèrent les communications de leurs adversaires avec Bellegarde. Le comte de l'Union, pour comble de malheur, abandonna la ligne du Boulou : faute grave qui enhardit les Français et démoralisa les Espagnols ; ceux-ci battirent en retraite dans le plus grand désordre, pour ne pas dire en panique. Heureusement, cette retraite fut protégée naturellement par la ligne où était placée l'importante place de Figuières et par la situation topographique, depuis Espolla et Rabos jusqu'à la montagne de la Madeleine et les points de Saint-Clément, de Masarach et de Vilarnadal.

A la Madeleine, à San-Lorenzo, ainsi qu'à Darnins, les Français furent délogés et contraints d'occuper la ligne de Llers à Espolla, flanquée des hauteurs de Notre-Dame-du-Salut, déjà occupées par eux.

Plus tard, les Français s'emparèrent de vive force de Porteille, d'Elne, de Collioure et de Port-Vendres.

Le comte de l'Union, après d'autres échecs, se décida à risquer une action générale ; dans une lutte acharnée qui dura trois jours, les commandants des deux armées furent tués : le comte de l'Union pour les Espagnols ; Dugommier pour les Français.

Concentration des Espagnols à Girone (1794). — Les Espagnols se concentrèrent à Girone et les Français occupèrent la ligne de Figuières, dont la place tomba en leur pouvoir sans aucune résistance.

C'est ainsi que finit, pour les Espagnols, la triste campagne de 1794 dans les Pyrénées-Orientales.

Voyons maintenant ce qui se passait le long de la chaîne des Pyrénées.

Colomère succède à Caro. — Au milieu de la même année, Caro céda son commandement au comte de Colomère, soldat déjà âgé, mais pas assez savant pour lutter avec les généraux français ; la ligne défensive des Pyrénées-Orientales comprenait 22,000 défenseurs, sans point d'appui sérieux.

D'après mon avis, l'armée espagnole, au lieu de s'éparpiller et de combattre en détail, aurait dû se masser sur un seul point stratégique, de manière à empêcher les Français de franchir l'Ebre, la véritable ligne de défense.

Dans une attaque, le 10 juillet, l'ennemi occupa le point d'Arquinzun, sur lequel s'appuyait l'aile gauche des Espagnols, de telle sorte que Bastan se trouva découvert.

Les Français attaquèrent avec furie leurs adversaires, dont les forces étaient disséminées, et s'emparèrent de Vera, Comisary, Oyarzun, puis de Fontarabie, Saint-Sébastien et Tolosa.

La situation des Espagnols était loin d'être brillante ; grâce au patriotisme des provinces basques et navarraises, l'invasion française se trouva combattue par 70,000 soldats de levées d'hommes de 18 à 60 ans, mais mal organisés et peu disciplinés.

Les Français repoussés devant Pampelune. — Les Français commirent l'imprudence de séjourner en Espagne ; le général espagnol couvrit alors Pampelune. L'armée française occupa Roncevaux et se présenta devant Pampelune ; elle fut repoussée et obligée de battre en retraite le long de la Bidassoa pour gagner le refuge de Saint-Sébastien, ainsi que celui de Fontarabie ; les Espagnols tinrent la côte des Alduides, couvrant ainsi Orbaïceta, Éguy et Lecumberry,

Ainsi se termina la campagne de 1794 dans les Pyrénées ; des deux côtés on avait commis des fautes graves ; les généraux français avaient su profiter des erreurs de leurs adversaires, sans que ceux-ci leur rendissent la réciproque.

D. José d'Urrutia. — En 1795, le marquis d'Amarillas, successeur du comte de l'Union, fut relevé de son commandement et remplacé par le divisionnaire de la Navarre, le général D. José d'Urrutia.

Ce chef rendit aux troupes espagnoles la force morale qu'elles avaient perdue dans la campagne précédente; il choisit, comme ligne de défense, la rivière « la Fluvia », s'appuya à droite sur la Méditerranée, au centre sur Saint-Sébastien (son avant-garde était placée perpendiculairement à la ligne sur Oriols), et à gauche sur Olot, ainsi que sur Castellfollit.

L'échiquier stratégique des Français se trouvait aussi perpendiculairement à la Fluvia avec son centre à Figuières.

Prise et résistance de Rosas. — D'Urrutia essaya de distraire l'ennemi du siège de Rosas, place forte, serrée de près depuis le milieu de novembre 1794 ; il échoua. Cette place fut réduite à se rendre, le 1er janvier 1795, après la prise du fort de la Trinité et une résistance des plus héroïques.

Pérignon est battu. — Pérignon, le général français, ordonna à deux colonnes de traverser la Fluvia, afin de tomber sur le centre et la gauche des Espagnols ; ces colonnes, battues à Servia, repassèrent en toute hâte la rivière.

D'Urrutia, voyant avec quelle facilité ses adversaires passaient la Fluvia, rectifia sa ligne sur Oriols et se posta de manière à surveiller mieux l'ennemi pour le cribler de ses feux.

Le 6 et le 25 avril, les Français tentèrent deux attaques pour enfoncer le front des Espagnols; ils furent repoussés avec des pertes considérables.

Le général français, furieux d'un pareil résultat, recommença l'attaque, le 13 juillet, mais cette fois sur les ailes; à cet effet, 25,000 Français sortirent de leur campement, situé entre Rosas et Figuières, couronnèrent les hauteurs de Pontos et d'Armadas, puis occupèrent les bois, tandis que d'autres forces se déployaient à droite et à gauche.

Prise de Pontos et retraite des Français à Figuières. — Le général espagnol établit une batterie à l'entrée du pont d'Esponella et marcha contre les Français; il ordonna à ses troupes de passer la rivière pour les contenir; pendant ce temps, le centre des Espagnols tombait sur le centre des Français, dégarni des troupes envoyées pour renforcer les ailes. Le marquis de la Romana occupa le château de Pontos; le général Cuesta l'appuyait, placé entre Pontos et Armadas. Les Français essayèrent en vain de reprendre Pontos; ils furent forcés de se retirer à Figuières. Les ailes de l'armée française avaient battu en retraite avant le centre; le général français, Augereau, essaya bien de lutter par surprise, mais il fut contraint de rétrograder.

Traité de Bâle (1795), conclu par Godoï. — D'Urrutia, victorieux, avait conçu le projet d'envahir le comté de Foix, lorsqu'il en fut empêché par le traité de Bâle (22 juillet 1795), traité dont les conditions onéreuses valurent à Godoï le titre de « Prince de la Paix. »

Traité de Saint-Ildefonse. — Après le traité de Bâle (1795), qui enlevait à l'Espagne sa part de Saint-Domingue, vint celui de Saint-Ildefonse, encore plus ruineux, avec l'obligation pour l'Espagne de fournir à la France, en guerre avec les confédérés, 24,000 soldats et 15 navires de ligne.

Échecs des Anglais (1796). — En 1796, les navires de

guerre espagnols en surveillance sur les côtes d'Amérique infligèrent aux Anglais quelques échecs, jusqu'à ce qu'au cap Saint-Vincent, l'amiral anglais Jervis eût détruit l'escadre espagnole, commandée par D. José de Cordova; une autre flotte de l'amiral Jervis, forte de 18 navires avec 7,000 hommes de troupes de débarquement, s'empara de l'île de la Trinité.

Blocus de Cadix. — L'amiral anglais Nelson, avec une flotte nombreuse, bloqua Cadix (1797); il se retira ensuite pour se diriger vers les Canaries.

Insuccès des Anglais au Guatemala. — Sur la côte de Guatemala, les Anglais ne réussirent pas plus qu'à Puerto-Rico.

En 1798 et en 1799, aucun fait saillant ne mérite d'être relaté ; les Espagnols soutinrent toujours haut le drapeau national.

Débarquement et rembarquement des Anglais dans la baie du Ferrol. — Dans la baie du Ferrol (1800), une flotte anglaise débarqua 6,000 hommes, qui reprirent presque de suite la mer devant l'attitude énergique des Espagnols.

Pour détruire deux navires, le *San Carlos* et le *San Hermenegildo*, chacun de 112 canons, les Anglais se servirent du stratagème suivant : l'escadre espagnole et l'escadre française marchaient de conserve depuis Algésiras à Cadix; l'amiral anglais profita de la nuit pour s'en rapprocher et placer un de ses navires de telle sorte que les deux vaisseaux, au lieu de faire feu sur l'ennemi commun, tireraient l'un sur l'autre ; consumés par les flammes, ces deux bâtiments s'abîmèrent dans les flots.

Guerre contre le Portugal. — Traité de Badajoz (1801). — **Traité d'Amiens (1802).** — Napoléon, qui projetait une descente en Angleterre pour abréger le blocus continental et qui ne pouvait détacher le Portugal de l'alliance de la Grande-Bretagne, détermina Godoï à prendre une part active dans la guerre contre les Portugais. Godoï se plaça à la tête de l'armée d'invasion et remporta de faciles conquêtes, qui déterminèrent le Portugal à demander la paix (traité de Badajoz, 6 juin 1801). Le 25 mars 1802, le traité d'Amiens stipula que l'Espagne rendrait à l'Angleterre l'île de la Trinité.

En 1804, la guerre se ralluma de nouveau entre la France et l'Angleterre, par suite de l'interprétation arbitraire donnée aux différents articles du traité d'Amiens.

Alliance franco-espagnole. — Le gouvernement espagnol chercha à garder la neutralité, par suite de ses regrets de payer à la France un subside de 288 millions de réales (72 millions de francs): mais l'Angleterre s'étant emparée de 4 frégates arrivant d'Amérique et chargées d'argent, dans le port de Santa-Maria, l'Espagne se jeta de nouveau dans les bras de la France.

Napoléon, alors empereur des Français, désirait opérer un débarquement en Angleterre; pour cela l'escadre espagnole et l'escadre française se dirigeraient sur la Martinique afin d'appeler l'attention des Anglais et de mettre en déroute la flotte anglaise de la Manche; ce plan exécuté, le débarquement aurait lieu.

L'amiral espagnol Gravina. — Si le commandement des alliés avait été confié à l'amiral espagnol Gravina, le résultat aurait peut-être été différent; la direction échut à l'amiral français Villeneuve.

L'escadre franco-espagnole mit à la voile au milieu de mai 1805; au lieu de se diriger sur la Martinique, elle cingla du côté du Ferrol pour rallier quelques navires espagnols.

A la hauteur du cap Finistère, l'escadre des alliés rencontra les Anglais, commandés par l'amiral Calder, et remporta un léger avantage.

Gravina jugea de suite l'incapacité de Villeneuve et demanda, sans succès, au gouvernement français de relever l'amiral de son commandement. Les alliés se dirigèrent sur Cadix.

Combat de Trafalgar (1805). — Contre tous les conseils des officiers de la marine espagnole, Villeneuve leva l'ancre du port de Cadix, le 19 octobre; trois jours après, le 21 octobre 1805, les alliés furent défaits à Trafalgar.

Nelson et Collingwood. — **Mort de Gravina et de Churruca.** — La flotte anglaise était commandée par les amiraux Nelson et Collingwood; le premier fut tué dans l'action et ne jouit pas de son triomphe; les amiraux espagnols Gravina et Churruca succombèrent également. Le désastre fut immense; l'escadre alliée perdit seulement 17 navires, 2,500 hommes et un grand nombre d'officiers.

Abdication de D. Carlos. — D. Carlos abdiqua la couronne en faveur de son fils, D. Fernando, le 19 mars 1808; ce roi fit son entrée à Madrid le 24 du même mois.

CHAPITRE XXXI

L'armée au XVIIIᵉ siècle. — Régiments de la garde. —
A peine monté sur le trône d'Espagne, Philippe V songea à
améliorer l'organisation de l'armée. Ce roi créa une division
composée de 2 régiments à 3,000 hommes chacun, soit en
tout 6,000 hommes ; ces régiments prirent le nom de
« Régiments de la garde » et remplacèrent dans le service
royal les Allemands, qui en étaient chargés depuis Philippe
le Bon et Charles Iᵉʳ.

Conseils de guerre. — En 1701, les conseils de guerre
ordinaires furent créés pour punir les fautes de discipline,
la désertion, les défis et faire respecter, en un mot, les
règlements.

Infanterie de marine. — A cette époque, le roi fixa la
force de l'infanterie de marine.

Dédoublement des tercios. — En 1702, les tercios, ou
régiments de 3,000 hommes, furent dédoublés en bataillons
à 3 compagnies chacun, y compris la compagnie de grenadiers.

Organisation des tercios en régiments. — Philippe V,
ayant l'idée d'unifier l'armée, publia une ordonnance (1704),
par laquelle il supprima les tercios et organisa l'infanterie
en régiments à 12 compagnies chacun, dont une de grenadiers.

Nomination d'un directeur général d'infanterie — Le
16 octobre de la présente année, le roi substitua au com-
missaire général un *directeur général d'infanterie*.

Caisse des invalides. — De l'année 1706, date la *caisse des invalides* pour pourvoir aux dépenses des officiers et soldats, admis par leur situation aux Invalides.

Réorganisation des régiments. — A partir de 1706, les régiments furent formés à 2 bataillons.

Équipement de l'infanterie. — En 1715, on réglementa l'infanterie : tous les deux ans, le fantassin recevait un habillement complet ; dans l'intervalle des deux ans, un demi-habillement dont les frais étaient supportés par le fond de la *grande masse* et par le fond de la *petite masse*.

Miquelets catalans ou fusiliers de montagne. — Plus tard, en 1735, fut créé le régiment des miquelets catalans, qui prirent le nom de fusiliers de montagne.

Emplois de commandant et de porte-drapeau. — Les emplois de commandant et de porte-drapeau datent de l'année 1760.

Volontaires d'Aragon et de Catalogne. — On remplaça les fusiliers de montagne par deux régiments de troupes légères avec le nom de volontaires d'Aragon et de Catalogne ; chaque régiment comprenait 2 bataillons ; chaque bataillon, 6 compagnies (1762).

Nouvelles ordonnances. — A la fin de 1768 parurent d'autres ordonnances qui annulèrent les anciennes.

D'après la nouvelle ordonnance, les régiments comptaient chacun 2 bataillons ; le bataillon, 9 compagnies dont 1 de grenadiers et le reste de fusiliers, qui se numérotèrent en raison du nombre de leurs capitaines : n°s 1, 2, 3, 4, 5, 6, 7 et 8.

Inspections générales d'infanterie. — Comme progrès, je puis citer, par exemple, en 1786, les inspections générales d'infanterie pour l'amélioration de l'arme à tous les points de vue.

Mobilisation des réserves. — Parlons des réserves : le 31 janvier 1734, les milices provinciales furent assimilées aux corps de l'armée active ; la troupe et les officiers se réunirent trois jours par trimestre.

De l'organisation des milices. — En 1765, l'organisation des milices comprit 42 régiments ; chaque régiment, 1 bataillon ; chaque bataillon, 8 compagnies dont 1 de grenadiers et les autres de chasseurs ; la force du bataillon était de 840 hommes.

Discipline et administration. — La discipline et l'administration reçurent de grandes améliorations (1767).

Diminution de la force des réserves. — En 1772, on diminua la force des réserves ; en temps de paix les bataillons comptaient chacun 400 hommes.

Armement de l'infanterie. — Quant à l'armement au XVIIIe siècle, le fusil de l'infanterie espagnole, armé d'une baïonnette, était du calibre 16 ; dans les premiers temps, pour charger, on se servait d'une baguette en bois ; plus tard on remplaça le bois par le fer.

En 1762, on donna aux troupes légères un fusil à baïonnette, une giberne et un pistolet ; cinq ans après, les chefs avaient seulement l'épée ; les capitaines et les subalternes, le hausse-col, l'épée et le fusil à baïonnette ; les sergents, la hallebarde et les pionniers, une hache ; les grenadiers portaient l'épée.

Jusqu'à la fin du XVIIIe siècle, l'infanterie resta armée de cette manière, sans variations importantes.

Réorganisation de la cavalerie. — A la fin de ce même siècle, la cavalerie ne brillait pas ; c'est pour cela que Philippe V songea à la réorganiser, en prenant modèle sur la belle cavalerie française.

Les tercios, ou régiment de dragons, se formèrent comme en France, sauf quelque différence.

Armement de la cavalerie. — L'armement de la cavalerie comprenait l'arquebuse avec baïonnette, le pistolet et l'épée.

Cavalerie de ligne et gardes du corps. — Les dragons passèrent cavalerie de ligne ; on créa en 1704 le corps des *gardes du corps*.

Ordonnance de 1718. — Suivant l'ordonnance de 1718, on organisa 21 régiments de cavalerie, soit 63 escadrons ; 3 régiments composaient une brigade.

Corps des cadets, carabiniers royaux, grenadiers royaux. — Le corps des cadets fut institué en 1722 ; on forma en 1730 les compagnies de carabiniers royaux, comprenant une brigade, et les grenadiers royaux une autre brigade.

Volontaires d'Espagne. — En 1762, on organisa quelques escadrons de cavalerie légère sous le nom de « Volontaires d'Espagne ».

Armement de la cavalerie. — Pendant la guerre avec la République française, la cavalerie fut encore augmentée ; le cavalier, d'abord armé d'un mousquet, d'un pistolet et d'un sabre, large de lame, reçut ensuite un fusil à baïonnette dont la lame était à deux tranchants, un sabre courbé et des pistolets.

Emploi de capitaine général d'artillerie. — Au commencement du XVIIIe siècle, l'emploi de capitaine général d'artillerie était un des emplois les plus importants de l'armée ; il correspondait au grade de lieutenant général ou de maréchal de camp.

Bataillon d'arquebusiers. — En 1702, on créa un bataillon d'arquebusiers dont l'organisation fut rattachée au corps de l'artillerie.

Division de l'artillerie en 6 départements. — Quatre

ans plus tard, parut pour l'artillerie un règlement qui la répartissait en six départements.

Régiment de l'artillerie royale.— En 1710, ce corps fut complètement constitué avec l'état-major d'un lieutenant général ; il comprenait le régiment de l'*artillerie royale d'Espagne* avec 3 bataillons, à 12 compagnies chacun, dont 3 d'artilleurs, 1 de mineurs et 8 de fusiliers.

École d'artillerie. — On créa sept écoles d'artillerie : 3 pour l'enseignement théorique et 4 pour l'enseignement pratique ; en Catalogne (1718), on ajouta 1 compagnie d'ouvriers.

Inspections. — Les inspecteurs généraux d'infanterie inspectèrent aussi l'artillerie, ce qui fit supprimer l'emploi de capitaine général d'artillerie, rétabli plus tard, en 1732, sous le titre d'inspecteur général d'artillerie.

État-major du corps d'artillerie. — En 1744, on forma un état-major facultatif du corps d'artillerie avec 140 officiers de toutes les armes, on choisit de préférence ceux des deux régiments de l'artillerie royale.

Officiers de mathématiques et de méthodes. — Intendances et officiers comptables. — L'administration du corps de l'artillerie fonctionnait différemment de celle des autres armes ; les officiers étaient connus sous le nom d'officiers de mathématiques et de méthodes ; en 1742, on en comptait 170. Ce corps, reformé dans le courant de 1751, quand on réorganisa l'administration militaire, supprimait la charge d'inspecteur général et celle d'officier comptable d'artillerie, établies à Madrid ; ces charges furent remplacées par les intendances et les emplois d'officier comptable de l'armée à Madrid et en province.

Corps royal d'artillerie. — En 1762, toutes les sections d'artillerie furent réunies sous le nom de « corps royal d'artillerie », avec des officiers jouissant des mêmes grades que dans l'infanterie et la cavalerie.

Chevaliers cadets et académie d'artillerie. — A Ségovie (1764), la compagnie des chevaliers cadets et l'académie de l'artillerie formèrent des officiers pour combler les vides dans le corps.

Jusqu'à la fin du xviiie siècle, cette organisation ne subit aucun changement notable.

Fonderies de Séville, de Valence et de Barcelone. — Au commencement de ce siècle, les fonderies de Séville et de Valence furent créées ; celle de cette dernière ville dura peu. Dix ans plus tard, on en établit une autre à Barcelone ; les fonderies de Barcelone et de Séville étaient égales sinon supérieures à celles des étrangers, car 4 0/0 de la fabrication étaient rejetés.

Mines du Rio-Tinto. — Les fonderies espagnoles, d'après le *Mémorial historique de l'artillerie*, étaient de premier ordre, grâce aux minerais d'Amérique et du Rio-Tinto ; la Suède seule pouvait rivaliser.

Des canons. — Les premiers canons, courts et droits, sont attribués aux Suédois, sous Charles XII, qui régna au commencement du xviiie siècle ; ces canons, principalement en France, portèrent le nom de canons à la Suédoise ; ils furent ensuite perfectionnés par Frédéric II, roi de Prusse ; le maréchal de Saxe les introduisit en France ; les Espagnols les connaissaient déjà depuis 1638 ; on en fondit à Barcelone sous le nom de Mansfelts.

Le petit canon du Français Feutry était le similaire de celui de l'espagnol Firrufino, mais d'un calibre différent ; les projectiles de ces canons avaient la forme conique.

Arsenaux. — Par arrêté royal du 19 octobre 1756, on construisit quatre arsenaux (ateliers de marine) : à Barcelone, à Saragosse, à Séville et à la Corogne, déclarant ces villes, capitales du département.

Artillerie à cheval. — La première artillerie à cheval date de 1777 ; elle fut organisée par D. Vicente Maturana, remplissant les fonctions d'adjudant, sous les ordres du vice-roi de Buenos-Ayres.

Sa création eut pour objet de se défendre des incessantes incursions des Indiens Pampas, armés de lances et montés sur des chevaux rapides. Cette artillerie légère était en bronze et du calibre de 12.

En France, l'artillerie à cheval a été organisée en 1791.

Malgré l'opinion contraire de vieux officiers : Saint-Aubant, Vallière et autres, Gribeauval finit par l'emporter dans ses idées d'alléger l'artillerie ; il avait pu en étudier la nécessité, quand il servait dans l'armée autrichienne, pendant la guerre de Six ans, contre le roi Frédéric II de Prusse.

Gribeauval. — Gribeauval, le célèbre ingénieur français, entra dans l'artillerie, en 1732 ; promu capitaine dans le corps des mineurs, il fut chargé d'étudier en Prusse l'artillerie légère, attachée aux régiments d'infanterie (1752). Inspecteur d'artillerie (1776), Gribeauval réorganisa le corps d'artillerie et des mines ainsi que le matériel des arsenaux ; il perfectionna les manufactures, les forges et les fonderies ; le savant inventeur établit de nouveaux affûts pour les batteries de côtes ; un mortier de sa composition porte son nom ; ses calculs servent encore aux ingénieurs.

D. Thomas de Moria. — En 1792, D. Thomas de Moria, à Barcelone, changea les affûts de canon et les pièces courtes de bataille ; ce général fit une ordonnance spéciale pour le service des nouvelles pièces.

Artillerie volante à cheval. — Dès 1795, le capitaine général de la Catalogne et général en chef de la principauté, D. José d'Urrutia autorisa le commandant général de la même armée et le lieutenant général D. José Austran à former de l'artillerie volante à cheval, traînée, la plupart du temps, par des mulets; la paix avec la République française arrêta l'impulsion donnée à cette innovation.

. . . .

Règlement pour l'exercice du canon, du mortier et de la chèvre. — Le 18 juin 1752 parut une ordonnance pour l'exercice du canon, du mortier et de la chèvre, en rapport avec les progrès accomplis dans l'arme de l'artillerie.

Défense des places. — Dans le xviii° siècle, la défense des places fut très perfectionnée, surtout à la guerre de succession ; je peux citer, par exemple, la citadelle de Barcelone et la forteresse de Monjuich.

Au milieu de ce siècle, on bâtit aussi la forteresse de San-Fernando, à Figuières, sans compter bien d'autres ouvrages à Badajoz, ou autres villes de la péninsule, d'Afrique et d'Amérique.

Vauban. — Le fameux ingénieur français Vauban a eu une nombreuse école ; plusieurs de ses élèves ont servi avec distinction en Espagne et y ont apporté ses inventions.

Ingénieure. — Examinons le corps des ingénieurs. Jusqu'en 1710, ce corps était réuni à l'artillerie ; à partir de cette époque D. José Prospero de Verboon, ingénieur général, réorganisa ce corps ; le recrutement une fois fini, il divisa les officiers en trois classes :

Ingénieurs de 1re classe ;

Ingénieurs de 2e classe ;

Ingénieurs de 3e classe.

En 1718, l'ordonnance de ce corps fut tout à fait réglée, tant au point de vue de la science qu'au point de vue de l'administration.

En 1756, le corps des ingénieurs fut rattaché à l'artillerie avec des attributions respectives ; en 1768, on revint à la séparation.

En 1773, le corps des ingénieurs (ou le génie) comprit deux classes : la première avec tout ce qui se rattachait aux académies militaires; la seconde s'occupait des fortifications du royaume.

Dix ans après, on créa la direction et le commandement de l'entretien des routes, des ponts, des édifices d'architecture civile ainsi que des canaux d'irrigation; ce corps fut commandé par trois chefs, jusqu'en 1797, époque où l'on rétablit la charge d'*ingénieur général* dans sa primitive simplicité de centralisation.

État-major. — Au XVIIIᵉ siècle, l'état-major (1) était formé d'adjudants sous les ordres des généraux; sans former un corps spécial avec un *quantum* de connaissances extraordinaires, les fonctions d'officier d'état-major furent le plus souvent dévolues aux officiers d'artillerie et aux ingénieurs; rarement aux officiers d'infanterie et de cavalerie.

Administration. — Le corps de l'administration militaire commença à fonctionner dans la première période du XVIIIᵉ siècle, suivant les ordonnances des intendants et des officiers de l'armée (1718); les hospitaliers furent organisés en 1739; les commissaires de guerre, en 1748; un an plus tard, parut une nouvelle ordonnance des intendants et une autre en 1760 relative aux ustensiles.

Ensuite, dans l'ordonnance générale de l'armée, le détail des fonctions de ce corps fut consigné d'une manière spéciale afin de réprimer des abus signalés à maintes reprises.

Influence de la révolution sur l'art de la guerre. — La révolution française permit de réaliser de grands progrès; en dehors des connaissances techniques très augmentées, les armées républicaines étaient réellement passionnées et pleines de vertus. Ayant toujours à combattre des forces doubles, les chefs furent obligés de modifier du tout au tout

____

(1) Aujourd'hui, le corps d'état-major espagnol est le meilleur après celui des Français; plusieurs officiers distingués de l'armée espagnole ont travaillé longtemps avec le fameux général français Périer, quand il a fait la carte d'Espagne; le général Périer a formé une pépinière d'officiers qui, par leurs récents travaux, prouvent le talent de leur professeur.

les méthodes de la guerre. Inférieurs en nombre, en tactique
et en discipline, les soldats républicains l'emportaient en
ardeur et en qualités individuelles. La force des Français a
toujours existé dans une ardeur sans rivale, exécutant des
marches offensives, audacieuses et pénibles.

L'échiquier des Français donnait toujours une large part
aux troupes légères ; la troisième file fut supprimée pour obtenir plus de mobilité et l'approvisionnement ramené juste
au nécessaire. Le soldat subit dès lors un allégement raisonné. Tous les détails tactiques furent simplifiés ; les troupes légères et l'artillerie légère devinrent prépondérantes.
L'usage de la baïonnette modifia sensiblement les combats
corps à corps ; la force consista dans la mobilité et dans
l'ordre ; on chercha les grandes lignes d'opérations en pays
ennemi.

Carnot (1). — Sous Carnot, les progrès en stratégie marchèrent à grands pas ; les dispositifs de combats se combinè-
rent rapidement ; on peut dire que la grande guerre moderne date de cette époque. Carnot rédigea de Paris même
des plans de campagne pour les généraux, donnant des ordres
à quatorze armées et assurant la victoire. Le résultat d'une
campagne de dix-sept mois, dirigée par Carnot, peut se ré-
sumer ainsi : vingt-sept victoires, dont dix-huit en batailles
rangées ; cent vingt combats de moins grande importance ;
80,000 ennemis tués ; 91,000 prisonniers ; 116 places fortes,
dont 36 après un siège en règle ; 230 forts enlevés ; 3,800

(1) Les bons capitaines sont généralement ou généraux de « guerre offen
sive » ou généraux de « guerre défensive » ; Carnot a été les deux. Son bril-
ant passé militaire l'atteste suffisamment. C'était un *général complet*.

Écrivain de mérite, il a publié un excellent traité *De la Défense des
places*, où la nouvelle méthode des feux verticaux casematés pour écraser
sans péril les masses ennemies ; son *Éloge de Vauban* est aussi une œuvre
remarquable ; il a fait encore d'autres publications : *Réflexions sur la méta-
physique du calcul infinitésimal* et *Géométrie de position ;* ce dernier livre
est le plus important de ses ouvrages de mathématiques.

Carnot est un des créateurs de l'Institut de France, de l'École polytech-
nique, du Bureau des longitudes, etc. Il a toujours été entouré de l'estime de
ses concitoyens comme de celle des étrangers ; Anvers lui a élevé une statue
en 1857. Nommé par Napoléon gouverneur de cette ville en 1814, il la défendit
héroïquement et ne la rendit qu'après la paix.

bouches à feu, des fusils, de la poudre et 90 drapeaux pris à l'ennemi ; Carnot s'est montré un capitaine aussi habile qu'énergique.

Napoléon (1). — Napoléon a été un général de premier ordre ; tout jeune encore, il obtint un commandement supérieur, grâce à son mérite justifié par ses coups de maître. Dans sa campagne d'Italie, on ne sait vraiment pas ce que l'on doit admirer le plus, du capitaine, du politique ou de l'administrateur. Sa campagne d'Égypte a été audacieuse ; il avait tant l'amour du merveilleux !

Sa confiance en lui-même se communiquait à ses sous-ordres ; aussi l'entraînement du peuple, lassé des guerres civiles, n'a rien d'extraordinaire. Napoléon, avec sa volonté de fer et son intelligence supérieure, reconstitua facilement les principes fondamentaux de la société, basés sur des idées libérales.

Général hors ligne, Napoléon s'est aussi révélé comme un écrivain de mérite ; simple et noble à la fois, il excella dans l'exactitude et dans la précision. En toutes circonstances, les reflets de son âme jaillirent comme des éclairs, ce qui donne à son style un cachet réel de pittoresque qui ne nuit pas à la vérité.

Napoléon a été un homme tout à fait supérieur ; son sentiment souvent faux des gens et des choses a causé bien des fois son malheur et celui de sa patrie. Ne le considérons donc que dans ses larges proportions et laissons à la

(1) Napoléon a été surtout un général de « guerre offensive » ; ses campagnes le démontrent surabondamment. Quand il dut faire des guerres défensives, il a toujours laissé à un de ses généraux le soin de manœuvrer l'échiquier stratégique. Son lieutenant Soult a conduit la retraite d'Espagne, son autre lieutenant, Murat, a dirigé celle de Russie, etc., etc.

En compulsant les archives du couvent de Saint-Dominique à Palma (île Majorque), on a trouvé parmi les noms des personnages illustres, enterrés dans cette église, celui de Bonaparte. Les armoiries, confrontées avec celles de documents authentiques, prouvent que le nom de Bonapart est d'origine provençale ou languedocienne. En 1411, Hugo Bonapart, natif de Mallorca, se rendit en Corse, comme gouverneur, pour le roi Martin d'Aragon c'est à lui qu'on fait remonter l'origine de Bonaparte. Bonapart est le nom roman ; Bonaparte, celui de l'italien ancien ; Buonaparte, celui de l'italien moderne.

critique le soin de découvrir la perfection sans oublier que son nom seul avait une puissance de force sans exemple.

Trop d'auteurs ont traité la révolution et le règne de Napoléon pour que j'entre dans d'autres détails.

L'art militaire a eu certainement une belle page sous Carnot et sous Napoléon. Ces grands capitaines appliquèrent tous deux les principes de la grande guerre : la guerre des siècles futurs.

CHAPITRE XXXII

Ferdinand VII. — Comptant sur sa gloire, Napoléon avait pensé s'emparer de la péninsule ibérique, pays très bien situé à l'occident de l'Europe.

L'Espagne, sous la triste influence du prince de la Paix, D. Manuel Godoï, tomba en décadence à l'arrivée du roi Ferdinand VII.

Charles IV et son favori Godoï se réfugièrent à Bayonne, sur l'invitation de Napoléon.

Ferdinand VII épousa Marie-Antoinette de Naples ; ils avaient tous deux Godoï en horreur. La reine mourut jeune, et cette haine augmenta de plus en plus.

La cour se divisa en deux partis : l'un pour Godoï, l'autre contre. Ces deux partis cherchèrent à s'assurer le concours de Napoléon. Le soulèvement d'Aranjuez amena heureusement la chute de Godoï et l'abdication de Charles IV en faveur de son fils Ferdinand VII.

Soulèvement en Espagne contre les Français. — Les Français, au nombre de 28,000, sous les ordres de Junot, avaient pénétré un an auparavant (1807) sur le territoire espagnol pour faire la guerre au Portugal. L'Espagne ne s'était pas opposée à ce passage ; aussi, plus tard, croyant qu'ils avaient à se plaindre des procédés des Français, les Espagnols se soulevèrent en masse dans toute la péninsule avec la ferme volonté de s'imposer les plus durs sacrifices en hommes et en argent.

Entrée de Joseph Bonaparte à Madrid. — Cette résistance patriotique ne fut pas couronnée de succès. Défaits à

Medina de Rio-Seco par le général Bessières, les Espagnols ne purent empêcher Joseph Bonaparte de marcher sur Madrid et d'y entrer en juillet (1808).

Le général français Murat était maître de la capitale quand son collègue, le général Dupont, fut chargé de réprimer la révolte de l'Andalousie et d'aller jusqu'à Cadix pour sauver l'amiral Roselly, dont la flotte, bloquée par les Anglais, avait été obligée de se rendre à la place.

Ensuite, Dupont reçut l'ordre du général Moncey de se diriger sur Valence, de pacifier ainsi le midi de l'Espagne, puis de rejoindre dans le nord le gros de l'armée française.

Il est inutile de dépeindre l'effervescence de la population espagnole : le règne de l'étranger lui était odieux; les esprits sages comprendront sans peine ce sentiment.

Campagne de Dupont en Andalousie. — Le 13 mai, Dupont partit en Andalousie avec deux divisions : une d'infanterie et une de cavalerie, un bataillon de marins de la garde et les deux régiments suisses qui avaient servi auparavant dans les rangs espagnols, comme auxiliaires de la France ; total : 11,000 fantassins et 1,400 cavaliers.

Les divisions Vedel et Tesre restèrent en arrière-garde pour assurer les communications avec la capitale.

Le 2 juin, l'armée française franchit la Sierra-Morena, et, le 7, entra à Cordoue, après avoir refoulé au pont d'Alcolea les habitants du pays commandés par D. Pedro de Echevarri.

Prise de Cordoue. — La ville de Cordoue n'opposa aucune résistance ; les Français s'y établirent immédiatement.

Pendant le séjour de Dupont à Cordoue, la Manche (1) se leva comme un seul homme. A Valdepeñas, une rencontre sanglante eut lieu entre la population et une brigade française ; partout les paysans s'armèrent avec le mot de ralliement : Patrie! et le mot d'ordre : dent pour dent !

Retraite des Français sur Andujar. — En présence de

____

(1) La Manche, ou Nouvelle-Castille, province actuelle de Ciudad-Real.

l'attitude de la population, le général français craignit d'avoir ses communications coupées, les naturels occupant le pays de Despeñaperros. Le 19 juillet, l'armée française se replia sur Andujar; le 20, elle occupa Jaën.

Don Xavier Castagnos.—Les Espagnols ne restèrent pas oisifs : le 6 juin, la junte de Séville conféra la charge de général en chef à D. Xavier Castagnos (1); celui-ci établit son quartier général à Utrera et se dévoua ardemment à l'instruction ainsi qu'à l'organisation de ses troupes, composées de masses anxieuses d'en venir aux mains avec leurs adversaires. Castagnos, d'un avis contraire, modéra leur enthousiasme, car il jugeait ses soldats inférieurs aux Français. Enfin, contraint par le sentiment général, Castagnos sortit d'Utrera, passa par Porcuna et rallia la division Reding.

Mouvement offensif des Espagnols.—L'armée espagnole était forte de 25,000 fantassins, 2,000 cavaliers, 60 pièces d'artillerie, non compris 2,000 volontaires, commandés par le colonel Cruz Mourgeon et le marquis de Valdecañas. Les Français l'emportaient par l'armement et l'instruction.

Dupont se trouvait à Andujar, parfaitement retranché, avec des troupes à Jaën, la division Vedel à Baylen et la division Gobert barrant le passage del a Sierra. Le pont était bien protégé par des canons et Vedel avait détaché d'Andujar 2 bataillons, 1 escadron et 2 pièces de canon à Liger-Belair, parce que lui-même gardait le passage de Mengibar. On ne comprenait pas l'obstination du général français de rester à Andujar quand la clef de la position était Baylen.

Division de l'armée en quatre corps. — Les Espagnols, après un conseil de guerre tenu à Porcuna, se divisèrent en quatre corps : le premier, commandé par D. Théodore Reding, se mit en marche sur Mengibar, le soir du 14 juillet; le deuxième, sous les ordres du marquis de Coupigni, se

(1) Le duc de Baylen, don Castaños, a son épée déposée au Musée d'artillerie de Madrid.

dirigea sur Villanueva de la Reina, pour forcer le passage et s'unir à Reding ; le troisième et le quatrième, commandés par Jones et la Peña, avec Castagnos en personne, marchèrent sur Andujar.

Les troupes volantes de Cruz Mourgeon et du marquis de Valdecañas devaient manœuvrer sur le flanc droit de Dupont et intercepter ses communications.

Bataille de Baylen (1808). — L'échiquier étant ainsi posé, je vais décrire la bataille de Baylen.

Reding, le soir du 15 juillet, arriva près de Mengibar ; au milieu de la nuit, il leva le camp, passa la rivière sur le pont de Rincon et tomba inopinément sur le flanc droit de Liger-Belair.

Le 16, au matin, Vedel, à la nouvelle de l'arrivée de Gobert à la Caroline, se réunit à Dupont près d'Andujar.

Reding poursuivit le corps français de Liger - Belair ; Gobert, avec 4,000 hommes, arriva à son secours ; les Espagnols ne cédèrent pas un pouce de terrain ; Gobert fut tué.

Le général Dufour le remplaça, et pour sauver le reste de ses troupes, battit en retraite jusqu'à Baylen, tandis que les Espagnols cherchaient à prendre Mengibar.

Le 15, à l'aube du jour, Castagnos avec les deux divisions chargées de l'attaque de front, garnit toutes les hauteurs qui dominaient le pont d'Andujar (1), malgré le manque d'eau et une excessive chaleur.

Coupigni force le passage de Villanueva. — Coupigni, comme je l'ai expliqué plus haut, avait ordre de forcer la passe de Villanueva : c'est ce qu'il fit en refoulant les Français qui s'y trouvaient ; ensuite, il s'empara d'un convoi et d'un moulin à farine, puis il rejoignit Reding.

Dufour commit la maladresse d'abandonner Baylen, il craignait que les corps volants des Espagnols ne lui fermassent le passage de Despeñaperros.

Vedel, par ordre de Dupont, se dirigea sur Baylen; appre-

____

(1) Le pont d'Andujar traverse le Guadalquivir.

nant que Dufour avait abandonné cette position, il crut le mouvement compromis et marcha sur la Caroline pour s'unir au corps de son collègue.

Jonction de Coupigni et de Reding. — Une fois la jonction de Coupigni effectuée avec Reding, ce dernier prit le commandement des deux corps d'armée et occupa bientôt Baylen.

Le 18, au soir, Dupont se vit cerné de toutes parts : face en tête par Castagnos, en flanc par Reding ; le général français était forcé d'avancer ou de rétrograder sur Andujar, toujours pris à revers par les corps de partisans.

Dans la nuit du 18, Dupont, à la faveur des ténèbres, battit une contre-marche sur Baylen ; le 19, il se trouva en présence de Reding. Il importait au premier d'avancer à marches forcées, et au second, d'empêcher son adversaire de continuer son mouvement, de manière à ce que Castagnos pût tomber sur l'arrière-garde des Français.

Les Espagnols disposèrent l'infanterie en lignes profondes avec la cavalerie sur les flancs et l'artillerie dominant les hauteurs.

Les Français étaient formés en grandes colonnes ; ils attaquèrent de suite avec leur élan ordinaire ; Reding comme Dupont placèrent quelques forces : le premier à peu de distance de Baylen, pour arrêter Vedel ; le second, à son arrière-garde, pour tenir Castagnos en respect.

Le combat débuta par un feu d'enfer ; Dupont attaqua à droite Coupigni, qui ne recula pas d'un pas et prit bientôt l'offensive, pourtant sans résultats appréciables.

Dupont ne voyant pas arriver Vedel et craignant une surprise de Castagnos, ordonna sur-le-champ une attaque générale contre les Espagnols, principalement à gauche pour se défendre des corps volants de Cruz Mourgeon ; les Français furent refoulés et obligés de rétrograder près de la rivière d'Herrumblar.

Capitulation de Dupont. — Castagnos arriva dans la matinée du 19, quand Dupont battit en retraite ; le général espagnol fit suivre le général français par son lieutenant la Peña, qui arriva à Herrumblar au moment de la capitulation de Dupont (1).

Après la défaite de Baylen, Dupont ne pouvait plus lutter avec des soldats toujours braves, mais exténués de fatigue et de besoin ; quand ce général se rendit, il n'avait plus que 3,000 hommes ; au début, il avait lutté avec 9 à 10,000 hommes contre 30 à 35,000.

Vedel, au bruit du canon, s'avança de la Caroline sur Baylen, mais lasse d'obéir à Dupont, qui lui mandait par un émissaire d'attaquer l'arrière-garde espagnole.

Retraite de Vedel. — Vedel, pour ne pas suivre le sort de Dupont, commença à battre en retraite dans la nuit du 21 ; il arriva à Santa-Elena avant que les Espagnols ne se fussent aperçus du mouvement ; d'après la capitulation désastreuse de Dupont, toutes les troupes prisonnières, y compris celles de Vedel, devaient rendre leurs armes et s'embarquer dans un port de l'Andalousie pour retourner dans leur pays.

Les Français perdirent 2,000 hommes ; les Espagnols soulement 800.

Opérations dans la Catalogne, dans la province de Valence et sur les frontières d'Espagne. — Je vais m'occuper des opérations de la Catalogne, de la province de Valence et des frontières d'Espagne.

Au commencement de juin, le général français Lefebvre pénétra en Aragon.

D. José Palafox. — **Siège de Saragosse.** — D. José Palafox, gouverneur de Saragosse, à la tête de 5,000 hommes, se porta à la rencontre des Français, le 17 du même mois ; il

____

(1) Les conditions de la capitulation ne furent pas exécutées par la junte de Cadix ; celle-ci, après avoir transporté 8,000 prisonniers sur les pontons de la ville ou dans l'île de Léon, les interna à Cabrera (une des îles Baléares); les prisonniers français, épuisés déjà par des privations de toutes sortes, endurèrent de telles souffrances, que la moitié mourut sur ce rocher inhospitalier.

ne put arrêter leur marche sur Saragosse. Il est bon de mentionner que la défense de cette ville consistait moins dans les fortifications que dans la résolution héroïque de ses habitants, de mourir tous jusqu'au dernier.

Palafox, qui se trouvait à Calatayud à la tête de 6,000 hommes, se dirigea sur Saragosse ; le général français l'obligea à retourner à Calatayud.

Par diverses routes, Lefebvre lança ses troupes sur Saragosse ; résultat : autant d'assauts, autant d'insuccès. Le général Verdier renforça les assiégeants avec 12,000 hommes et un train d'artillerie de 50 pièces de canon.

Verdier, sans tenir compte des dispositions stratégiques de Lefebvre, s'empara de vive force, le 27, du mont de Torrero ; le 30, il bombarda la ville, pour préparer l'attaque.

Saragosse était à feu et à sang ; les habitants, à l'âme trempée d'acier, avaient la même fierté ; leur courage augmentait en raison des maux qu'ils enduraient.

Les Français donnèrent plusieurs fois l'assaut sans succès ; pendant ces événements, Saragosse était commandée par le frère du courageux Palafox jusqu'à l'entrée de celui-ci dans la place.

Les 1er et 3 juillet, les batteries françaises vomirent une pluie de feu contre la porte de Portillo et contre la forteresse d'Aljaferia ; les Français montèrent à l'assaut, sans réussir.

Enfin, après diverses escarmouches, le 3 août, l'artillerie française recommença le bombardement et pratiqua deux brèches, par lesquelles les troupes s'élancèrent et s'emparèrent du couvent de Santa-Engracia, après un combat acharné de six heures. Alors le général français proposa à Palafox de capituler ; celui-ci répondit : « Guerre au couteau. »

Le 4, les Français attaquèrent le Coso, rue principale de Saragosse et obtinrent d'abord quelques avantages ; ils furent ensuite refoulés avec une perte de 2,000 hommes et Verdier gravement blessé.

Retraite des Impérialistes. — Du 5 au 11 août, les combattants échangèrent une fusillade bien nourrie ; les Impérialistes, en apprenant la défaite de Baylen et la retraite du roi Joseph, se retirèrent aussi, après avoir perdu 4 à 5,000 hommes.

Pensées de Rocquencourt sur les Espagnols. — Voici une courte analyse de Rocquencourt sur l'histoire de l'Espagne à cette époque : « Les Espagnols au sang chaud, à « l'âme fière, à la volonté de fer, ont toujours eu le patrio- « tisme de lutter corps à corps et de refouler les enva- « hisseurs ; les Portugais, moins bien entraînés, s'allièrent « constamment aux Anglais ; aussi ceux-ci en profitèrent « pour considérer le Portugal comme une de leurs colo- « nies. »

Expédition anglaise en Portugal. — En raison des lignes qui précèdent, je parlerai à présent de l'expédition anglaise au Portugal et constaterai toujours la même in- fluence.

L'armée anglaise, commandée d'abord par le général sir Arthur Wellesley, ensuite par lord Wellington, débarqua à Leiria, le 30 juillet.

Bataille de Vimeiro. — Poursuivi par des forces supé- rieures, le général français Junot perdit la bataille de Vimeiro et se retira à Lisbonne.

Nouvelle campagne des Français en Espagne. — Na- poléon, à la nouvelle de la défaite de Baylen et de la dé- route de Junot, ne put souffrir une pareille atteinte à ses armes ; en conséquence, il consolida sa situation politique extérieure au Nord et partit pour l'Espagne à la tête de 100,000 hommes, formés de la garde et des 3 corps de Mortier, de Ney et de Victor. Suivant d'autres auteurs, ce chiffre s'élevait à 250,000 hommes, dont 50,000 déjà dans la péninsule.

L'Espagne, fatalement, allait être écrasée, sa seule défense ne pouvait consister que dans un fanatisme patriotique religieux.

Résistance opiniâtre des Espagnols. — Ferdinand VII, étant retenu à Valençay (1) par Napoléon, les Espagnols profitèrent de quelques mois de répit pour tâcher de tenir tête à l'orage ; ils centralisèrent le pouvoir dans les mains d'une Junte suprême et rassemblèrent leurs généraux les plus expérimentés dans un conseil de guerre, à la suite duquel on décréta des levées en masse et des travaux de défense à faire pour les villes menacées.

Napoléon procéda suivant son habitude : *écraser les masses organisées par des coups décisifs et détruire les résistances partielles*. En Espagne, ces résistances partielles comprenaient des postes fortifiés ou guérillas et des partis armés ou corps de partisans.

Les Anglais, alliés des Portugais, placés sur le flanc des opérations, augmentaient les dangers de l'envahisseur. Napoléon, dans toutes ses expéditions, s'était ravitaillé facilement, grâce au concours des populations ; en Espagne, le mot d'ordre du peuple fut : vengeance.

Dans ces conditions, l'armée française manqua souvent de vivres et de munitions. La campagne de Napoléon en Espagne est donc curieuse à suivre.

Napoléon prit pour premier objectif : Vittoria avec le dessein d'y tracer ses plans et de donner des ordres ; on était en plein hiver.

Dispositif de marche des belligérants. — Les troupes se mirent en marche : celles qui précédaient ou suivaient l'Empereur, occupèrent le côté gauche de l'Èbre et les derniers contreforts des Pyrénées, depuis Durango, au milieu de l'Aragon, jusqu'au centre ; la garde, les corps de Ney et de Victor arrivèrent à Vittoria, couverts par le corps de Soult, marchant en avant-garde jusqu'à Miranda sur l'Èbre.

Le général Moncey tint la gauche et Lefebvre la droite ; les troupes de Mortier et celles de Junot devaient rejoindre

(1) France, département de l'Indre.

plus tard. Le corps de Saint-Cyr, réuni à Perpignan, reçut l'ordre d'entrer en Catalogne et de dégager Duchesne, bloqué dans Barcelone.

Les Espagnols se déployèrent autour de Vittoria en forme de demi-cercle ; leur centre comprenait la réserve et l'armée d'Estramadure, couvrant en avant Pancorvo sur le chemin de Madrid. A l'aile gauche, Blacke occupait Bilbao et menaçait de sa position le chemin de Bayonne. Castagnos et Palafox formèrent la droite jusqu'à Tudela sur l'Èbre. Les Anglais, venant de Vigo et du Portugal, se réunirent aux environs de Valladolid.

Napoléon, avec son génie ordinaire, saisit de suite le faible de la position de ses adversaires, dont le centre n'était pas assez fort pour opposer une résistance sérieuse ; le plan fut vite arrêté : enfoncer le centre sans toucher aux ailes.

Déroute de l'armée d'Estramadure. — En effet, après avoir forcé le centre, le général Lefebvre, appuyé par Victor, chassa Blacke du côté d'Espinosa. Pendant ce temps, sur l'ordre envoyé à Soult de passer l'Èbre, la division du général Mouton mit en déroute l'armée d'Estramadure : 12 drapeaux, 25 canons, 3,000 prisonniers furent les trophées de la victoire.

Napoléon s'avança, le jour suivant, jusqu'à Burgos et ordonna à Soult de se diriger sur Reinosa, tandis que trois divisions maintiendraient les Anglais à Medina de Rio-Seco.

Blacke battu à Espinosa. — Victor délogea Blacke d'Espinosa ; le combat dura deux jours, les 10 et 11 novembre 1808 ; les Espagnols perdirent 10,000 hommes. La déroute se changea bientôt en fuite précipitée ; Soult pacifia la province et suivit la direction de Léon.

Pour se débarrasser de Castagnos et de Palafox, qui se trouvaient à Tudela, le général Lannes, d'accord avec Moncey, se proposa de les attaquer de front, tandis que Ney marcherait d'Aranda par Soria sur Agreda, afin d'abréger. Le 21 novembre, Lannes passa l'Èbre par Lodosa et, traversant Calahorre, rencontra l'ennemi dans la matinée du 23; il avait déjà fait sa jonction avec son collègue. L'armée espagnole ne comprenait pas moins de 45,000 hommes, composés des vainqueurs de Baylen et des défenseurs de Valence ainsi que ceux de Saragosse; cette armée formait la dernière espérance des Castillans.

Lannes, avec son impétuosité ordinaire et malgré son infériorité numérique, attaqua quand même ses adversaires. Le front de bataille étant très étendu; il lança, contre le centre, la division Mathieu et, contre la gauche, celle de Lagrange; il appuya ces attaques de 60 pièces d'artillerie.

Retraite des Espagnols. — La ligne espagnole fut vite rompue; la cavalerie de Lefebvre-Desnouettes déboucha d'un bouquet de bois et tomba à droite sur l'infanterie aragonaise, qu'elle culbuta complètement. Lagrange n'éprouva pas de résistance; les Espagnols fuyèrent en désordre par le chemin de Tarazona; Palafox prit la route de Saragosse.

Ces magnifiques résultats ne contentèrent pas encore l'empereur, car Ney se trouvait arrêté à Soria. Il est incontestable que si la même rapidité d'action avait duré, la campagne aurait été vite terminée; certaines difficultés de détails survinrent et laissèrent au mouvement insurrectionnel le temps de s'organiser pour lutter contre les Français.

Napoléon, tranquille sur ses flancs, conduisit son frère, comme roi, à Madrid.

Le 29, l'empereur passa le Douro à Aranda, suivi de la garde, du corps de Victor et de la cavalerie. 10,000 hommes de la réserve espagnole défendaient en chemin le défilé bien connu de Somosierra; quelques batteries enfilèrent le défilé. Les lanciers polonais de Napoléon les chargèrent, sabrèrent les servants et s'en emparèrent; un escadron de lanciers resta sur le carreau, mitraillé à bout portant; la même cavalerie tomba sur l'infanterie espagnole, qui, écrasée, rétrograda en désordre sur la route de Madrid.

Madrid ouvre ses portes à Napoléon. — Aucun autre

fait d'armes ne mérite d'être signalé : Napoléon établit ses bivouacs sur les hauteurs des environs de la capitale, qui ouvrit ses portes, le jour suivant, au génie militaire de l'époque . . . .

Transportons-nous dans le Nord-Est.

Prise de Saragosse (1809). — Palafox fut battu à Tudela et se réfugia à Saragosse (1), véritable centre de la défense, quand Lannes parut devant cette ville ; cette vaillante cité ne se rendit qu'après deux mois de siège et une résistance sans précédent. Les défenseurs luttèrent non seulement avec art, avec valeur, mais encore avec fanatisme et désespoir. Chaque monastère, chaque église, chaque maison subit un siège régulier ; les défenseurs de toutes ces positions furent presque toujours ensevelis sous les ruines. On combattit à outrance : les hommes, les femmes, les enfants, les vieillards, le clergé, personne ne resta en arrière; quand la place capitula, la noble ville avait perdu 15,000 soldats, 30,000 habitants, tant par le fer que par le feu ou par l'épidémie. Les vainqueurs acquirent ce vaste ossuaire au prix de 5,000 hommes. Vainqueurs et vaincus méritent l'admiration.

Les Anglais chassés de la Galice. — **Expédition des Français en Portugal.** — Après avoir conquis la Galice et

(1) On ne saurait assez s'arrêter sur les détails que mérite le siège de Saragosse. Par sa défense héroïque, Saragosse a conquis une place considérable dans l'histoire contemporaine. Cette place a été investie par Lannes, le 28 décembre 1808 ; elle était à peine protégée par un mur de 3 à 4^m de haut sur 1^m d'épaisseur dans son plus grand périmètre, par l'Èbre et par le Huerba du côté de ses fronts. Saragosse subit un siège régulier ; la tranchée fut ouverte. Au bout de 27 jours, et après un assaut général, les Français forcèrent l'enceinte par le couvent de Santa Engracia ; pour pénétrer au cœur de la place ils durent cheminer sous le sol avec la sape et la mine ; ils emportèrent d'assaut chaque maison, tant les défenseurs de cette vaillante cité étaient infatigables et résolus. Le bombardement augmenta les désastres de cette lutte terrible ; en 42 jours, il tomba sur la ville 16,000 bombes. Les Espagnols avaient placé des guetteurs au sommet de la Tour-Neuve; la cloche tintait sitôt qu'ils voyaient allumer un mortier. Pour comble de malheur, une épidémie terrible sévit ; les cadavres restaient sans sépulture ; enfin, la junte de défense résolut de capituler. Il faut vraiment remonter aux sièges de Numance de Sagonte et de Jérusalem pour voir pareille preuve de courage et de résolution. Palafox, son gouverneur, a conquis une place dans l'immortalité. Le musée d'artillerie de Madrid conserve religieusement l'épée de ce grand patriote.

en avoir expulsé les Anglais (1), Soult reçut l'ordre dans le Ferrol d'entrer en Portugal : il allait être soutenu par Victor, qui descendait le Tage, et par la division Lapisse, débarquée à Almeida.

En présence de cette expédition, l'empereur comptait que l'Angleterre ne tenterait aucun nouvel effort dans la péninsule, surtout après la catastrophe de Moore.

Les Portugais avaient contribué pour une petite part à la défaite de Junot ; leur armée était maintenant ou licenciée ou prisonnière des Français, circonstance très favorable pour ces derniers. Pourtant, si, au début, la fortune avait comblé de ses faveurs les armes impériales, plus tard elle changea complètement.

Napoléon quitte l'Espagne. — Napoléon, il faut l'avouer, préoccupé des armements de l'Autriche, quitta précipitamment l'Espagne, en janvier ; il avait la conviction qu'une coalition formidable se formait contre lui. Ce départ précipité, suivant nous, fut la cause principale des suites funestes de sa guerre en Espagne ; lui, dans la péninsule, il l'aurait terminée promptement.

Sur beaucoup de points, la soumission politique du pays avait suivi l'occupation militaire ; or, si Napoléon avait expulsé les Anglais, il aurait opéré la conversion politique de tous les Espagnols, mais ce grand capitaine pouvait seul diriger de telles armées, commandées par de pareils chefs.

Si nous laissons de côté le mérite de chacun, il est facile de constater la plus grande jalousie entre tous les maréchaux et généraux ; le roi d'Espagne, frère de Napoléon, n'avait pas un talent suffisant pour se tirer de pareilles difficultés. Joseph n'entendait rien à la guerre, il ne pouvait donc inspirer la moindre confiance à ses subordonnés ; Jourdan, son major général, par son inexpérience, n'était point fait pour le seconder. . . . .

Saint-Cyr en Catalogne et les autres généraux fran-

(1) J. Moore, leur général, fut tué en défendant la ville de la Corogne (1809).

çais. — Saint-Cyr, en vue de Tarragone, tint tête partout à l'insurrection ; Joseph conserva la réserve à Madrid ; Mortier quitta Saragosse pour se réunir à lui ; Victor et Sébastiani gardèrent la ligne du Tage ; Ney, la Galice ; Soult marcha vers le Portugal et plusieurs divisions occupèrent pacifiquement la Biscaye, la Navarre, les royaumes de Castille et de Léon.

Prise d'Oporto. — En passant le Mino, Soult éprouva quelques difficultés ; à Chaves et à Braga, il dispersa des bandes de partisans ; le 29 mars, après un brillant fait d'armes, il s'empara de la formidable position d'Oporto, où se trouvaient réunis 50,000 hommes : soldats ou paysans, sous le commandement de l'archevêque. Les Portugais se défendirent courageusement ; s'ils montrèrent un grand patriotisme, ils furent parfois un peu trop féroces.

Combats de Médellin et de Ciudad-Real (1809). — Le 28, Victor gagna sur Cuesta la victoire de Médellin ; Sébastiani, celle de la Ciudad-Real sur le général espagnol Urbino (1809).

La position de Soult s'aggravait tant au point de vue matériel qu'au point de vue stratégique; au point de vue matériel, l'armée manquait de vivres ; au point de vue stratégique, Soult voulait pousser une pointe jusqu'à Lisbonne ; Ney et Victor furent dans l'impossibilité de le seconder ; aussi, se trouva-t-il presque enveloppé comme Junot : lui, le premier tacticien de l'Europe au dire des historiens !

L'arrière-garde de Silveyra occupait Chaves ; les généraux français Loison et Delaborde, détachés pour la repousser, ne réussirent qu'à moitié dans leur mission.

Wellington arriva de nouveau en Portugal, lorsque se manifestèrent dans l'armée française des symptômes de lassitude, en présence des luttes quotidiennes dont elle n'entrevoyait pas la fin. Tous les soldats français préféraient combattre sous les yeux de *leur empereur*.

Retraite de Soult. — Soult se replia derrière le Douro ;

Wellington le suivit et le surprit dans Oporto. Le 15 mai, Soult se décida à rétrograder ; la retraite offrit de grandes difficultés ; il l'éxécuta pourtant, débloqua Lugo et refoula le marquis de la Romana, qui assiégeait cette place avec ses bandes.

Craignant un débarquement anglo-portugais en Espagne, les maréchaux français pensaient s'y opposer ; mais, par la suite, des divergences de vue existèrent entre eux.

Soult marcha sur Zamora, tandis que Ney, laissant en arrière la Galice en pleine insurrection, se dirigea sur Salamanque.

Un ordre de Joseph leur parvint à Mediodia ; Mortier marcha toujours vers Plasencia et Almaraz.

Wellington menace Madrid. — Wellington sortit du Portugal par la vallée du Tage et se réunit à Cuesta pour menacer Madrid.

Victor et Sebastiani se concentrèrent à Tolède, où les rejoignit Joseph avec sa garde et la réserve.

Dégarnie de troupes, Madrid fut en péril, car Venegas se trouvait à Aranjuez ; de plus, une fermentation alarmante existait par suite de l'approche de l'armée coalisée.

Joseph quitte Tolède. — Joseph crut devoir prendre l'offensive ; il sortit de Tolède, traversa la Guadarrama, le 26 juillet, mit en déroute Cuesta qui commandait l'avant-garde de ses adversaires, passa l'Alberch, le 27, et rencontra le gros de l'armée coalisée non loin de Talavera.

Bataille de Talavera. — Un peu plus tard Victor, impatient de vaincre les Anglais, attaqua leur gauche ; il fut battu.

Ce revers ne servit pas d'avis salutaire à Joseph et à son état-major pour attendre l'arrivée de Soult avec les corps de Ney et de Mortier ; ces derniers devaient rejoindre le roi quatre ou cinq jours après. Le lendemain de l'échec de

Victor, Joseph donna le signal de la bataille, il avait à lutter avec 40,000 hommes contre 60,000, en bonnes positions. Sans s'occuper des premières règles de la stratégie et sans avoir arrêté un plan tactique, ce chef imprudent ordonna l'attaque.

Défense offensive de Wellington. — Joseph bat en retraite. — Victor, nullement soutenu, lutta à outrance; Wellington employa son combat favori : « *la défense offensive* ». Le général anglais attendit son adversaire sur un terrain bien étudié, mitraillant les assaillants avec son artillerie et un feu nourri de mousqueterie, puis en tombant sur eux au moment favorable. 15,000 hommes, amis ou ennemis, restèrent sur le champ de bataille; les armées bivouaquèrent en présence l'une de l'autre; le lendemain, à la nouvelle que Wilson, à la tête d'un corps léger, avait cerné Madrid, Joseph commanda de battre en retraite.

Dans la bataille de Talavera, si l'infanterie anglaise a montré de grandes qualités, je n'affirme pas moins *qu'elle n'a jamais égalé l'infanterie espagnole et l'infanterie française.*

Marche en avant de Wellington. — Soult arriva près de Plasencia, le 4 août. Wellington, qui le supposait seul avec 15,000 hommes, se porta à sa rencontre, laissant Cuesta devant Victor; cette séparation plus que téméraire mit les alliés à deux doigts de leur perte. Wellington, pour sortir de son mauvais pas, chercha à rallier l'armée espagnole derrière le Tage. Venegas qui canonnait Tolède, fut battu, le 11 août, à Almonacid par Sébastiani. Wilson, au lieu d'entrer en Portugal, se fit mettre en déroute par l'avant-garde de Ney.

Wellington se retire à Badajoz. — Wellington, mécontent des Espagnols, se retira à Badajoz.

Dans la campagne de Talavera, toujours nulle des deux côtés, Joseph avait eu deux fois l'occasion de remonter sur le trône : la première, en attaquant avec promptitude ; la seconde, en hésitant à poursuivre ses avantages ; ce fut le moment décisif de toute la guerre.

Jourdan remplacé par Soult, comme major général. — L'empereur, peu satisfait de Jourdan, confia à Soult (1) les fonctions de major général.

Ney s'était dirigé sur Salamanque, depuis la malheureuse expédition contre les Anglais ; pour ne pas obéir aux ordres de son collègue, il donna le commandement de son corps au général Marchand et rentra en France.

Succès et insuccès du duc du Parque. — Près de Ciudad-Rodrigo et à proximité de l'armée de Beresford, le duc du Parque, successeur de la Romana, défit Marchand à Tamanes ; Salamanque tomba au pouvoir des Espagnols (16 octobre). Le général Kellermann accourut de Valladolid au secours de Marchand. Le duc du Parque, quoique battu dans Alba de Tormes, échappa au ressentiment des Français.

Que se passait-il au sud de la péninsule ?

Le marquis d'Arrizaga. — Le marquis d'Arrizaga fut placé à la tête des armées espagnoles du Midi. Plein d'orgueil de commander 50,000 hommes, il crut tenter ce que n'avait pas osé Wellington : il marcha sur Madrid et dirigea sur Aranjuez une avant-garde choisie.

Sébastiani attaqua d'Arrizaga dans la plaine d'Ocaña (12 novembre) ; la cavalerie espagnole, arrêtée d'abord par un régiment polonais, fut culbutée par les dragons de Milhaud ; les carabiniers royaux, si admirés par les Castillans, furent anéantis.

Concentration des Français. — Cet avantage permit la

____

(1) Soult était un tacticien remarquable et un général de guerre défensive hors ligne.

jonction des forces ennemies ; Soult arriva avec le corps de Mortier. L'armée espagnole, avec une trop grande confiance, attaqua, le 18 ; naturellement, elle supporta les fautes de son chef.

Camp retranché de Lisbonne.—Wellington, en présence d'aussi tristes résultats, restait dans une inaction complète; le général anglais n'avait pas approuvé les plans d'Arrizaga; il voulait recevoir des renforts, puis se réunir au duc du Parque et à Beresford. Wellington, voulant éviter à tout prix une défaite dans le genre de celle de Moore, fit construire un camp retranché devant Lisbonne, sur les hauteurs de Torre-Vedras.

Marche en avant de Blacke. — En Aragon, la junte profita du départ de Mortier et de l'exaltation des habitants pour soulever ce pays derrière l'arrière-garde française. Blacke, chargé de cette mission, réunit un corps considérable ; il sortit du royaume de Valence (15 mars), et avança jusqu'à Saragosse, refoulant les détachements français, stationnés vers Alcañuz.

Blacke vaincu. — Suchet, qui avait relevé Junot dans le commandement du 3ᵉ corps, concentra ses forces dans la position de Maria, non loin de Saragosse. Attaqué dans cette position (15 juin), le général reprit l'offensive, battit la droite de Blacke, s'empara de son artillerie, poursuivit l'ennemi avec vigueur, le rejoignit de nouveau à Bulchite (le 18), et le mit en complète déroute. Cette victoire sauva le 3ᵉ corps ; la dévastation et l'incendie continuèrent jusqu'à la fin de la guerre. Depuis ce moment, la ligne des Pyrénées fut remplie de guérillas au-dessous de Mina, de Villacampa et d'autres points.

Guérillas. — Ces guérillas, toujours dispersées, mais jamais détruites, tinrent la campagne avec une ténacité digne d'un meilleur sort.

Avantages de Saint-Cyr en Catalogne. — Pendant ce temps, Saint-Cyr ne restait pas inactif ; il se couvrait de gloire par ses avantages remportés dans la Catalogne. Joseph n'en fut pas pour cela plus raffermi sur son trône. Favorisés par la proximité de la mer, et d'une nature belliqueuse, les indigènes ne cessaient de disputer le terrain pied à pied.

Siège de Girone. — Dans l'impossibilité de tenir plus longtemps devant Tarragone, Saint-Cyr assiégea Girone ; Verdier conduisit le siège avec un corps de 20,000 hommes ; pendant ce temps, Saint-Cyr s'établit à Vich pour soutenir son collègue. Cette place, fortifiée selon tous les principes et plus régulièrement que la place de Saragosse, se défendit avec le même héroïsme. Comme au siège de Saragosse, on constata parmi les combattants la présence des femmes et des enfants. De trois tentatives pour ravitailler la place, Blacke ne réussit que dans une seule.

Plusieurs assauts furent repoussés ; le siège se prolongeant, Napoléon, impatient d'en finir, confia le commandement à Augereau, qui s'était déjà battu dans le même pays, à Figuières (1794) ; ce maréchal n'avait rien fait pour mériter cette faveur.

Capitulation de Girone. — **Alvarez.** — La place, serrée de près, capitula le 11 décembre ; Alvarez, son vaillant défenseur, avait associé son nom à celui de Palafox ; leur nom, désormais légendaire, restera synonyme de courage. Ainsi finit la campagne de 1809.

Observations sur la campagne d'Espagne. — Comme critique, je dois signaler : d'abord un commandement confié à un roi faible et dépourvu de talents militaires ; ensuite, une organisation défectueuse de 8 ou 10 corps, isolés les uns des autres, et dont la rivalité des chefs nuisit certainement au but à atteindre ; enfin, une entrée en Portugal plus que prématurée.

Il aurait été plus stratégique d'avoir seulement trois unités tactiques : une de l'Èbre, une du Portugal et une du Tage, soutenues toutes les trois par une réserve et une arrière-garde ; celles du Portugal et du Tage auraient coopéré contre les Anglais. Nous devons convenir pourtant qu'avec la nature du pays où l'on opérait et le caractère des ennemis que l'on avait à combattre, la tâche devenait difficile à remplir.

CHAPITRE XXXIII

L'année 1810. — Les probabilités de l'année 1810 penchaient en faveur des armées françaises ; en effet, la paix de Presbourg permit d'envoyer en Espagne les troupes victorieuses de Wagram.

La bataille d'Ocaña, dont j'ai parlé précédemment, avait anéanti les armées espagnoles du Midi ; les Anglais, de leur côté, s'étaient réfugiés en Portugal ; l'insurrection des provinces du Nord n'existait plus ; les circonstances parurent favorables à Joseph pour reconquérir son royaume.

Opérations en Andalousie. — Dans le mois de janvier, les 1er, 4e et 5e corps, commandés par le roi et conduits par le maréchal Soult, se dirigèrent sur l'Andalousie, où se trouvaient quelques restes de l'armée d'Arrizaga.

Ces trois corps passèrent la Sierra-Morena par trois points : Victor, à droite, et Joseph, au centre, pénétrèrent facilement à Cordoue et à Andujar, tandis qu'à gauche, Sébastiani battait à Montizon l'armée d'Arrizaga. Pour compléter leurs succès, les Français se trouvaient dans la nécessité de pousser une pointe sur Cadix, avant que les Cortès ne pussent organiser la défense. A cet effet, il fallait exécuter certaines marches que Joseph ne comprenait pas. Il perdit son temps devant Séville, au lieu de terminer la conquête de l'Andalousie. Cadix était la clef de la position et le dernier centre de résistance des Espagnols.

Wellington garde l'expectative. — Pendant cette expédition, Wellington garda l'expectative, toujours maître de Badajoz, où campait son arrière-garde ; de là, il pouvait surveiller la ligne d'opération de l'armée française, attendre des renforts, organiser ses troupes et se fortifier à son aise.

Les Espagnols, malgré leur enthousiasme patriotique et héroïque à la fois, n'étaient pas en état de lutter avantageusement avec les Français, sans le concours actif et puissant de l'Angleterre. C'était à contre-cœur qu'ils désiraient son appui, le sentiment national ne vivait que dans la volonté formelle de se débarrasser de leurs adversaires ; or, cette volonté, parfaitement justifiée pour tout patriote, nécessitait la coopération de l'Angleterre.

Le Portugal, occupé par l'armée anglaise, présentait l'aspect d'une forteresse inexpugnable sur le flanc droit et au centre de la ligne d'opérations de l'armée française, étendue depuis Bayonne jusqu'à Cadix ; les places de Ciudad-Rodrigo et de Badajoz formaient comme les ouvrages avancés de ce boulevard fortifié.

Nouvelle campagne des Français en Portugal. — Napoléon chargea Masséna *d'éclaircir la situation :* refouler l'ennemi, le forcer à reprendre la mer et enfin occuper Lisbonne.

Ce général commandait le 2ᵉ et le 6ᵉ corps, auxquels se joignit le 8ᵉ, que Junot amenait d'Allemagne.

Capitulation de Cuidad-Rodrigo. — Reddition d'Almeida. — Ney reçut l'ordre d'assiéger Ciudad-Rodrigo et Almeida, dont les positions pouvaient servir de point de départ pour les plans de campagne à exécuter. Ciudad-Rodrigo capitula le vingt-cinquième jour de tranchée ouverte ; quant à Almeida, la reddition fut toute fortuite ; dès le douzième jour, une poudrière sauta, détruisant la citadelle et ensevelissant une grande partie de la garnison sous ses ruines.

Le général anglais ne s'était pas opposé à ces sièges ; il avait choisi pour ligne de retraite la vallée de Mondego, dont les affluents offraient d'excellentes positions stratégiques ; le mouvement de Masséna sur Viseu l'obligea à concentrer ses troupes en un point intermédiaire, qui couvrait à la fois Coïmbre et Lisbonne.

Concentration des alliés. — La concentration des alliés eut lieu, le 15 septembre 1810, au hameau de Busaco (30 kil. de Coïmbre).

La veille, les troupes françaises déjà arrivées auraient dû commencer l'action; elles n'auraient eu à combattre que les troupes de Wellington, tandis que le lendemain elles eurent à lutter contre tous les alliés réunis dans des positions formidables; les coups décisifs, du reste, sont toujours les meilleurs.

L'impétuosité des 6e et 8e corps se brisa contre la résistance des alliés; le jour suivant, mieux inspiré, Masséna enleva la position; il perdit 6,000 hommes tués ou blessés.

Retraite de Wellington. — Wellington se replia sur les lignes de Torres-Vedras et *en bon général anglais* dévasta le pays qu'il abandonna, emmenant avec lui la population.

Barbarie des Anglais. — Les Anglais, dans cette campagne, se conduisirent comme des sauvages et adoptèrent un genre de guerre digne des nations barbares, et réprouvé, je me hâte de le dire, par les pays civilisés. Évidemment, pareille manière d'agir est un facteur de plus, mais les représailles coûtent souvent plus cher que les résultats obtenus.

« Défensive offensive » des Anglais. — Voici en quoi consistait leur *« défensive offensive »* : Occuper les hauteurs sur deux lignes, l'une à mi-côte, l'autre derrière la cime. Quand l'assaillant forçait la première ligne et couronnait la hauteur, la deuxième ligne ouvrait un feu d'enfer d'artillerie et de mousqueterie pour empêcher l'ennemi de se reformer.

Si la première ligne, au contraire, tenait ferme, la seconde ligne, appuyée par la réserve et la cavalerie, se portait en masse sur l'ennemi.

Cette méthode de combat était très appropriée au caractère froid et obstiné du soldat anglais.

Guérillas de Portugais. — Les Portugais formaient les guérillas ; ils veillaient à la garde des convois et couvraient le front des troupes anglaises par de nombreux tirailleurs.

Masséna bat en retraite. — Masséna reconnut que la ligne de Torres-Vedras était inexpugnable. Cinq mois se passèrent en observation, au milieu des privations les plus cruelles ; le manque de vivres força le maréchal à se replier sur Santarem.

L'expédition du Portugal aurait pu réussir avec la coopération de Soult en temps opportun ; celui-ci aurait dû manœuvrer sur la gauche du Tage, tandis que Masséna aurait marché vers la droite pour forcer les Anglais à reprendre la mer. Les embarras de l'Andalousie nuisirent, à vrai dire, à la combinaison de porter toutes les forces contre Wellington après la bataille d'Ocaña.

.　.　.　.　.　.　.　.　.　.　.　.　.　.　.　.　.

Le major général Soult. — Comme major général de l'armée du Midi, Soult ne resta pas oisif.

Prise d'Olivenza et siège de Badajoz (1811). — Au commencement de 1811, il maintint Sébastiani à l'armée de Murcie et Victor à celle de l'Andalousie ; il se dirigea sur Olivenza, qu'il prit de suite, et assiégea Badajoz. Cette place avait une grande importance ; Mondizábal accourut pour la défendre ; il fut défait dans une action à Gébosa ; à peine parvint-il à sauver quelques-uns des siens.

Capitulation de Badajoz. — Après la mort du gouverneur, Badajoz capitula.

Combat de Chiclana. — Les généraux Peña Zayas et Graham profitèrent de la marche de Soult pour tenter de forcer les lignes de Cadix, défendues par Victor, si bien que Ballesteros arriva jusqu'à Séville. Le combat de Chiclana déjoua ce plan ; les Anglais, tout en ayant l'avantage, se retirèrent par suite de leurs pertes. Graham, assez bon officier, avait un caractère bilieux et nerveux ; mécontent des Espagnols et très maltraité dans ce combat, son mouvement, dès lors, s'expliquait encore plus.

Concentration des troupes de Masséna à Salamanque. — La retraite de Masséna du Portugal ne s'effectua pas sans dangers ; ce général reprit le chemin par lequel il était venu. La ville de Coïmbre étant occupée par ses adversaires, Masséna dirigea son armée à travers les montagnes ; grâce à Ney, qui commandait l'arrière-garde, il ne subit aucun désastre. Ses différents corps se concentrèrent autour de Salamanque ; ils furent très éprouvés par le manque de vivres et par les attaques incessantes des guérillas portugaises.

Siège d'Almeida par Wellington. — Wellington suivit le mouvement de Masséna et assiégea Almeida, qu'il attaqua avec toutes ses troupes.

Masséna, ayant reçu quelques renforts, vola au secours de la place ; les Anglais acceptèrent le combat ; occupant le hameau de Fuentes de Onor, ils détruisirent par leurs feux les colonnes des Français. La victoire fut vaillamment disputée ; les Français recueillirent dans Coa la garnison d'Almeida, qui s'était ouverte un chemin au milieu des ennemis.

Beresford repousse Latour-Maubourg. — Dans l'Estramadure, Wellington détacha Beresford avec des forces supérieures à celles enfermées dans Badajoz ; Beresford força Latour-Maubourg à se replier, quoique ce général eût lancé 2,000 hommes jusqu'au cœur de la place.

Bataille de la Albuera (1811). — Soult accourut au secours de Badajoz avec les troupes qu'il put réunir ;

Beresford l'attendit de pied ferme dans le hameau de la Albuera. Grâce à leur artillerie, placée en première ligne, les Français ne furent qu'à moitié battus.

Siège de Badajoz. — La victoire de la Albuera permit aux Anglais d'assiéger Badajoz ; l'intrépide général français, Philippon, repoussa tous les assauts ; Wellington leva le siège à l'arrivée des maréchaux Soult et Marmont. Ce dernier avait remplacé Masséna.

Détails sur la bataille de la Albuera. — Je vais donner quelques détails sur la bataille de la Albuera.

En 1811, après les désastres subis par l'armée de la Manche, les Espagnols pouvaient encore avoir un cinquième de leur effectif ; au mois de février, Castagnos prit le commandement ; en avril, son armée comptait 4,000 hommes.

Beresford et Castagnos s'emparèrent d'Olivenza ; comprenant l'importance de Badajoz, ces deux généraux se dirigèrent sur cette place, lorsque Soult entra de nouveau dans l'Estramadure. D. Joaquin Blacke se joignit à l'armée espagnole avec 12,000 fantassins et 1,200 cavaliers.

Le commandement de l'armée anglo-portugaise-espagnole fut confié à Beresford ; la concentration des armées alliées s'opéra à Valverde ; là, les alliés proposèrent la bataille aux Français, dans l'excellente position de la Albuera, petit village, clef des principales communications de l'Andalousie et de l'Estramadure.

La Albuera est un centre de peu d'importance (450 habitants), situé sur la grande route de Séville à Badajoz, au bas d'une petite hauteur, point de départ d'une série d'éminences qui s'étend de l'ouest au nord-est et dont le pied est baigné par la rivière Valdeseville.

De Séville à Badajoz, on passe par Camas, Santi Ponce, le Ronquillo, Santa Olalla, Monasterio, Fuente de Cantos, Los Santos de Maimona et enfin par le bourg de Santa Marta, placé dans un fond et dominé par de grands rochers ; la plaine est arrosée par le Guadajira et le Zafra. Un peu avant d'atteindre la Albuera, on franchit la rivière de la Albuera, et plus loin le ruisseau d'Antrin.

La position de la Albuera était d'une grande importance pour les deux partis. Si Soult parvenait à s'emparer de cette ville, il devenait maître du chemin d'Olivenza et pouvait acculer les alliés contre les murs de Badajoz, puis se réunir, au moment propice, à Marmont, qui avait remplacé Masséna.

Les alliés s'étendirent perpendiculairement au chemin de Valverde, après avoir établi des guérillas devant Chicassierna ; les Espagnols tenaient la droite, avec quelques corps de cavalerie sur la gauche ; les Anglais, le centre, au pied de la série des hauteurs dont j'ai parlé ; les Portugais, la gauche ; quelques corps de cavalerie anglaise se postèrent à l'entrée de la Albuera.

Le centre, commandé par Beresford, avait été renforcé au détriment des ailes ; l'attaque, suivant les prévisions, devait venir de ce côté ; l'on ne comptait pas avec l'audace des Impérialistes, qui se lancèrent sur l'aile droite et obligèrent les alliés à changer de front.

Les alliés avaient 31,000 hommes ; les Français, 25,000, dont 5,000 cavaliers de premier ordre.

Le 15 mai, Soult, de Santa Marta, tenta une reconnaissance sur l'Almendral ; le 16, les alliés occupaient toujours les positions déjà indiquées ; Soult se mit en marche de Santa Marta.

A huit heures du matin, les Français ouvrirent le feu pour attirer l'attention des alliés sur la gauche de leu ligne, Soult ordonna à Godinot d'avancer vers le pont de la Albuera. Cette attaque avait pour but d'abord de donner du temps à Soult, afin d'éviter les hauteurs de Nogales et de Chicapierna, ainsi que leurs défilés, ensuite de lui permettre le déploiement de ses troupes perpendiculairement à la ligne des alliés.

Ces mouvements changèrent tout l'ordre de bataille : Soult lança Girard sur la droite des Espagnols, qui soutinrent bravement le choc, jusqu'à ce que Ballesteros eût

fait charger à la baïonnette le flanc droit des Français et
les eût obligés à rétrograder ; ce premier succès fut dû aux
Espagnols. Beresford, craignant une nouvelle attaque, remplaça les Espagnols par deux brigades anglaises.

Soult, furieux de cet échec, reforma ses colonnes d'attaque et les fit précéder de l'artillerie ; il appuya ensuite les
flancs de la cavalerie. L'action recommença, et la ligne anglaise fut entamée ; la cavalerie espagnole entra alors en
ligne, attaqua les Français en flanc et les refoula jusqu'à
Chicapierna.

Un petit nombre de lanciers polonais impérialistes, dans
l'ardeur de la mêlée, se trouva un moment entre la ligne
espagnole et la ligne anglaise. Les Anglais, n'apercevant
pas les Espagnols, firent feu sur cette quarantaine d'hommes ;
les Espagnols souffrirent beaucoup de cette erreur ; les
40 lanciers, à l'exception d'un officier qui parvint à se sauver, restèrent sur le champ de bataille, victimes de leur
impétuosité.

Wellington maître du Portugal. — Soult, pour la troisième fois, conduisit ses troupes à l'attaque ; complètement
repoussé, il se retira entre la hauteur de Chicapierna et
celle de Nogales. Le général français, appuyé par une forte
artillerie, prit position dans le bois du chemin de Santa
Marta : la bataille se termina au milieu du jour. Les Français perdirent 7,000 hommes ; les alliés, 5,000. Soult garda
ses positions jusqu'au 18 sans être inquiété par les alliés, ce
qui ne se comprenait pas. De toutes manières, la conséquence de ces excellents résultats fut de donner à Wellington
l'importante position du Portugal.

Succès de Suchet en Aragon. — Suchet réussissait
mieux en Aragon ; depuis la victoire de Maria, il avait donné
à son corps d'armée l'abondance et la discipline ; il préparait le siège de quelques villes, quand Joseph lui prescrivit
de faire une démonstration sur Valence.

Suchet s'empare de Lérida, de Mequinenza et de Tor-

tose. — Suchet battit les troupes qui lui furent opposées ; il ne voulut pas s'aventurer trop loin, tant qu'il n'aurait pas pris les places de l'autre côté de l'Èbre. Il retourna dans la basse Catalogne, défit les Espagnols à Margalef et s'empara successivement de Lérida, de Mequinenza et de Tortose. Les conquêtes de ce général séparaient la Catalogne du royaume de Valence, donnaient un coup terrible à la défense opiniâtre des indigènes et procuraient à l'armée impériale un matériel immense ainsi que de vastes approvisionnements.

Prise de Tarragone. — Suchet occupa Tarragone (1), place qui se mettait en constante communication avec les flottes anglaises de la Méditerranée. Tarragone était fortifiée par de nombreux ouvrages et défendue par la flotte anglaise ; sa garnison comprenait 12,000 hommes, sous les ordres de l'énergique Contreras, un des officiers les plus distingués de l'armée espagnole. La place fut prise seulement au cinquième assaut, après quarante-quatre jours de siège.

Je dois déplorer les excès qui eurent lieu après la reddition, mais je ne puis préciser d'où venaient les torts.

La guerre a parfois des exigences que nous devons tous déplorer ; il n'est donc pas étonnant que deux peuples, faits pour être frères et ayant bien des points de ressemblance, se soient oubliés dans certaines occasions à commettre des actes répréhensibles certainement, mais forcés aussi par leur caractère national.

Soumission de la basse Catalogne. — La prise de Tarragone produisit le même effet en Catalogne que celle de Saragosse en Aragon. Pour augmenter son influence, Suchet arriva devant Barcelone et s'empara du Monserrat, forteresse réputée inexpugnable, où s'était retranché le baron

(1) Suchet ne s'empara de Tarragone qu'après un siège régulier ; la tranchée fut ouverte, le 21 mai 1811, et la place ne succomba que le 29 juin, après une résistance des plus opiniâtres.

d'Eroles. L'occupation de ce point important compléta la soumission de la basse Catalogne et valut au général français le bâton de maréchal, bien gagné, du reste. Par la suite, nommé commandant de l'Espagne orientale, il reçut l'ordre de réduire le royaume de Valence.

Expédition dans le royaume de Valence. — Là, tout était organisé pour résister vigoureusement. La régence avait confié à un de ses membres, le capitaine Blacke, la direction d'une armée, formée de vieilles troupes ; la ville, protégée par un camp retranché, était entourée de lignes. La ville de Murviedro (1), située sur le chemin que devaient suivre les Français pour se rendre à Valence, reçut une nombreuse garnison.

Siège de Sagonte (Murviedro). — Dans les derniers jours de septembre 1811, Suchet se présenta devant cette place, dont il tenta aussitôt l'assaut ; repoussé, il ouvrit une tranchée. Suchet commanda un deuxième assaut, qui réussit un peu mieux, et enfin un troisième, quand Blacke accourut au secours de la place.

Capitulation de Murviedro. — Le 25 octobre, les belligérants en vinrent aux mains : les Espagnols furent battus avec une perte de 4,000 hommes ; Murviedro capitula le jour suivant.

Siège de Valence. — Suchet avança lentement, espérant toujours recevoir des renforts. Le général Reille le rejoignit avec deux divisions ; Suchet attaqua sur-le-champ les Espagnols dans leurs lignes, les battit et les refoula sur Valence, qu'il assiégea. Malgré les efforts de Blacke, le 9 janvier 1812 Suchet s'empara de la ville, fit 20,000 prisonniers et prit 400 canons ainsi que d'immenses approvisionnements.

Les victoires de Suchet paraissaient raffermir le trône de Joseph, auquel les Cortès firent des propositions après la prise de Valence.

(1) Ancienne Sagonte.

Effets de la guerre de Russie (1812). — La grande guerre de Russie, sur ces entrefaites, obligea l'empereur à amoindrir les armées de la péninsule hispanique; aussi conçut-il le projet de n'occuper que la ligne de l'Èbre jusqu'à l'exécution de ses plans dans le nord de l'Europe; cependant les récents succès de Suchet vinrent modifier quelque peu son premier projet, ne voulant pas abandonner d'aussi belles conquêtes de l'autre côté de l'Èbre.

N'oublions pas qu'en ce moment il y avait en Espagne 130,000 Français un peu éparpillés partout et dans la presque impossibilité de se concentrer rapidement pour opposer une masse imposante.

Wellington prend l'offensive. — Wellington jugea le moment favorable et prit l'offensive.

Le 15 juin, le général anglais sortit du Portugal à la tête de 70,000 hommes, passa le Tormes et s'empara de Salamanque.

Marmont, trop faible pour le repousser, demanda des secours qu'il ne reçut pas.

Bataille d'Arapiles. — Il estima néanmoins qu'il y avait urgence à refouler les Anglais en Portugal; attendant d'un moment à l'autre l'arrivée de la division Bonnet, il se décida à livrer bataille à Arapiles, près de Salamanque.

Les Anglais, suivant leur habitude, manœuvrèrent pour occuper les hauteurs; Marmont chercha aussi à les prendre dès le début pour mieux disposer son flanc droit et assurer les communications.

Les Français se retirent à Burgos. — Wellington, apercevant la gauche de l'armée française séparée de son centre, en profita pour l'attaquer et la refouler. Le général Foy fit de vains efforts pour secourir cette aile; il se heurta aux réserves ennemies et ne put qu'assurer la retraite. L'armée française perdit 6 à 8,000 hommes. Joseph vint à son secours, mais trop tard. Marmont, blessé au commencement de l'action, remit le commandement à Clausel. Les troupes françaises se replièrent sur Burgos ; Joseph, ne pouvant défendre Madrid, se plaça de l'autre côté du Tage et ordonna à Soult de venir le rejoindre avec l'armée de l'Andalousie.

Entrée de Wellington à Madrid (1812). — Wellington entra à Madrid le 10 août ; le Retiro, devenu une citadelle, ne résista pas ; les Anglais y trouvèrent 54 canons, de grandes provisions et de riches magasins.

Wellington quitte Madrid. — Les Français prennent l'offensive. — Le général anglais, pour ne pas avoir marché de suite contre Clausel, ne put conserver sa conquête ; le général français prit, en effet, l'offensive. Wellington tenta alors de s'emparer de Burgos ; il fut repoussé par l'intrépide général Dubreton ; le général anglais se retira en Portugal lorsqu'arriva Soult pour opérer sa concentration avec les différents corps de l'armée française.

. . . .

Wellington hiverne à Ciudad-Rodrigo. — Wellington, après son coup de main sur Madrid et son insuccès à Burgos, se décida à prendre ses quartiers d'hiver dans les environs de Ciudad-Rodrigo avec l'espérance de recevoir des renforts et de réorganiser ses troupes.

Concentration des alliés (1813). — Nommé généralissime des armées espagnoles par les Cortès, Wellington concentra dans le Nord toutes les forces du midi de la péninsule ; en 1813, son armée, composée d'Anglais, de Portugais et d'Espagnols, s'élevait au chiffre respectable de 130,000 hommes. Les Français, au contraire, s'affaiblissaient de plus en plus ; l'empereur avait retiré au maréchal Soult deux divisions de dragons.

Composition de l'armée française. — Les dépôts, en vue de fournir des recrues à l'armée, s'étaient formés en régiments provisoires pour marcher à Sajonia. Depuis le Douro jusqu'à Tolède, l'armée française ne comprenait pas plus de 90,000 hommes, répartis en quatre corps d'armée : le 1er, celui du Portugal sous les ordres de Reille ; le 2e, celui du Centre, commandé par Drouot, comte d'Erlon ; le 3e, celui du Midi, dirigé par de Gazan ; le 4e, celui du Nord, aux ordres de Clausel. Quelques troupes de la garde formaient une réserve de 8 à 10,000 hommes.

Wellington projette de couper la ligne de retraite des Français. — Dans le mois de mai, Wellington termina ses préparatifs et empêcha l'exécution du plan d'opérations des Français sur le Douro. En général avisé, il comprit que pour faire évacuer la capitale et l'Espagne entière, les Français devaient être menacés dans leur ligne de retraite ; pour cela, ce projet avait besoin d'être favorisé par une diversion des forces de l'Andalousie sur l'extrême gauche des adversaires, et aussi par le mouvement des armées espagnoles de la Galice ainsi que des Asturies contre leurs communications.

Le général anglais passa le Douro à Lamego, concentra ses forces à Toro et continua sa marche sur Palencia.

Joseph quitte Madrid. — Joseph, à la nouvelle de ce mouvement, abandonna Madrid et s'établit à Vittoria, parallèlement à la route de Bayonne.

On ne peut blâmer le roi de ne pas avoir tenté le sort des armes ; l'endroit n'était pas favorable, et la moindre faute pouvait permettre à l'ennemi d'intercepter les routes sans grands efforts. Les généraux français penchaient pour une retraite parallèle à l'Èbre jusqu'à ce que la concentration avec Suchet permît de recouvrer l'offensive ; Joseph suivit le conseil du fatal Jourdan, le major général, qui voulait attendre l'ennemi.

Les Espagnols, menaçant les deux flancs de la ligne de retraite, les généraux Foy et Clausel furent successivement détachés pour les contenir jusqu'à Saint-Sébastien et Logrono.

L'éloignement des troupes de ces généraux, au moment de livrer bataille, parut complètement en dehors des règles ; ce mouvement était dicté par la nécessité.

Le général anglais passa l'Èbre et se présenta devant la position le 2 juin ; il marcha lentement ; le jour même eut lieu la bataille d'où devait sortir le sort de la péninsule. Les colonnes d'Hill et de Beresford enfoncèrent le centre et la gauche de l'armée française, qui battit en retraite par le chemin de Pampelune, tandis que la droite était menacée par Graham, en observation pour barrer la route.

L'artillerie, les approvisionnements et les bagages tombèrent aux mains des vainqueurs. La panique occasionna un certain désordre momentané. Le général Clausel sauva la gauche ; il prit le chemin de Jaca et de Pau. Le général Foy, plus prompt que les Anglais, couvrit la Bidasoa.

Bataille et retraite de Vittoria. — La bataille et la retraite de Vittoria coûtèrent aux Français plus de 5,000 hommes (21 juin 1813).

Dans l'Est, le cabinet anglais remplaça Murray par Maitland. Au mois d'avril 1813, le nouveau commandant arriva à Alicante avec l'ordre de coopérer pour son compte au mouvement de Wellington. Le général anglais, préoccupé de couper la ligne d'opération des Français, voulait tomber sur Tarragone, dont les fortifications n'étaient pas réparées.

Suchet défait les Anglais à Alicante. — Suchet survint, força les Anglais à reprendre la mer et s'empara de leur parc de siège.

Combat dans le Jucar. — Pendant ce temps, le général Harispe battait dans le Jucar l'armée espagnole, sous les ordres du duc de Parque.

L'armée française bat en retraite. — Ces avantages, par suite de la mauvaise affaire de Vittoria, ne servirent à rien : l'empereur ordonna à Suchet de s'approcher de la frontière française et de conserver des points d'appui, en cas de retour offensif.

Suchet évacue en partie la province de Valence.—Dans les premiers jours de juillet, Suchet évacua le royaume de Valence et laissa des garnisons à Denia, Peñiscola, Murviedro et Tortose.

Les Français cantonnent en Catalogne. — Parvenu à Barcelone, le maréchal réunit les restes de l'armée de Catalogne et s'établit près du Llobregat ; une action vigoureuse poussée contre les généraux Adams et Bentinck assura aux Français des cantonnements tranquilles entre Barcelone et le Llobregat.

Dans le nord de l'Espagne, les derniers mois de 1813 n'offrent rien de remarquable, sinon un mouvement offensif du maréchal Soult, appelé à réparer l'échec de Joseph.

Pampelune menacée. — Le plan du maréchal consistait à secourir Pampelune et à attaquer le centre de l'armée alliée ; ce plan ne put être exécuté complètement ; les Français trouvèrent qu'il valait mieux ne pas tout compromettre d'un seul coup.

Siège de Saint-Sébastien. — Soult en retraite, les Anglais assiégèrent Saint-Sébastien ; leur général, Graham, fit tous ses efforts pour s'emparer de cette place. 80 canons vomirent une pluie de feu et pratiquèrent la brèche le 28 août. Trois jours après, les Anglais tentèrent l'assaut ; une explosion au centre de la ville contraignit les Français à se réfugier dans le château. Cette journée coûta aux Anglais 4,000 hommes environ et plusieurs ingénieurs. Le 9 septembre, la citadelle tomba au pouvoir des assaillants.

Pour secourir cette place, Soult essaya de forcer la formidable position de San Marcial. Les Français passèrent le fleuve sur le pont de Las Navas et se lancèrent sur les positions de leurs adversaires ; ils obtinrent d'abord quelques avantages sur une brigade espagnole placée au milieu de la colline, mais Porlier, son chef, la ramena au combat, et, appuyé par Mandizabal, repoussa les Français et les obligea à repasser la rivière.

Wellington prend la position de Rhune. — Wellington, renforcé des troupes du siège de Saint-Sébastien, passa la Bidassoa et s'empara de la position avancée de Rhune.

Capitulation de Pampelune. — Soult, très affaibli par l'éloignement de ses différents corps détachés, défendit peu la position et se concentra derrière la rivière de Nivelle. Quelques jours après, Pampelune, faute de vivres, capitula.

La bataille de Leipzig enleva tout espoir à Napoléon de reprendre l'offensive en Espagne.

Combat d'Orthez et de Toulouse (1814). — En 1814, les Français ne réussirent pas dans l'engagement d'Orthez; quant au combat de Toulouse (1), il resta indécis.

Je ne m'étendrai pas davantage sur les succès obtenus sous Ferdinand VII, de même aussi sur les pertes de certaines possessions espagnoles en Amérique.

Mort de Ferdinand VII. — **Sa fille doña Isabelle lui succède.** — Ferdinand II mourut le 29 septembre 1833; la princesse doña Isabelle, sa fille, enfant encore en bas âge, lui succéda.

---

(1) Dans ce dernier combat, Soult, malgré son infériorité numérique, résista aux attaques successives de Wellington; les Écossais ne purent s'emparer du pont Matabiau et perdirent une grande partie de leur effectif.

CHAPITRE XXXIV

Règne de doña Isabelle; observations sur la guerre civile. — Avant d'entrer dans les détails de la guerre civile, je déclare encore que je me ferai de plus en plus un vrai scrupule d'observer la plus grande impartialité dans la relation des faits.

C'est un bien triste tableau de dépeindre une lutte fratricide ; la guerre est le tribunal des partis et les victoires ou les défaites sont ses arrêts : respectons-les !

A la mort de Ferdinand VII, les partisans des réformes qui avaient lutté pour le triomphe de leurs idées depuis les premières années du siècle, firent cause commune avec l'entourage de la jeune princesse, tandis que les réactionnaires de l'ancien régime se déclarèrent en faveur de l'infant don Carlos.

Le commandant Zumalacarregui. — Sur divers points, les carlistes prirent les armes contre le gouvernement ; les insurgés, sans plan déterminé, furent facilement vaincus par l'armée ; la cause carliste serait morte au berceau si elle n'avait eu à sa tête D. Thomas Zumalacarregui (1) ; celui-ci choisit pour théâtre de ses opérations la Navarre et les provinces basques, où habilement les insurgés avaient insinué aux populations que si le nouveau régime triomphait elles perdraient leurs fueros, c'est-à-dire leurs privilèges et leurs constitutions.

(1) En 1788, à Ormaïstegui, dans le palais Iriarte-Erdicoa, naquit Tomas Zumalacarregui, le célèbre général carliste, tué devant Bilbao, et dont les restes reposent à Cegama, sous le chœur de l'église, dans un cercueil de plomb dont une des clefs a été envoyée à don Carlos.

Zumalacarregui, commandant de la garde royale, se démit de ses fonctions à la mort de Ferdinand VII et s'attacha à don Carlos, en faveur duquel il excita un soulèvement.

Cordova. — Cordova commandait l'armée libérale et Zumalacarregui les bandes carlistes ; ils firent tous les deux la *guerre de partisans*.

Les provinces basques et la Navarre sont bornées au nord par la mer Cantabrique (golfe de Biscaye), et les Pyrénées, dont les ramifications s'étendent au milieu d'immenses vallées et de torrents rapides. La végétation est robuste et beaucoup de petits cours d'eau se grossissent de pluie ou de neige fondue.

Examen des deux armées espagnoles (1836). — Jetons un coup d'œil sur la situation des deux partis en 1836.

Les bandes carlistes occupaient une grande étendue de territoire qui partait de la frontière française et passait par Irurzun, Estella, Los Arcos, Villareal, Peña de Orduña et près de Valmaseda : là, la ligne mourait dans les Cantabres, juste à Somorrostro. Bilbao et San Sebastian se trouvaient au pouvoir des libéraux. La ligne carliste comptait 90 lieues d'étendue et possédait des communications faciles avec la France, qui lui fournissait des secours de toute espéce, si bien que les Carlistes étaient mieux approvisionnés que les troupes de la Reine. Les généraux carlistes opéraient en toute liberté, mais avec le même objectif; le nombre des troupes de Zumalacarregui s'élevait à 30,000 hommes.

L'armée libérale, faute de secours, rencontrait beaucoup d'obstacles : le pays lui était hostile, aussi plus elle avançait, plus elle éprouvait de difficultés ; elle avait pour elle le nombre, l'organisation et la supériorité de l'artillerie ainsi que de la cavalerie. Cette armée comprenait 130,000 hommes ; par suite des garnisons et des détachements à fournir, elle n'avait en réalité à opposer aux Carlistes que 40,000 hommes.

Voici le plan que suivit Cordova jusqu'à la fin de la guerre, sauf quelques variantes ; ce plan équivalait à un immense blocus, forçait les Carlistes à rester dans leurs montagnes et leur coupait les communications avec les plaines.

Lignes de fer. — Pour exécuter ce plan, Cordova établit six lignes :

1° La rivière l'Arga formait la première avec quelques points fortifiés, dont le principal était celui de Larraga (à 20 kilomètres sud-sud-ouest de Pampelune) ;

2° La rivière Zadorra constituait la seconde ligne avec les villages fortifiés d'Armiñon, de Nanclarès et d'Ariñez ;

3° Le fleuve de l'Èbre était la troisième ligne avec les endroits fortifiés de Puente Larra, de Miranda, d'Haro et de Logrono ;

4° La rivière du Rio-Oja formait la quatrième ligne avec les points fortifiés de La Guardia et de San Vicente ;

5° Le comté de Treviño composait la cinquième ligne avec le village de ce nom et Peñacerrada ;

6° Le haut de la rivière de l'Arga comprenait la sixième ligne et se prolongeait jusqu'à la frontière dans les Alduides.

Trois corps, chacun de 20,000 hommes : un à Vittoria, un autre à Pampelune, le troisième enfin à Saint-Sébastien, devaient manœuvrer par des directions convergentes depuis la circonférence jusqu'au centre.

Cordova voulait à tout prix empêcher les communications des Carlistes avec la France.

Le blocus, établi par les lignes de fer, était en partie une illusion, parce que les Carlistes se présentaient toujours en nombre inférieur.

L'opinion publique souhaitait ardemment la fin de la guerre civile.

La division en trois corps de l'armée libérale avait l'inconvénient de manquer d'unité dans les opérations, tandis que les Carlistes, supérieurs en nombre à chacun de ces trois corps, l'emportaient constamment. La guerre se prolongea par la faute des généraux des deux partis : Espartero, Oraa, Escalera, Cordova, Zumalacarregui, Cabrera, Zaratiegui, Villarréal et plusieurs autres.

Cette guerre civile présente certainement un intérêt tout particulier ; le cadre de ce livre, et la règle que je me suis imposée, m'obligent à être sobre de détails.

L'armée libérale l'a emporté ; le progrès ne pouvait se laisser battre par la routine ; la lumière éclaire le monde, les ténèbres le plongent dans l'obscurité. . . . .

. . . .

Guerre d'Afrique (1859). — L'Afrique a toujours présenté de vastes horizons pour l'Espagne, aussi je saisis avec empressement l'occasion de parler des conquêtes des Espagnols dans ce pays.

En août 1859, les Maures avaient eu l'audace de détruire, la nuit, des ouvrages élevés le jour par les Espagnols, aux environs de Ceuta, pour défendre les approches de cette ville.

La garnison de Ceuta, renforcée de deux bataillons de chasseurs, fit une sortie, afin de châtier les rebelles ; elle les repoussa à plus de 2 kilomètres.

A Algésiras (province de Cadix), l'autorité militaire forma un corps d'observation, composé de 15 bataillons, de 3 escadrons et de 3 compagnies d'artillerie de montagne, sous les ordres du général Echague ; à Cadix, on organisa une division de réserve, commandée par le général Orozco.

Cet état de choses eut pour résultat un échange de notes diplomatiques entre le gouvernement espagnol et celui de l'empereur du Maroc.

L'attitude de l'Espagne était très sympathique à la France, mais peu agréable à la jalouse Angleterre ; de nombreux pourparlers eurent lieu entre les cabinets de ces divers pays.

A bout de patience, le 22 octobre, l'Espagne, forte de son droit, déclara la guerre au Maroc ; elle divisa son armée en trois corps, plus une division de réserve et une division de cavalerie, comme suit :

1er corps, général Echague, à Algésiras.

2e corps, général Zabala, à Cadix.

3ᵉ corps, général Ros de Olano, à Malaga.

Division de réserve, général comte de Reuss, à Antequerra.

Division de cavalerie, général marquis de S. Juan de Piedras Alvas, à Santa-Maria.

Total : 35,000 hommes et 2,950 chevaux ou mulets.

Les Maures ne pouvaient opposer à ces forces que 13 à 15,000 Bojaris de la garde du sultan et noyau de l'armée ;

25,000 Maures du roi ou Magacenis dont moitié cavalerie et moitié infanterie ;

2,000 hommes, composant le Nizam, autre force d'infanterie.

Les forces de l'empire marocain comprenaient 300,000 hommes ; il était impossible d'en réunir plus de 50 à 60,000 ; l'organisation de l'armée n'ayant point de règle fixe.

L'amiral de Herrera. — L'amiral espagnol D. Segundo Diaz de Herrera prit, le 21 octobre, dans la rade d'Algésiras, le commandement des forces navales, composées de 2 frégates, 1 corvette à voiles, 7 vapeurs à roues et 3 à hélice ; il mit son pavillon sur la *Reine Isabelle II*, navire non compris dans l'énumération précitée.

En présence d'une escadre française de cinq navires et de sept vaisseaux anglais, de Herrera bloqua Tanger, Larache et Tétuan.

Le général O'Donnel. — Au commencement de novembre, D. Léopoldo O'Donnel fut nommé général en chef de l'armée d'opérations.

Le soir du 18 du même mois, le premier corps passa à Ceuta et occupa, le lendemain matin, Serrallo ; de là, il poussa une reconnaissance à 5 kilomètres de la place et établit quelques fortifications passagères. Le 27, le général en chef débarqua à son tour avec une division du deuxième corps et la réserve. Les Maures attaquèrent bien quelques redoutes en construction, mais ils furent chassés. Pendant le mois de décembre arrivèrent d'autres forces espagnoles, qui se distinguèrent dans plusieurs combats.

Le 1ᵉʳ janvier 1860, l'armée espagnole, à l'exception du premier corps qui tenait garnison à Serrallo, s'avança jusqu'à Tétuan en suivant la côte et livra la bataille de Castillejos. Le 5, les Espagnols occupèrent le campement des Lagunes et les hauteurs de Condesa; le 6, ils passèrent le Monte-Negron; le 7, l'escadre se retira par suite de mauvais temps qui dura jusqu'au 11. Les Maures profitèrent de ce contretemps pour empêcher les Espagnols de se ravitailler; ils les attaquèrent deux fois; mais ils furent refoulés. Le 14, eut lieu le combat de Cabo-Negro; l'escadre s'empara du fort Martin, le surlendemain, quand survint la division Rios qui empêcha l'ennemi de descendre dans la vallée de Tétuan; le 18, les Espagnols construisirent des tranchéés et d'autres ouvrages de fortification; le 23 et le 31, les Maures s'élancèrent contre leurs adversaires, mais chaque fois ils furent mis en déroute.

Bataille de Tétuan. —¡Le 4 février, la bataille de Tétuan s'engagea suivant le dispositif arrêté le 2.

Le campement ennemi était protégé par une forte tranchée armée de 8 canons, sa seule artillerie; un large fossé rempli d'eau empêchait d'approcher; la gauche s'appuyait sur une montagne élevée, couverte d'ennemis, au sommet de laquelle se trouvait la tour de Geleli; la droite, sur une rivière qui entourait la place. Les forces mauresques s'élevaient à 32,000 fantassins et 9,000 cavaliers des meilleures troupes avec le prince Muley-el-Abbas à leur tête.

Muley-el-Abbas. — L'armée espagnole, forte de 36,000 hommes environ, se mit en marche à huit heures et demie du matin en deux grandes colonnes, chacune avec une batterie d'artillerie de gros calibre, afin de défendre le centre; l'arrière-garde comprenait la cavalerie et derrière deux divisions de réserve. Pour faire tête à l'attaque de la cavalerie ennemie, postée au pied de la Sierra-Bermeja et d'autres troupes, la division Rios ainsi qu'une colonne nombreuse de cavalerie se placèrent entre le campement et la place.

Prise de Tétuan. — A dix heures du matin, l'artillerie mauresque ouvrit le feu contre les Espagnols, qui avancèrent sans broncher, comme à la parade, culbutèrent les Arabes, s'emparèrent de l'artillerie ennemie, de 800 tentes, de chameaux et d'une grande quantité de matériel.

L'armée espagnole entra, le 6, à Tétuan ; des parlementaires vinrent solliciter la paix, mais sans l'obtenir.

Bombardement de Larache et d'Arcilla. — Le 25 et le 26, l'escadre espagnole bombarda Larache et Arcilla.

2,872 hommes des tercios (ou régiments) basques débarquèrent, le 27.

Bataille de Vad-Ras. — Après de légères escarmouches, aux environs de Sansa, le 10 et le 11 mars, s'engagea la bataille de Vad-Ras, sur le chemin de Tétuan à Tanger. Les Maures avaient en ligne 50,000 hommes et les Espagnols à peine 45,000, y compris le 1er corps de Serrallo.

Traité de Tétuan. — L'ennemi, vaincu, fut obligé, le 25 et le 26 mai, de solliciter la paix, qu'on signa à Tétuan. Ce traité concédait aux Espagnols Ceuta avec le territoire, depuis la mer, suivant les hauteurs de Sierra-Bullones jusqu'au ravin d'Anghera ; du côté de l'Océan, Santa Cruz la Pequeña avec un terrain suffisant pour fonder plusieurs établissements ; une somme de 20,000,000 de douros et, à Fez, le droit d'établir une maison de missionnaires espagnols et, enfin, comme garantie, la citadelle de Tétuan avec tout le territoire qui formait le boulevard de ce nom.

En Espagne, l'opinion publique s'était franchement prononcée pour la guerre ; à la nouvelle de la paix, les esprits furent dans une joie indescriptible.

Dans la guerre d'Afrique, la tactique n'a joué aucun rôle, excepté pourtant dans les batailles de Tétuan et de Vad-Ras ; la valeur des Espagnols a toujours triomphé de la bravoure de leurs adversaires

Voici les pertes des Espagnols : 5,192 morts, 4,040 blessés grièvement, et 4,994 blessés légèrement ou contusionnés.

Campagne de Saint-Domingue. — La campagne de Saint-Domingue est trop présente à la mémoire du monde militaire pour que je m'étende longuement à son sujet.

Au milieu de mars 1861, les habitants de l'île de Saint-Domingue proclamèrent leur annexion à l'Espagne par un vote unanime. Cette colonie voulait revenir à la mère patrie; en effet, la ville de Saint-Domingue a été la première ville que les Espagnols bâtirent dans le nouveau monde. Colomb la fonda en 1494, sous le nom d'Isabelle, sa bienfaitrice ; plus tard, elle reçut le nom de Santo-Domingo, du nom du père de Colomb.

La situation géographique de Saint-Domingue, voisine des îles de Cuba et de Puerto-Rico, avec lesquelles elle se trouve en relations constantes, lui donne une position stratégique de premier ordre dans le golfe du Mexique. Le vote des habitants de Saint-Domingue ne pouvait qu'être agréable à l'Espagne.

Au milieu de 1863, les indigènes de cette île changèrent d'idées et se soulevèrent contre la domination espagnole.

Il serait peut être un peu long d'entrer dans les détails et de rechercher si les motifs de ce soulèvement étaient bien fondés. Je dois constater de suite que la campagne a été menée mollement : les moyens d'action n'étaient pas proportionnés à la tâche à remplir; aussi l'expédition, décimée par le climat et paralysée dans ses opérations, n'obtint aucun résultat favorable et battit en retraite (juin 1865). Quelques efforts et quelques sacrifices auraient pourtant suffi pour réduire à l'obéissance la population de cette île.

Campagne du Mexique (1861). — Le 31 décembre 1861, l'Espagne se concerta avec l'Angleterre et la France pour venger en commun leurs nationaux volés ou assassinés au Mexique.

L'Espagne avait déjà envoyé Prim au Mexique ; ce général débarqua à Vera-Cruz, dont il s'empara ; de concert avec l'Angleterre, il conclut la convention particulière de Soledad avec la promesse formelle du Mexique de réparer les torts commis envers les sujets espagnols et anglais. C'est la dernière campagne que je décrirai, car je ne crois pas utile de parler des luttes intestines qui ont ensanglanté trop longtemps la Péninsule ; heureusement que le calme est revenu pour permettre à l'Espagne de tenir sa place dans le concert européen.

CHAPITRE XXXV

Tactique espagnole, ses progrès. — Précédemment, j'ai parlé du fameux capitaine de Gonzalo de Ayora, surnommé le grand et l'habile tacticien ; voyons comment il organisa l'armée.

Organisation du régiment. — Le régiment comprenait 6,000 hommes, distribués en 12 compagnies de 500 hommes chacune ; 10 de ces compagnies étaient formées de :

> 200 soldats armés d'une pique.
> 200 soldats armés d'une rondache (1).
> 100 soldats armés d'une arquebuse.

Les 2 autres compagnies s'appelaient *piquiers extraordinaires*, à cause de leur arme : la pique.

Le colonel était le chef du régiment et le capitaine, celui de la compagnie.

La compagnie comprenait 5 caporaux de bataille, chargés chacun du commandement de 100 hommes ; chaque division de 100 hommes avait 10 caporaux ordinaires, soit 1 pour 10 hommes.

Des formations. — L'unité tactique de force était la compagnie.

Pour la marche, on usait de la colonne prolongée, avec la formation actuelle de la marche par le flanc.

Les unités tactiques se formaient aussi en bataille, en ordre profond sur plusieurs files.

(1) Sorte de bouclier en acier ou en airain poli de forme concave au dedans, convexe au dehors ; le centre, au dehors, portait une rosace saillante ; la rondache était une arme seulement défensive qui ne dispensait pas des armes offensives.

Les *piquiers extraordinaires* prenaient place aux endroits les plus dangereux et les plus menacés par l'ennemi.

Les Suisses, réputés alors les plus intelligents dans l'art de combattre, avaient adopté une formation en forme de croix, avec des arquebusiers dans les quatre angles. Ils avaient aussi une autre formation : celle en cercles concentriques, avec le capitaine et le drapeau au centre.

Gonzalo introduisit ces formations dans sa tactique.

Le régiment de cavalerie comprenait 600 cavaliers : moitié grosse cavalerie, moitié cavalerie légère.

Gonzalo cherchait avant tout un ordre de bataille, conservant une cohésion irréprochable entre les diverses armes, de telle sorte qu'au moment de l'action la force acquise soit irrésistible.

Tactique. — Gonzalo, malgré son génie incomparable, ne comprit pas dans le principe l'importance de l'artillerie : d'abord, parce qu'elle était à sa naissance et peu pratique au début ; ensuite, parce que les effets à obtenir étaient à peu près inconnus.

Il admettait, comme règle, que rien n'était absolu dans la guerre et que tout dépendait du talent du général ; j'ajouterai qu'il possédait réellement le culte de l'étude de l'art militaire, tel qu'il existait chez les Grecs et les Romains.

La tactique du *grand capitaine*, sauf de légères modifications, fut la seule suivie pendant le règne de la maison d'Autriche.

A l'avénement de Philippe V, le règlement tactique se divisait en deux parties : la première comprenait l'instruction, le recrutement et l'administration de la compagnie ; la seconde, l'école de bataillon en ligne avec d'autres bataillons. Le bataillon était de 1,000 hommes ; chaque bataillon de 6 compagnies qui se subdivisaient en petites files, en longues files pour former le régiment.

Le régiment avait donc des *files*, des *ailes*, des *flancs*, un *centre*, une *avant-garde* et une *arrière-garde*.

Le bataillon présentait toujours la forme d'un triangle

équilatéral; quelquefois aussi celle en forme de croix ou de carré.

En 1703, parut un nouveau règlement de tactique pour l'infanterie, qui différait peu du précédent, mais qui contenait quelques améliorations ; celui de 1728 fit reporter l'importance des feux de l'infanterie en bataillon sur 3 files ; les Français furent les premiers à user de cette nouvelle tactique.

Sous le règne de Ferdinand VI, les progrès prirent de grandes proportions.

Une commission militaire fut envoyée en Prusse, afin d'étudier la tactique de cette nation ; le règlement qui sortit alors dura jusqu'au 2 novembre 1842, c'est-à-dire jusqu'à l'apparition de la tactique revisée par ordre royal, et dont l'auteur était le général D. Philippe Rivero ; un bataillon modèle fut créé, en 1844, suivant un nouveau règlement de la tactique revisée. Ce règlement resta en vigueur jusqu'au 25 novembre 1863, époque où il fut remplacé par celui de l'excellent capitaine général le marquis de Duero.

La tactique des autres armes suivit progressivement celle de l'infanterie.

Art militaire. — L'art militaire, depuis le xviie siècle jusqu'à la Révolution française, a fait des progrès considérables.

La nourriture et l'habillement du soldat furent améliorés.

L'infanterie se divisa en infanterie de ligne et en infanterie légère, avec le même armement et la même instruction ; la première combattait en ordre ouvert ; la seconde, en ordre serré.

La cavalerie prit de l'importance par suite de la formation des corps de cuirassiers et de lanciers.

L'artillerie s'augmenta de l'artillerie légère, c'est-à-dire des obusiers, qui composaient la troisième partie d'une batterie.

Le nombre des ingénieurs fut proportionné à la force de l'infanterie et à la quantité des forteresses du pays.

Les fusées à la congrève, adoptées par toutes les armées, ne produisirent jamais de grands résultats.

Un grand perfectionnement dans les armes fut l'introduction du fusil à piston ; les chasseurs l'adoptèrent les premiers ; c'était une révolution dans l'armement, en attendant celle des fusils à percussion centrale et des fusils à à répétition.

La baïonnette fut et sera toujours une arme terrible.

Dans la guerre d'Algérie, on inventa la baïonnette-sabre, qui pouvait en même temps servir d'arme de main.

A cette époque, voici quel était le problème à résoudre : *de quelle manière, pour arriver à un bon but, peut-on opposer des soldats vieux, mais non aguerris, et des jeunes recrues à une armée composée de troupes instruites et aguerries ?*

La solution fut celle-ci : en principe le combat commencera par un nombre de chasseurs, supérieur à la règle ; les chasseurs abandonnés à leur valeur et à leur propre initiative, serviront d'éclaireurs de terrain et ouvriront un feu meurtrier de mousqueterie contre l'artillerie. Cette manière d'opérer permet aux chasseurs de cacher les mouvements des masses qui, formées en colonnes par bataillons ou par régiments, protégeront l'artillerie de campagne, soutenue déjà par la cavalerie, et attaqueront ensuite les positions de l'ennemi, soit en ordre compact, soit en ordre dispersé.

Pendant les guerres de l'empire, la troupe possédait une instruction supérieure ; aussi, la tactique prit une autre physionomie. Les masses, serrées sur des terrains circonscrits, réclamaient des tacticiens émérites pour suppléer aux défauts de la nature ; la géométrie joua un grand rôle. Dans cette période, les divisions formèrent des centres d'unités : deux ou trois divisions composaient un corps d'armée qui devenait une véritable petite armée, avec une cavalerie en rapport, avec de l'artillerie de campagne et de position, avec du génie et des sections d'administration ; le tout proportionné aux besoins du corps d'armée.

Les ordres étaient donnés par le commandant en chef aux généraux de corps d'armée, qui les transmettaient ensuite à leurs subordonnés par la voie hiérarchique. Chaque armée, composée de plusieurs corps, comprenait une réserve d'infanterie, de grenadiers, de cavalerie de ligne, de cavalerie légère et d'artillerie, formant un corps de réserve toujours à la disposition du général en chef pour opérer suivant la nécessité.

Les meilleures attaques consistaient à surprendre une aile et à décomposer tactiquement un centre ; les attaques en ligne réussissaient rarement à leurs auteurs.

Il est à remarquer que la plus grande mobilité d'une armée assure toujours sa supériorité.

Un bon général opère les concentrations des divisions le plus rapidement possible par des chemins différents, et cela pour toutes les armes.

Frédéric perfectionna le tir de l'artillerie en établissant le tir convergent et le tir oblique. Frédéric préférait le premier ; Napoléon, le second ; là, pas de règles absolues : tout dépendait de la stratégie et de la tactique.

Tant que l'artillerie a été peu nombreuse, le général en chef a pu surveiller lui-même sa ligne d'artillerie ; mais dès que cette arme a pris du développement, il a été obligé de laisser toute initiative aux chefs des batteries et de travailler topographiquement dans le silence du cabinet ou la carte à la main pour donner des ordres de mise en batterie.

Frédéric et Napoléon ont toujours préparé leur échiquier sur le papier et cherché par des combinaisons stratégiques à perdre peu de monde.

Il est incontestable que le général à la conception la plus rapide l'emportera toujours sur un adversaire moins bien doué.

Sous la Révolution française la stratégie prit une place prépondérante dans l'art militaire et fit des progrès immenses.

En effet, si nous examinons la campagne d'Italie de Napoléon, nous constatons une grande division dans les unités tactiques, marchant en colonnes et se concentrant à heure fixe sur un point déterminé ; avec les progrès de l'art militaire moderne, voilà en quoi consiste le talent d'un bon capitaine :

Subdiviser une armée en infiniment petits ; la concentrer à heure fixe sur un point déterminé : la subdiviser de nouveau si c'est nécessaire, ou, autrement dit, la rendre insaisissable ; la concentrer pour frapper un coup et pouvoir la rendre encore insaisissable.

La stratégie l'a emporté sur la tactique, c'est-à-dire que la science des mouvements d'une armée ou des grandes opérations de la guerre a pris dès lors une place primordiale, avant l'art de ranger une armée ou d'exécuter des évolutions.

. . . .

Forteresses. — Les anciennes forteresses ne jouèrent plus le même rôle, parce qu'elles n'étaient point en rapport avec l'importance des armées et le vaste théâtre des guerres.

. . . .

Les forteresses sont toujours défendues par de grandes armées, mais beaucoup plus encore par leur situation topographique ; dans ces conditions, la famine seule peut les faire capituler.

Depuis Napoléon, l'usage des fortifications passagères s'est beaucoup développé ; en effet, une armée doit savoir se défiler, soit en se servant de la nature même, soit en y suppléant par l'intelligence, c'est-à-dire en créant des obstacles artificiels.

J'ai déjà posé en principe que la force d'une armée consistait dans une extrême mobilité, de sorte que toute armée qui, jusqu'au dernier moment, dissimulera son véritable plan ou pour mieux dire trompera son adversaire, aura bien des chances de succès.

En thèse générale, les bas-fonds sont défendus par les hauteurs, et comme ruse de guerre, des masses bien cachées par des lignes de tirailleurs pourront à un moment donné servir de bélier pour écraser l'adversaire.

Il ne suffit pas d'utiliser les routes en temps de guerre,

il faut encore pouvoir passer les cours d'eau. Le corps du génie est donc aussi indispensable à la défense d'une place qu'à la marche d'une armée. Établir un pont rapidement n'est pas toujours chose facile et abattre des obstacles présente souvent des difficultés.

Avec cette méthode de faire la guerre, le corps de l'état-major acquiert une importance considérable et devient un facteur de premier ordre.

Administration. — De son côté, l'administration militaire ou l'intendance a subi d'importantes modifications, surtout depuis l'augmentation des armées.

Écoles. — L'éducation militaire se donnait dans des écoles et des académies où l'on apprenait les sciences nécessaires pour être un officier capable d'instruire et de diriger en toutes circonstances les recrues de la Nation.

CHAPITRE XXXVI

ANALYSE DE QUELQUES AUTEURS MILITAIRES DES XVIIIe ET XIXe SIÈCLES.

Don Alvaro de Navia Osorio nous inspire une profonde admiration ; il est d'une partialité étonnante ; il décrit avec beaucoup d'à-propos et de vérité les sujets qu'il traite.

Dans ses *Réflexions militaires*, le marquis de Santa-Cruz s'est élevé au sublime de l'art, surtout en stratégie. Santa-Cruz prend le soldat jeune recrue et le mène de grade en grade jusqu'à celui de général en chef, se plaçant dans toutes les situations possibles : victoire ou défaite ; ce savant écrivain forme une encyclopédie militaire en action utile dans tous les grades et dans tous les emplois.

P. Daniel, dans son *Histoire de la milice française*, traite spécialement du rôle des officiers dans les batailles.

Le marquis de Palmieri s'applique à démontrer la connexité des mathématiques et de la science militaire.

Le maréchal de Saxe, grand écrivain militaire, estime surtout l'instruction et le courage.

Au XIXe siècle, le célèbre baron Henri Jomini a écrit de nombreux ouvrages : *Traité des grandes opérations militaires, Précis de l'art militaire, l'Histoire des guerres de la révolution*, etc., etc.

L'archiduc Charles a fait : *les Principes de la stratégie*, où il expose avec clarté et science les grandes évolutions. Il a traité aussi d'une manière remarquable *la Guerre des montagnes*.

La Philosophie de la guerre est l'œuvre du marquis de Cambray ; ce livre traite spécialement de l'organisation des armées, des moyens de la répartir, de la valeur du soldat, des qualités d'un général, des instructions militaires, politiques et civiles. . . .

Les écrits de Napoléon Ier sont certainement d'une grande valeur, mais nous devons tenir compte qu'il a raconté tout de mémoire et que souvent il avait besoin de se disculper.

Son style pittoresque, toujours sobre et vrai, se distingue par sa simplicité et sa noblesse: la pensée et la volonté dominent au milieu d'une vive imagination.

Okunef, adjudant de l'empereur de Russie,. a publié *l'Examen raisonné des trois armes*, puis *les Considérations sur les grandes opérations* et *les Batailles de la campagne de 1812*, où il expose que *la théorie* est aussi nécessaire que *la pratique*.

Le comte de Clonard, dans son *Histoire organique de l'infanterie et de la cavalerie de l'armée espagnole*, intéresse vivement tout homme du métier, tout officier jaloux de connaître l'histoire militaire de la nation espagnole.

Aujourd'hui les écrivains militaires ne manquent pas, et, soit dans les revues, soit dans les publications, l'officier travailleur acquerra cette force invincible que j'appellerai l'instruction.

La tâche paraît souvent ingrate pour les historiens militaires, mais c'est une bien grande récompense d'avoir l'honneur d'instruire la jeunesse future.

CHAPITRE XXXVII

OBSERVATION SUR L'ARMÉE ESPAGNOLE DEPUIS LE XIXe SIÈCLE.

Au commencement du xixe siècle, par suite des perfectionnements apportés à l'artillerie et à l'armement des troupes à pied et à cheval, il parut utile d'organiser l'armée suivant des règles fixes en rapport avec les progrès obtenus dans l'art militaire et d'établir dans des termes précis un enseignement uniforme pour le bien du service et l'exécution des règlements en vigueur.

Organisation de l'infanterie. — Le 26 août 1802, le ministre de la guerre définit, d'une manière spéciale, l'organisation de l'infanterie, composée de trente-huit régiments de ligne et de douze bataillons de troupes légères.

Infanterie de ligne.—Le régiment comprenait trois bataillons; le bataillon, quatre compagnies, dont deux de grenadiers et deux de fusiliers pour le 1er bataillon; le 2e et de 3e bataillon n'étaient composés que de fusiliers.

Deux régiments formaient une brigade, sous les ordres d'un général de brigade ou du plus ancien colonel des deux régiments.

Infanterie légère. — Chaque bataillon d'infanterie légère était de six compagnies.

Renforts. — En temps de guerre, les régiments d'infanterie de ligne se renforçaient des milices provinciales et des bataillons d'infanterie légère des provinces sans milices.

Augmentation de l'armée. — Pendant la guerre de

l'Indépendance et comme conséquence, l'armée fut augmentée considérablement.

Garde royale. — Le 1ᵉʳ mars 1818, on créa la garde royale ; elle comprenait une compagnie de hallebardiers et deux régiments de gardes royaux.

Composition de l'infanterie en 1828. — Le 31 mai 1828, l'infanterie fut réglementée ainsi :

6 régiments (dont 2 régiments provinciaux) de garde royale.

17 régiments d'infanterie de ligne.

6 régiments d'infanterie légère.

45 régiments d'infanterie provinciale.

La garde royale était commandée par un colonel général, qui était le roi ; ce corps se décomposait en division et en brigade.

Les dix premiers régiments d'infanterie de ligne avaient chacun trois bataillons et ceux de l'infanterie légère, deux bataillons.

Chaque bataillon avait une compagnie de dépôt, excepté ceux du régiment de Ceuta.

Milices nationales. — En 1837, pendant la guerre civile et pour le service des garnisons, on organisa des bataillons d'infanterie et des escadrons de cavalerie de milices nationales.

Infanterie 1841. — Le 3 août 1841, l'ordonnance de l'infanterie fut ainsi modifiée :

Pour la garde royale à l'intérieur du palais: deux compagnies de hallebardiers ; pour la garde royale à l'extérieur du palais : deux régiments d'infanterie à trois bataillons et deux régiments de cavalerie à quatre escadrons.

Ce corps était sous les ordres d'un général avec le titre de commandant général de la garde royale, ayant sous ses ordres un adjudant général et quelques autres officiers.

L'infanterie ordinaire avait ses régiments composés de trois bataillons chacun.

La réserve comprenait 50 bataillons de milices provinciales.

1847. — En août 1847, on réorganisa l'infanterie en *infanterie de réserve*.

On institua le *Conseil consultatif de la guerre* pour diriger entièrement l'organisation militaire du royaume (1858); en 1851, ce Conseil adopta un plan défensif pour la Péninsule.

1864. — L'infanterie, en 1854, comprit l'infanterie permanente et l'infanterie de réserve ; la première était composée des 40 régiments de la circonscription de Ceuta et des 20 bataillons de chasseurs; la seconde des 80 bataillons provinciaux, lesquels se divisaient en demi-brigade de deux bataillons.

Effectif de l'armée 1867. — Le 25 janvier 1867, les forces de la Péninsule s'élevèrent à 200,000 hommes :

1° Armée permanente;
2° Réserve active;
3° Réserve sédentaire.

Les Cortès fixaient chaque année l'effectif de l'armée permanente ; la première réserve ou réserve active comprenait les individus de l'armée permanente qui, par leur numéro, ne faisaient pas partie du contingent actif et obtenaient ainsi des congés renouvelables tous les semestres sans toucher de solde ni de vivres; la deuxième réserve, ou réserve sédentaire, se composait des soldats ayant accompli une durée effective de quatre ans de service; ces soldats étaient tenus de donner leur résidence, afin d'être toujours à la disposition de l'autorité militaire.

Soldats des réserves. — La réserve active pouvait être appelée en totalité ou en partie, tandis que pour mobiliser la réserve sédentaire il fallait une loi spéciale.

Suppression des milices provinciales. — A l'exception des îles Canaries, les milices provinciales furent supprimées partout.

Création d'un 3ᵉ bataillon. — On créa ensuite un 3ᵉ bataillon dans les 40 régiments d'infanterie.

Bataillon provisoire. — Par ordre royal du 30 juillet 1867, *un bataillon provisoire* fut formé d'anciens soldats qui faisaient leur service dans les circonscriptions militaires de Madrid ; ce bataillon dépendait du directeur général de l'infanterie.

Suppression et réorganisation des hallebardiers. — Le 12 octobre 1868, le corps des hallebardiers fut supprimé et en 1875 il fut réorganisé.

Écoles de tir. — Par suite des modifications dans l'armement de l'infanterie, on créa au Pardo une école de tir, dépendant dans le principe du directeur de l'infanterie ; en 1858, cette école releva de la direction de l'artillerie. L'école du Pardo fut transportée à Tolède en 1869 et réglementée. On donna à l'instruction des bases parfaitement définies et l'on fixa le chiffre des officiers et des soldats qui devaient suivre les cours.

A Barcelone, il existait depuis longtemps une école de tir où étaient instruites toutes les troupes du district militaire de la Catalogne.

Recrutement des soldats et des officiers. — Le recrutement, au commencement du siècle, se faisait de trois manières : par l'enrôlement du cinquième du contingent ; par les engagements volontaires ; par les levées de gens vicieux.

Aujourd'hui le service militaire est obligatoire et l'on procède par l'appel du cinquième du contingent.

Les officiers sortent du corps des cadets ou du rang (quand ils ont le grade de sergent)..

Armement. — L'infanterie se servit d'abord du fusil dit à l'espagnol, ensuite d'un autre fusil dit à la française,

jusqu'à l'apparition, en 1818, du fusil à baguette et à percussion avec capsule.

Académie régimentaires. — On institua des académies
régimentaires avec l'ordre d'établir les règlements et la
tactique des différentes armes, aussi bien au point de vue
théorique qu'au point de vue pratique.

Tribunal d'honneur. — Le marquis de Romaña fut l'in-
stigateur d'un tribunal d'honneur, composé d'une commission
de chefs qui avaient ordre de faire des enquêtes sur les
fautes commises par les officiers, pour les juger ensuite.

Cavalerie. — La cavalerie, depuis le commencement du
siècle, a été peu modifiée ; pourtant, je mentionnerai la
suppression des dragons, suppression que je critique vivement, car, pour moi, il n'y a que deux éléments tactiques
de cavalerie : les dragons et les chasseurs, les dragons
comme cavalerie de ligne, les chasseurs comme cavalerie
légère ou cavalerie de découverte.

Les cuirassiers ont fait leur temps comme les lanciers ;
la parole est aujourd'hui au fusil et rarement au sabre,
malgré beaucoup de contradicteurs. La cavalerie armée
seulement de l'arme blanche est un projectile qui n'arrive
pas la plupart du temps, mais revenons à notre sujet. En
1849, à Alcala de Henares, on créa *l'établissement central
d'école de cavalerie.*

Artillerie. — A partir du commencement du xixᵉ siècle
l'artillerie s'est décomposée en régiments à pied, montés et
de montagne.

Diverses fonderies furent établies à Séville, Grenade,
Murcie, Oviédo, Tolède et Trubia ; là, on construisit le
matériel de guerre. Plusieurs ordonnances furent rendues
pour la fabrication des poudres, des munitions et du matériel d'artillerie.

Génie. — Le xixᵉ siècle a été fécond en changements
pour ce corps. En 1803, le corps des ingénieurs fut réelle-

ment constitué et organisé ; on créa une école du génie et d'artillerie à Guadalajara ; en 1860, deux régiments furent formés ; ils se composaient de deux bataillons chacun.

Le chiffre de ces régiments a été porté, en 1873, à quatre ; chaque régiment comprit un bataillon à six compagnies : la 1re de pionniers ; la 2e de télégraphistes ; la 3e et la 4e de sapeurs-bombardiers ; la 5e d'ouvriers de chemins de fer et la 6e de mineurs.

Brigade topographique. — La brigade topographique avait pour objet de lever les plans des places, des points forts et des terrains ayant une certaine importance. Cette brigade, créée en 1847, fut réorganisée en 1864.

Dépôt de la guerre. — Le dépôt de la guerre a été institué, en 1810, pour s'occuper spécialement des cartes géographiques, topographiques et militaires. Cette organisation se divisa en deux sections : l'une de géographie et l'autre d'histoire.

Administration. — Le corps de l'administration a été réorganisé en 1824 ; le corps de l'intendance et les trésoreries générales s'établirent à Madrid, de même que les ordonnances et les trésoreries provinciales.

L'administration militaire (1828), a été réglementée comme une des branches principales de l'armée.

En 1853, on institua l'*École spéciale de l'administration militaire* ; quelques années après, une compagnie d'ouvriers militaires d'administration fut organisée ; en 1861, ce chiffre s'éleva à trois ; enfin, en 1856, l'administration se décomposa en sections, comme en France.

Médecins et vétérinaires militaires. — C'est dans le xixe siècle qu'on décréta la formation du corps des médecins et des vétérinaires militaires ; les diverses modifications, survenues dans ce corps, ne présentent pas d'intérêt pour nos lecteurs.

Gardes civils. — De 1844, date la création de l'excellent corps des gardes civils, chargés de protéger les personnes et les propriétés, ainsi que de poursuivre les malfaiteurs. Dépendant de l'armée active et par conséquent du ministère de la guerre pour l'organisation, le personnel, la discipline, le matériel..., le corps des gardes civils relevait, comme aujourd'hui, du ministère du gouvernement de l'Intérieur pour le service.

La garde civile comprenait quatorze régiments, de 1 à 14; elle fut répartie en commandements de province.

En 1853, on fonda à Valdemore un établissement (1) de compagnies de gardes civils pour recevoir les fils de gardes morts au service et leur donner une bonne éducation militaire.

Au commencement de 1868, pour augmenter la garde civile, on créa la garde rurale, chargée spécialement de la garde des propriétés.

Par décret du gouvernement provisoire de la même année, la garde rurale fut dissoute et les cadres versés dans la garde civile.

A la fin du XVIIIe siècle, on décida l'organisation des douaniers pour empêcher la contrebande, ainsi que celle des carabiniers des côtes et des frontières.

En 1842, ce corps prit le nom de carabiniers royaux, dépendant du ministère de la guerre pour la partie militaire et des douanes pour les perceptions.

L'Espagne, y compris les îles Baléares, a été divisée alors en six districts, subdivisés en trente et un commandements.

On a organisé, en 1862, le corps des jeunes carabiniers, puis en 1863, une école à Gétafe (Nouvelle-Castille), qu'on a transportée, quatre ans plus tard, à l'Escurial.

(1) Aux Écoles militaires, j'en parle encore dans mes annotations.

Nouvelle division des provinces espagnoles avec les places fortes.

Anciennes provinces	Nos	Nouvelles provinces ou Intendances civiles	CHEFS-LIEUX	PRINCIPALES PLACES FORTES
I La Catalogne.	1	Girone.	Girone.	Girone, sur le Ter.
		do		Figuières.
		do		Holstarich, sur la Tordera.
	2	Barcelone.	Barcelone.	Barcelone, sur la Méditerranée.
		do		Cardona, sur la Cardonero.
	3	Tarragone.	Tarragone.	Terragone, sur la Méditerranée.
		do		Tortose, sur l'Ebre.
	4	Lérida.	Lérida.	Lérida, sur la Sègre.
		do		Balaguer, —
		do		Urgel, —
		do		Belver, —
II L'Aragon.	5	Sarragosse.	Saragosse.	Saragosse, sur l'Èbre.
		do		Mequinenza, sur l'Èbre.
	6	Huesca.	Huesca.	
		do		Mouzon, sur le Cinca.
		do		Jaca, sur l'Aragon.
	7	Téruel.	Téruel.	
		do		Albarracin domine le cours du Guadalaviar.
III La Navarre.	8	Pampelune.	Pampelune.	Pampelune, sur l'Arga.
		do		Tafalla, près du Zidacos.
		do		Tudela, sur l'Ebre.
IV Les provinces Basques.	9	Alava.	Vittoria.	Vittoria, près de la Zadorra.
	10	Guipuzcoa.	St-Sébastien.	St-Sébastien, sur l'océan Atlantique.
	11	Biscaye.	Bilbao.	Bilbao, sur le Nervion.
V Les Asturies.	12	Les Asturies.	Oviédo.	
VI. La Galice.	13	La Corogne.	La Corogne.	La Corogne, sur l'océan Atlantique.
		do		Le Ferrol. — —
	14	Lugo.	Lugo.	
	15	Pontevedra.	Pontevedra.	
		do		Vigo. — —
	16	Orense.	Orense.	
VII Le royaume de Léon.	17	Léon.	Léon.	Léon, au confluent du Torio et de la Bernesga.
	18	Zamora.	Zamora.	
	19	Salamanque.	Salamanque.	
		do		Ciudad-Rodrigo, sur l'Agueda.
	20	Valladolid.	Valladolid.	
	21	Palencia.	Palencia.	
VIII La Vieille-Castille	22	Burgos.	Burgos.	Burgos, sur l'Arlanzon.
	23	Santander.	Santander.	Santander, sur l'océan Atlantique
		do		Santona, sur l'océan Atlantique.
	24	Logrono.	Logrono.	Logrono, sur l'Ebre.
	25	Soria.	Soria.	
	26	Ségovie.	Ségovie.	
	27	Avila.	Avila.	
IX La Nouvelle-Castille.	28	Madrid.	Madrid.	
	29	Guadalajara.	Guadalajara.	
	30	Cuença.	Cuença.	
	31	Tolède.	Tolède.	
	32	Ciudad-Real.	Ciudad-Real.	
X L'Estramadure.	33	Badajoz.	Badajoz.	Badajoz, sur le Guadiana.
	34	Cacerès.	Cacerès.	
		do		Valencia, sur l'Avid.
		do		Almaroz, sur le Tage.

Anciennes provinces	Nos	Nouvelles provinces ou Intendances civiles.	CHEFS-LIEUX	PRINCIPALES PLACES FORTES
XI L'Andalousie.	35	Cordoue.	Cordoue.	
	36	Séville.	Séville.	
	37	Huelva.	Huelva.	
	38	Cadix.	Cadix.	Ile de San-Fernando, sur l'océan Atlantique.
		d°		Le Trocadéro, sur l'océan Atlantique.
		d°		Tarifa, sur le détroit du même nom, situé entre l'océan Atlantique et la Méditerranée.
		d°		Algésiras, sur la Méditerranée.
		d°		Camp de San Roque, sur la Méditerranée.
	39	Jaën.	Jaën.	
XII Le royaume de Grenade.	40	Grenade.	Grenade.	
	41	Malaga.	Malaga.	Malaga, sur la Méditerranée.
		d°		Ronda, sur le Tajo.
	42	Alméria.	Alméria.	Alméria, sur la Méditerranée.
XIII Le royaume de Murcie.	43	Murcie.	Murcie.	
		d°		Carthagène, sur la Méditerranée.
	44	Albacète.	Albacète.	
XIV Le royaume de Valence.	45	Valence.	Valence.	
		d°		Jativa, près du confluent de la Montesa et de l'Albeyda.
	46	Alicante.	Alicante.	Alicante, sur la Méditerranée.
	47	Castellon de la Plana.	Castellon de la Plana.	
		d°		Peñiscola, sur la Méditerranée.
		d°		Morella.

Anciennes provinces	Nos	NOUVELLES PROVINCES ou intendances civiles	ÉNUMÉRATION des iles.	CHEFS-LIEUX	PRINCIPALES places fortes.
XV Les Iles Baléares.	48	Iles Baléares.	Majorque.	Palma.	Palma (Méditerranée). Pollenza —
			d° Minorque.	Minorque.	Port-Mahon —
			d° Cabrera.	Cabrera.	
			Iviça.	Iviça.	
			Formentera	San Fernando.	
XVI Les Iles Canaries.	49	Archipel des Canaries.	Ténériffe.	Santa-Cruz de Ténériffe.	
		7 iles habitées	Grande Canarie.	Las Palmas	
			Lanzarote.	Teguise.	
			Fortaventura.	Cabras.	
			Gomera.	St-Sébastien	
			Hierro (Ile de Fer).	Valverde.	
			Palma.	Santa-Cruz.	
		6 iles inhabitées	Alegranza.		
			Graciosa.		
			Montaña-Clara.		
			Roque del Oeste.		
			Roque del Este.		
			Lobos.		

Capitaineries générales.	(1)	Intendances civiles.
I. Nouvelle-Castille................. (Siège de la capitainerie à Madrid.)	6	*Madrid.* Guadalajara. Tolède Cuença. Cuidad-Real. Ségovie.
II. Vieille-Castille et Léon........ (Siège de la capitainerie à Burgos.)	11	*Burgos.* Logrono. Santander. Soria. Oviédo. Avila. Léon. Palencia. Valladolid. Salamanque. Zamora.
III. Galice..................... (Siège de la capitainerie à la Corogne.)	4	*La Corogne.* Lugo. Oraise. Pontevedra.
IV. Estrémadure................. (Siège de la capitainerie à Badajoz.)	2	*Badajoz.* Cacerès.
V. Andalousie.................. (Siège de la capitainerie à Séville.)	4	*Séville.* Huelva. Cadix. Cordoue.
VI. Grenade................... (Siège de la capitainerie à Jaën.)	4	*Jaën.* Grenade. Almèria. Malaga.
VII. Valence et Murcie........... (Siège de la capitainerie à Valence.)	5	*Valence.* Alicante. Castellon de la Plana. Murcie. Albacète.
VIII. Catalogne................. (Siège de la capitainerie à Barcelone.)	4	*Barcelone.* Tarragone. Lérida. Giroix.
IX. Aragon.................... (Siège de la capitainerie à Saragosse.)	3	*Saragosse.* Huesca. Ternel.
X. Navarre.................... (Siège de la capitainerie à Pampelune.)	1	*Pampelune.*
XI. Provinces Basques............ (Siège de la capitainerie à Vittoria.)	3	*Vittoria.* Bilbao. Saint-Sébastien.
XII. Iles Baléares............... (Siège de la capitainerie à Palma.)	1	*Palma.*
XIII. Les Canaries.............. (Siège de la capitainerie à Ténériffe.)	1	Les Canaries.

Total : 49 intendances civiles.

(1) Voir la carte, page 294.

CAPITAINERIES GÉNÉRALES	ILES		CHEFS-LIEUX	PLACES FORTES
XIV. [1]*Cuba (siège de la capitainerie à la Havane)	Cuba.		*La Havane.*	La Havane, sur l'océan Atlantique.
XV. [1]*Porto-Rico (siège de la capitainerie à San-Juan de Porto-Rico).	Porto-Rico.		*San-Juan de Porto-Rico.*	San Juan de Porto-Rico, sur l'océan Atlantique.
XVI. [2]*Archipel des Philippines (siège de la capitainerie à Yap.)	Iles Carolines Océan Pacifique	Yap. Oulouty. Roug. Duperray. Namanointo Semiavine. Oualan. Puynipet.	*Yap.*	
	Iles Palaos Océan Pacifique	26 Iles.		
	Iles Mariannes Océan Pacifique	Guam. Rota. Tinian. Seypan. Agrigan. L'Assomption.	*San-Ygnacia de Agana.*	

A ces capitaineries, nous devons ajouter quatre Présides sur la côte du Maroc :

1[3]* *Ceuta*, ville entourée d'imposantes fortifications ;

2[4]* *Peñon de Velez*, ville forte sur un îlot ;

1* Cuba et Porto-Rico ont une force armée de 44,000 hommes et de 3,400 chevaux environ.

2* En Océanie, l'archipel des Philippines a une armée de 11,000 hommes et de 390 chevaux environ.

3* La place forte de Ceuta peut contre-balancer la puissance de Gibraltar, dont elle n'est séparée que de quatre lieues. La ville de Ceuta est bâtie sur les pentes orientales du mont Hacho, l'ancien Abyla, l'une des colonnes d'Hercule, qui s'avance dans la mer, en face de Calpe, le rocher de Gibraltar ; cette position stratégique est défendue par sa position naturelle et en outre par plusieurs ouvrages assez importants. En raison de l'isolement et du dangereux voisinage des Arabes, la place se tient continuellement sur le qui-vive. Au sommet de la montagne, on a établi, sur les ruines d'une ancienne fortification romaine, une citadelle où se tient continuellement un poste-vigie chargé de veiller du côté de la mer, comme du côté de la terre ; le service est fait par deux hommes qu'on relève toutes les semaines. La garnison comprend 3 bataillons d'infanterie, 1 régiment de discipline, appelé régiment fixe, 2 batteries d'artillerie, 1 compagnie de pontonniers, quelques cavaliers et 1 compagnie de Maures, soit en tout 2,555 hommes environ et 180 canons, avec les approvisionnements nécessaires.

Civilement, Ceuta relève de la province de Cadix ; militairement, elle est commandée par un gouverneur indépendant. Elle est le chef-lieu des Presidios qui servent de lieu de déportation.

4* Peñon de Velez est un îlot de rochers, long de 224 mètres et large de 107 mètres. La garnison se compose de 120 soldats d'un régiment du continent, de 30 hommes de régiment fixe, de 50 fusiliers choisis parmi les condamnés, de 20 soldats de marine et de 30 artilleurs.

3¹* *Alhucemas*, comptoir situé dans une petite île au fond de la baie du même nom ;

4²* *Mélilla*, ville forte, lieu de déportation.
³*

Principaux établissements pour l'armée et la marine ; manufactures d'armes, arsenaux et chantiers de construction.

Basilcas, chantier de construction ;

Cadix, premier port militaire de l'Espagne, arsenal et chantier de construction dans l'île Caraca ;

Carthagène, arsenal ;

Corogne (La), arsenal ;

Ferrol (Le), arsenal, chantier de construction ;

Fernando (San), fonderie, observatoire :

Laredo-Santona, arsenal ;

Madrid, fabrique de poudre, observatoire ;

Murcie, fabrique de salpêtre ;

Plasencia, manufacture d'armes, fonderie de canons ;

Puntalès, chantiers de construction ;

Ronda, fabrique d'armes à feu ;

Séville, fonderie de canons, ateliers de pyrotechnie ;

Ségovie, manufactures d'armes, fonderie de canons ;

Tolède, armes blanches renommées ;

Tolosa, armes blanches et à feu.

---

¹* Alhucemas est également un îlot, long de 161 mètres et large de 81 mètres. Sa garnison ne compte que 85 hommes, quelques marins et vétérans. Un poste-vigie est placé sur le sommet du rocher ; 12 condamnés y montent la garde ; ils sont relevés d'heure en heure et ont pour mission, en outre de la surveillance, de frapper les heures sur une cloche.

²* La place de Mélilla, située dans une péninsule, est défendue par 147 bouches à feu et continuellement tenue en alerte ; de leur côté les Maures paraissent sans cesse s'attendre à une attaque.

Ancien établissement carthaginois, Mélilla a appartenu successivement aux Goths, puis aux Arabes ; au XVe siècle, Mélilla fut prise par les Espagnols.

³* L'Espagne possède à l'est, à la hauteur de la rivière Muluga, limite des possessions françaises, les trois îles de Zaffarines, occupées, en 1845, par le capitaine-général Serrano, un établissement militaire existe dans ces îles.

L'Espagne a encore d'autres possessions en Afrique, telles que : es îles de l'Équateur, dans le golfe de Guinée, composées de :

1° Fernando-Po (golfe de Biafra), 2.084 kil. carr., longueur, 60 kil. argeur, 12 kil., capitale Santa-Isabel ;

2° Annobon (Bonne année), découverte le 1ᵉʳ janvier 1471, 17 kil. carr., chef-lieu Annobon ;

3° Corisco, 14 kil. carr. ;

4° Elobey, 2 kil. carr.

Le cap San-Juan, 100 kil. carr. ; le port de Santa-Cruz de Mar-Parquenna, en face des Canaries, cédé à l'Espagne par le Maroc, suivant le traité de 1860-61, quand l'Espagne s'empara de Tétuan (1860), etc.

Écoles militaires.

1* *Tolède*	Infanterie.
2* *Valladolid*	Cavalerie.
3* *Ségovie* . . . . , ...	Artillerie.
4* *Guadalajara*	Génie.
5* *Madrid*	État-major.
6* *San-Fernando* ou *Léon*	Marine et artillerie de marine.
7*	

Armée. — Voici en quelques mots l'organisation actuelle de l'armée espagnole.

Le grade de sous-officier ne comporte que les deux emplois de sergent et de sergent-major.

Les officiers se divisent en inférieurs ; alfirez ou sous-lieutenants, lieutenants et capitaines; en supérieurs : commandants, lieutenants-colonels, colonels; en généraux : brigadier ou général de brigade, maréchal de camp ou général de division, lieutenant général ou général de corps d'armée et capitaine général ou maréchal.

Dans l'armée espagnole, le grade effectif n'est, pour ainsi dire, qu'un accessoire, d'où dépend la fonction, quand l'officier exerce une fonction.

L'officier, pourvu d'un grade effectif, possède souvent

1* Le collège militaire de Tolède est dirigé par un général-inspecteur avec le concours de nombreux professeurs ; le collège est organisé en compagnies. Les élèves sont admis depuis treize jusqu'à dix-huit ans et paient 8 réaux par jour (2 francs), excepté ceux qui obtiennent des bourses ou des demi-bourses. Les cours durent trois ans et comprennent les mathématiques, la fortification, la stratégie, la tactique de l'infanterie, les ordonnances militaires, l'administration, le dessin, la langue française, la gymnastique, l'équitation, l'escrime, la danse.

Les aspirants officiers ne doivent pas oublier que souvent, dans les annales de l'infanterie espagnole, on a pu écrire en lettres d'or : *Valeur et discipline.*

2* Belle caserne de cavalerie.

3* L'école d'artillerie est logée aujourd'hui dans un château-fort d'origine mauresque,

4* L'édifice qu'occupe l'école centrale du génie a été construit par Philippe V.

5* La direction du corps d'état-major est installé à Calle-Alcala, 4.

6* Le Collège des aspirants de marine est situé à San-Carlos, qui dépend de San-Fernando.

7* A Valdemoro, 6 kil, de Getafe, existe un collège d'enfants de troupe (guardias jovenes), de la garde civile espagnole. La garde civile s'est formée sur le modèle de notre gendarmerie, mais elle peut à bon droit revendiquer l'honneur d'avoir pensé, avant la gendarmerie française, à créer une institution spéciale pour les enfants des braves serviteurs : j'ai nommé les gardes civils.

un grade honoraire, toujours supérieur au grade effectif, et quelquefois même un grade personnel, supérieur lui-même au grade honoraire. Ainsi un commandant peut être possesseur du grade honoraire de lieutenant-colonel et du grade personnel de colonel.

L'officier porte les insignes de ses trois grades sur le képi ou sur les bras, en haut et en bas des manches.

Le recrutement de la troupe a lieu par voie d'appels (loi du 28 janvier 1882). La durée totale du service militaire est de 12 ans. En principe, le service militaire est obligatoire, chaque classe est répartie en diverses catégories.

Le contingent annuel s'élève à 70,000 hommes environ, dont 10,000 sont affectés à l'infanterie de marine et aux troupes coloniales. Après quatre ans de service effectif dans les colonies, chaque soldat passe dans la réserve. Les 60,000 hommes qui restent du contingent annuel sont divisés en deux portions par voie de tirage au sort. Ceux de la première portion font trois ans dans l'armée active ; ils jouissent de trois ans de congé et passent dans la réserve pour les six autres années de service ; ceux de la seconde portion sont versés dans la réserve et servent peu ou point en temps de paix.

Moyennant le payement de 1,500 francs, tout sujet espagnol s'exonère de la première portion de service militaire, mais il est assimilé aux hommes de la seconde portion.

Les hommes pour la flotte comme pour l'armée péninsulaire, l'armée de Cuba, l'armée de Porto-Rico et l'armée des Philippines sont fournis par le contingent annuel.

L'armée péninsulaire comprend :

143 bataillons d'infanterie (dont 120 groupés en 60 régiments à 4 compagnies par bataillon) ;

6 bataillons de marine ;

98 escadrons de cavalerie (dont 96 groupés en 24 régiments de lanciers, chasseurs et hussards à 4 escadrons) ;

12 régiments d'artillerie à 6 batteries de campagne, de

montagne ou de position, plus des troupes du génie et des chemins de fer, des télégraphistes et des pontonniers.

En Espagne, les transports ne sont pas assurés par le train, mais par la voie de réquisition.

L'infanterie est armée du fusil à percussion centrale Pieri.

La cavalerie :

10 régiments de chasseurs, 2 régiments de hussards,	sont armés d'un sabre et d'une carabine Remington.
12 régiments de lanciers,	1/4 ont le même armement et les 3/4 une lance et un sabre.

La cavalerie est montée en chevaux andalous. L'artillerie ne se sert que de mulets ; ses pièces sont en acier se chargeant par la culasse et d'une valeur balistique égale à celle des autres artilleries européennes.

Voici le compte approximatif de l'armée péninsulaire :

     283 hommes, gardes du roi ;
169,972 hommes, infanterie (compris la réserve) ;
 12,369 hommes, artillerie ;
  4,016 hommes, génie ;
 16,824 hommes, cavalerie ;
 19,629 hommes, milices locales ;
    600 hommes, remonte ;
  1,575 hommes, administration militaire;
    445 officiers, corps de santé ;
    266 aumôniers ;
 12,788 hommes, garde civile ;
 13,454 hommes, carabiniers.
          Total des troupes coloniales :
 81,457 hommes pour Cuba, la Havane, Porto-Rico, Phi-
          lippines, Canaries, Ceuta, etc.

Les Espagnols peuvent mettre sur pied environ 600,000 hommes, compris les réserves, de troupes très redoutables,

en raison de leur sobriété, de leur résistance à la fatigue
et de leurs qualités natives, essentiellement militaires et
patriotiques.

Le soldat espagnol est un adversaire redoutable, capable
de lutter avec les meilleures troupes connues.

MARINE

L'Espagne est divisée en trois départements maritimes :

1. *Le département de l'île de Léon ou de Cadix*, compre-
    nant le littoral du royaume de la Grenade, de l'An-
    dalousie, de l'Estrémadure, de la Nouvelle-Castille
    et des îles Canaries.
2. *Celui du Ferrol :* la Galice, la Vieille-Castille, la Na-
    varre et les provinces Basques.
3. *Celui de Carthagène :* l'Aragon, la Catalogne, le
    royaume de Valence et les îles Baléares.

La marine espagnole possède actuellement :

5 frégates cuirassées de 1re classe, portant 60 canons ;
9 frégates à hélice, 220 canons ;
6 croiseurs de 1re classe, 48 canons ;
6 croiseurs de 2e classe, 18 canons ;
16 bâtiments divers de 2e classe, 50 canons ;
1 monitor, 3 canons ;
1 batterie flottante, 5 canons ;
57 canonnières, 62 canons ;
37 bâtiments divers de 3e classe, 49 canons ;
8 bateaux torpilleurs.

Soit un total de 145 navires portant 515 canons, avec un
personnel de 673 officiers et 14,000 matelots. L'infanterie
de marine comprend 376 officiers et 7,033 soldats.

La flotte a été construite en Angleterre et en France.

Le cuirassé *Vittoria* a été lancé à Londres en 1868 ; il
porte 19 canons de gros calibre.

La *Numancia*, navire tout en fer, construit à Marseille, est armé de 25 canons, dont 16 canons Armstrong.

Le *Zaragoza*, le *Sagunto*, le *Puycerda*, le *Duque-de-Tetuan*, quatre cuirassés solides et bons marcheurs (1), portent chacun de 3 à 10 canons.

Le marin espagnol est très entraîné; d'une nature brave et d'une grande expérience, il possède des qualités qui ne s'acquièrent qu'avec les années.

Très entreprenant, très audacieux, il est toujours digne des temps passés et des exploits légendaires de la vieille *armada* de Philippe II.

(1) Le projet de réorganisation de la marine comporte la construction d'un nouveau cuirassé, de 12 croiseurs de première classe, de 13 de seconde classe, de 150 torpilleurs et de 93 autres bâtiments. (31 mai 1886.)

Tout doit être achevé dans quatre ans.

RÉSUMÉ ET CONCLUSION

Pour conclure, je résumerai rapidement mon récit par une étude sommaire des trois époques de l'*Histoire militaire de l'Espagne* :

Temps anciens, moyen âge, histoire depuis Ferdinand le Catholique et la maison d'Autriche, ou temps modernes ;

Afin de bien démontrer encore le génie de résistance des Espagnols contre les envahisseurs, j'avoue que la nature topographique de ce pays, couvert de montagnes et traversé par de nombreux cours d'eau, se prêtait admirablement à une défense opiniâtre ; mais aussi jamais nation n'a mieux pratiqué la devise : *Sursum corda.*

Temps primitifs. — Les historiens sont tous d'accord pour affirmer que les premiers habitants de l'Espagne ont été les Ibères et les Celtes. Les premiers ont une origine assez obscure, pourtant tout fait présumer qu'ils étaient les restes d'une peuplade celtibérienne, chassée de la Gaule par les Celtes ; les seconds descendaient d'une nation indo-germanique qui envahit l'Europe et principalement la Gaule.

Les Ibères habitèrent le Sud et l'Est (Ausétans, Bœturians, Bastitans, Bastules. Cérétans, Contestans, Cosétans, Edétans, Ibercaens, Indigètes, Lacétans, Turdétans, etc.).

Les Celtibères occupèrent le centre (Arévaques, Carpétans, Olcades, Orétans, Pélendons, etc.).

Les Celtes prirent le Nord et l'Ouest (Astures, Cantabres, Celtiques, Cuniques, Gallaïciens, Lusitaniens, Vascons, Vettons, etc.).

Les Phéniciens établirent des colonies sur les côtes sud

de l'Espagne (Gadès ou Cadix (1100), Cartœa, Hispolis ou Séville, Malaga, Cordoue, etc.).

Les Rhodiens, sur les côtes nord-est, fondèrent Rosas (900), Murviedro.

De leur côté, les Carthaginois s'emparèrent successivement de toutes les villes du sud et de l'ouest ; ils bâtirent Carthagène.

La seconde guerre punique livra à la domination romaine l'Espagne, qui forma alors le diocèse du même nom, l'un des trois de la préfecture des Gaules.

Au VI\e siècle, les indigènes ne subirent pas toutes ces dominations successives sans soutenir des combats acharnés ; malgré leur vaillance, ils furent obligés de se courber devant la force, sans se décourager et avec l'espérance de temps meilleurs.

Moyen âge. — Voilà pour les temps primitifs ; étudions à présent le moyen âge, que je diviserai en deux périodes :

1re Période. — Dès 409, les Barbares fondèrent des royaumes ; parmi eux, les Suèves se rendirent en Galice et dans la Taraconaise ; les Alains, à l'ouest et au centre, en Lusitanie et dans la Carthaginoise ; les Vandales, au sud, dans la Bétique.

Quelques années après les Visigoths d'Ataulf s'établirent en Catalogne (412-16) et dominèrent bientôt dans toute la Péninsule. Les Grecs furent chassés ; les Vandales allèrent en Afrique ; les Alains disparurent de l'histoire et les Suèves tombèrent au pouvoir des vainqueurs, qui n'échappèrent pas à la décadence ; en effet, sans parler de leurs échecs avec les Gaulois, la bataille de Xérès (711), mit l'Espagne sous la dépendance des Musulmans ; les Asturies, gouvernées par Pélage, gardèrent seules leur indépendance.

2\e Période. — Une lutte à outrance va donc commencer entre les chrétiens et les Arabes. Depuis 711 jusqu'à l'année 1212, la Péninsule s'agita dans diverses convulsions dont le

récit nous entraînerait trop loin ici. La chrétienté fit des
efforts surhumains pour chasser les infidèles ; enfin les dynas-
ties françaises continuèrent l'œuvre de la délivrance qu'a-
vaient commencée les indigènes. Après la bataille de Las-
Nova-de-Tolosa (1212), les chrétiens s'emparèrent d'une
grande partie des conquêtes musulmanes et si les infidèles
restèrent encore sur quelques points du territoire jusqu'à
la fin du xvᵉ siècle et échappèrent de suite à cette antique
croisade, c'est que l'Espagne fut déchirée par des guerres
civiles ou préoccupée de découvertes lointaines.

Le mariage d'Isabelle de Castille avec Ferdinand d'Aragon
(1469), et la réunion de ces deux pays (1474-79) amenèrent
la chute du royaume de Grenade (1492), et une ère nouvelle
pour la péninsule ibérique ; l'Espagne moderne naquit.

Aux Conciles de Tolède des Wisigoths et aux assemblées
mixtes des Arabes se substituèrent au xiiᵉ siècle les Cortès,
c'est-à-dire la représentation nationale du pays pour diriger
les affaires publiques de concert avec l'autorité royale.

Enfin l'Espagne respirait ; elle était débarrassée du joug
musulman : la lumière avait vaincu l'erreur ; la ténacité avait
été récompensée ; le droit avait enfin triomphé de l'injustice.

Passons à la description de la troisième et très intéres-
sante époque, qui révèle chez les Espagnols des sentiments
d'une grande virilité.

**Histoire depuis Ferdinand le Catholique et la maison
d'Autriche aux temps modernes.**—Ferdinand le Catholique
a attaché son nom à la régénération de l'Espagne et à la découverte du Nouveau Monde ; son petit-fils, Charles-Quint,
continua son œuvre et fit de la Péninsule la puissance prépondérante du xviᵉ siècle ; sous les derniers descendants de
ce grand homme, l'Espagne décrut rapidement jusqu'à
l'arrivée d'une dynastie nouvelle : la maison de Bourbon. Le
premier roi de cette illustre famille, Philippe V, petit-fils
de Louis XIV de France, fut obligé de soutenir la fameuse
guerre de succession. Ses successeurs Ferdinand VI et
Charles III contribuèrent avec lui à relever le royaume ; les

progrès malheureusement firent ensuite place à une nouvelle décadence, jusqu'à la terrible *guerre de l'Indépendance* (1808-13).

Depuis cette époque, l'Espagne passa par la guerre civile de principes, par une guerre civile de succession, quand Isabelle II arriva au pouvoir avec Marie-Christine, sa mère, comme régente. Celle-ci, sous le nom de *Statut royal*, a donné au pays une charte constitutionnelle ou moyen terme entre *l'absolutisme* et le *libéralisme*.

Don Carlos, oncle de la jeune reine, voulut faire revivre un édit de Philippe V qui excluait les femmes du trône ; en conséquence, il fomenta des divisions intestines et créa un nouveau parti en Espagne : les Carlistes.

Actuellement, il existe, dans la Péninsule, trois partis politiques : les Bourbons, les Carlistes et les Progressistes ou Républicains.

Depuis Isabelle II, l'Espagne a été gouvernée par sa dynastie et a repris sa place de grande puissance européenne. Son fils, Don Alphonse XII, a été proclamé roi, le 29 décembre 1874, à Murviedro, sur la proposition du général Martinez Campos.

Alphonse XII, prince des Asturies, est né le 28 novembre 1857 ; par suite de circonstances politiques qui éloignèrent de l'Espagne le roi Don François d'Assise, son père et la reine Isabelle, sa mère, il fit ses études successivement au collège de la noblesse de Vienne, appelé Thérésianum, en France, et enfin en Angleterre au collège Sandhurst.

Élu roi, Alphonse XII fut accueilli avec enthousiasme par les populations ; il entra à Madrid le 14 janvier 1875. Dès son avènement, il eut à lutter contre les Carlistes, commandés par le fameux Cabrera. Sur son ordre, le général Jovellar prit l'offensive ; les troupes royales avaient remporté de grands succès, quand lui-même se mit à la tête de ses soldats. Le 20 février 1876, Alphonse XII entra à Tolosa et à Saint-Sébastien ; les provinces basques pacifiées, il revint à Madrid le 20 mars 1876.

Pendant son règne, Alphonse XII désirait une alliance

avec les trois empereurs; la fortune a quelque peu contrarié cette politique.

Alphonse XII est mort le 26 novembre 1885, à l'âge de 28 ans, au château du Pardo, dans la vallée du Mançanarès, près de Madrid.

Dans l'épidémie cholérique de 1885, le roi se prodigua beaucoup, visitant les hôpitaux et parcourant les casernes, pour ramener par sa présence la confiance et le courage.

A peine l'épidémie prit-elle un caractère plus bénin, que survint l'incident hispano-allemand : l'Allemagne, méconnaissant les droits indiscutables de l'Espagne sur l'archipel des Carolines, avait planté son drapeau sur l'île de Yap, chef-lieu de l'archipel. Alphonse XII voulut conduire seul les négociations de cette délicate affaire ; le pape, choisi comme arbitre, décida le rétablissement du *statu quo ante* pour l'Espagne, mais à charge par elle d'accorder aux Allemands de grands privilèges agricoles et commerciaux, le droit d'établir une station navale et un dépôt de charbon.

Cette suite de fatigues et de travail a été funeste au jeune souverain.

Marié en premières noces à la princesse Marie de las Mercedes, la troisième fille du duc de Montpensier, le 23 janvier 1878, Alphonse XII épousa, en 1879, la princesse Christine d'Autriche, de laquelle il eut deux filles ; l'une, la princesse des Asturies, née le 12 septembre 1880 ; la seconde, Marie-Thérèse-Elisabeth, née le 13 novembre 1882 ; à la mort du roi, la reine se trouvait enceinte.

Le cabinet Canovas del Castillo, aussitôt après la mort du roi, donna sa démission à la reine régente ; les ministres continuèrent leurs fonctions en attendant la décision de la reine.

Conformément à l'article 27 de la Constitution de la monarchie, tous les actes du gouvernement furent publiés au nom de la reine Marie-Christine, comme régente du royaume pendant la minorité du prince ou de la princesse qui doit succéder légitimement à Alphonse XII (article 60 de la Constitution) ; la reine a prêté serment de fidélité à la Con-

stitution, elle a juré de respecter et de faire respecter la
Constitution de la monarchie et les lois de l'Espagne. On ne
proclamera donc ni reine, ni roi avant la délivrance de la
reine Christine ; il n'y a pour le moment qu'une reine
régente en vertu du décret royal du 27 novembre 1885 (1).
La jeune régente, fille de feu l'archiduc Charles-Ferdinand
d'Autriche, n'est âgée que de vingt-sept ans. Confiant la
défense des intérêts de sa famille à la générosité de la
nation espagnole, la reine a déclaré qu'elle entendait
suivre une politique libérale et conciliante.

La reine régente d'Espagne est alliée aux familles suivantes :

La maison de Bourbon des Deux-Siciles. — La sœur
aînée de son père est veuve du comte de Girgenti, frère con-
sanguin du roi François II de Naples.

La maison de Habsbourg-Lorraine. — Son père, par sa
seconde femme, la reine Christine, était gendre de feu l'archiduc Charles-Ferdinand et de l'archiduchesse Élisabeth
d'Autriche, cousine de l'empereur François-Joseph Ier.

La maison de Witelsbach. — Son père a marié sa sœur,
l'infante Maria de las Paz, au prince Louis-Ferdinand de
Bavière, cousin germain du roi Louis II.

Enfin la maison de Bourbon-Orléans. — Son père était
le neveu du duc de Montpensier, le plus jeune des oncles
du comte de Paris, qui a épousé l'infante Louise, sœur de sa
mère, la reine Isabelle II. Alphonse XII était en outre le
beau-frère du comte de Paris, par son premier mariage
avec la princesse Maria de las Mercedes, fille du duc de
Montpensier et sœur de la comtesse de Paris.

Le 27 novembre le Ministère a été constitué comme suit :

Présidence du Conseil sans portefeuille, M. Sagasta.

____

(1) Dans toute l'Espagne les cloches sonnent à grande volée pour célébrer
l'heureuse issue de l'accouchement de la reine. L'enfant posthume d'Alphonse XII est un fils. Le nouveau roi prendra le nom d'Alphonse XIII.
(Madrid, 17 mai 1886.)

Affaires étrangères, M. Moret.
Justice, M. Alfonzo Martinez.
Guerre, le maréchal Jovellar.
Finances, M. Camacho.
Intérieur, M. Venancio Gonzalez.
Marine, l'amiral Beranguer.
Travaux publics, M. Montero Rios.
Colonies, M. Gamazo.

De ce qui précède, il ressort que Grecs, Romains, Barbares envahirent successivement la Péninsule et qu'ils en furent chassés par les chrétiens ; pareil résultat, du reste, a été obtenu plus tard par tous ceux qui ont voulu opprimer l'Espagne.

Les Espagnols, avec leurs mâles vertus, avec leur dévouement sans bornes à leur pays, unirent fraternellement leurs forces et leurs destinées ; ils possédaient ce qui fait un peuple fort : *l'amour de la Patrie ;* dès lors, leur âme se rehaussa. Ce grand mouvement national ne s'est jamais laissé détourner par l'esprit byzantin ; passionnés pour les grandes choses, les fiers Espagnols voulaient profiter des leçons de l'antiquité.

Jaloux de leur indépendance, aimant la liberté, ces hommes aux sentiments élevés sont parvenus à une homogénéité parfaite, n'en déplaise à bien des historiens, et, s'ils pratiquent, peut-être plus que d'autres, la fraternité, ils entendent jouir aussi plus que tout autre de leurs droits nationaux. Toujours disposés à rendre service, les Espagnols sont aussi prompts à se venger.

Grâce à la sagacité du gouvernement, grâce aussi aux qualités des hommes d'État, grâce enfin au patriotisme du peuple, l'Espagne peut se flatter, selon nous, de bien mériter les épithètes de *sage, noble* et *fière.*

Pour les grands cœurs, l'indépendance est la plus belle des gloires.

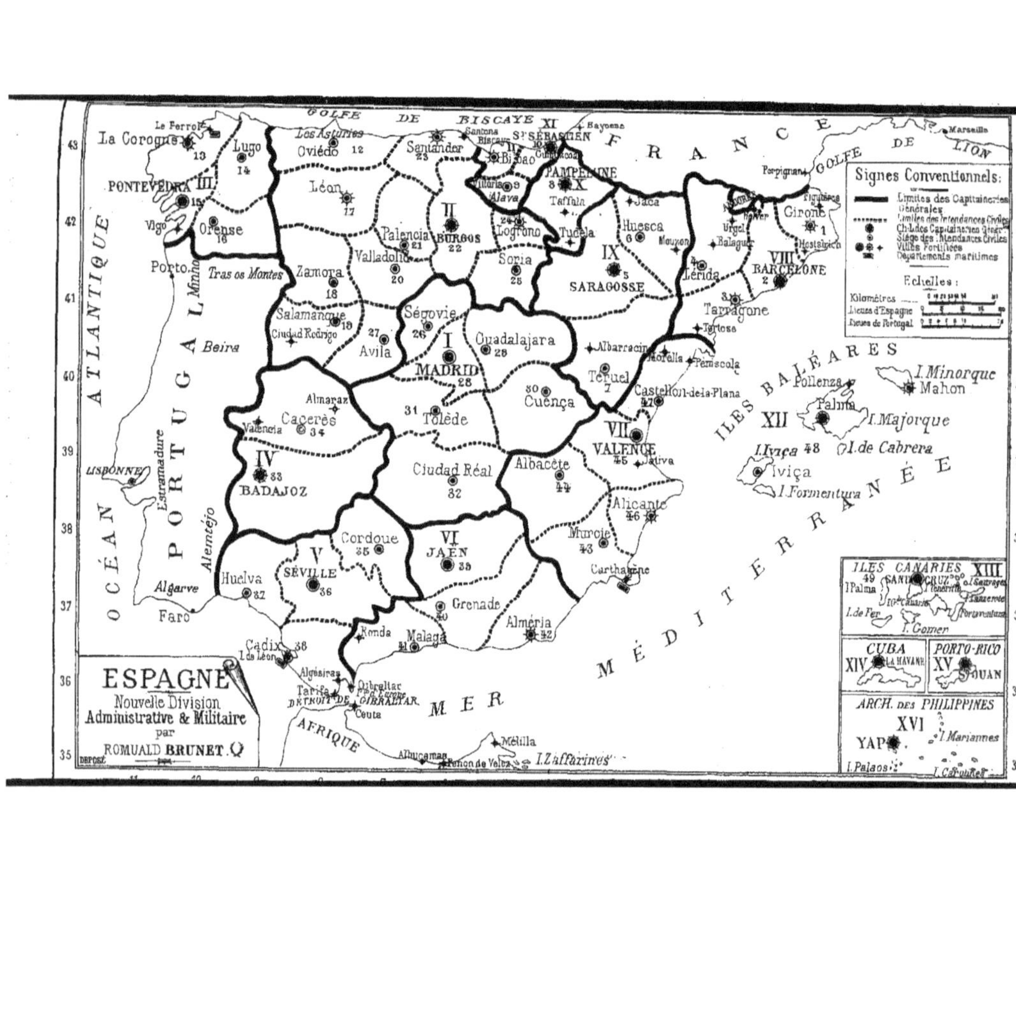

ESPAGNE
Nouvelle Division
Administrative & Militaire
par
ROMUALD BRUNET.
DÉPOSÉ

Signes Conventionnels:
Limites des Capitaineries Générales
Limites des Intendances Civiles
Ch.-L. des Capitaineries Génér.
Siège des Intendances Civiles
Villes Fortifiées
Départements maritimes

Échelles:
Kilomètres
Lieues d'Espagne
Lieues de Portugal

GOLFE DE BISCAYE
GOLFE DE LION
FRANCE
OCÉAN ATLANTIQUE
MER MÉDITERRANÉE
ILES BALÉARES

PORTUGAL
Estramadure
Alentéjo
Algarve
Beira
Tras os Montes
Minho
LISBONNE
Porto
Faro

La Corogne
Le Ferrol 13
Lugo 14
Los Asturies
Oviédo 12
Santander 23
Santona
Biscaye
Bilbao 10
Guipuscoa
St SÉBASTIEN XI
Bayonne
Marseille
Perpignan
Figuières
PONTEVEDRA III 15
Vigo
Orense 16
Léon 17
Palencia 21
Valladolid 20
Burgos II 22
Logrono
Vittoria 9
Alava
Taffala
PAMPELUNE X 8
Jaca
Navarre
Huesca 6
Urgel
Balaguer
Girone 1
Hostalrich
Zamora 18
Soria 25
Tudela
Lérida 3
BARCELONE VIII 2
Salamanque 19
Ciudad Rodrigo
Ségovie 26
27
Avila
SARAGOSSE IX 5
Tarragone
Tortosa
Valencia
Cacerès 34
Almaraz
31
Guadalajara 28
MADRID I 28
Tolède
Albarracin
Teruel VII 7
Morella
Peniscola
Castellon-de-la-Plana 47
Pollenza
Palma
I. Majorque
I. Minorque
Mahon
BADAJOZ IV 33
Ciudad Réal 32
Cuença 30
VALENCE VII 45
Jativa
I. Iviça 48
I. de Cabrera
Iviça
I. Formentura
Cordoue 35
JAEN VI 35
Albacète 44
Alicante 46
Murcie 43
Carthagène
SÉVILLE V 36
Huelva 37
Grenade 30
Almeria 42
Ronda
Malaga 41
Cadix 38
I. de Léon
Algésiras
Tarifa
Gibraltar
DÉTROIT DE GIBRALTAR
Ceuta
MER
AFRIQUE
Melilla
Alhucemas
Penon de Velez
I. Zaffarines

ILES CANARIES XIII
I. Palma
SANTA CRUZ
Ténériffe
I. de Fer
I. Gomer
Lanzarote
Fortaventura

CUBA XIV
LA HAVANE
PORTO-RICO XV
JUAN

ARCH. DES PHILIPPINES XVI
YAP
I. Mariannes
I. Palaos
I. Carolines

NOTICE SUR L'ART MILITAIRE

AU XIXe SIÈCLE

Armée. — Une armée se compose aujourd'hui d'un ou plusieurs corps d'armée; chaque corps, de deux divisions d'infanterie; chaque division, de deux brigades; chaque brigade, de deux régiments.

Sous les ordres du général en chef sont : un général qui commande l'aile droite; un autre, l'aile gauche; un troisième, le centre; enfin un quatrième, la réserve.

Le général en chef a, dans les attributions de son commandement, la direction complète de l'artillerie, du génie, de l'intendance, du service de santé, du trésor, des postes, des télégraphes, etc.

Chaque armée comprend un état-major général, commandé par un major général, sous les ordres du général en chef.

Formation. — Voici les formations les plus usitées :

Ligne de bataille;

Ligne de colonnes;

Ligne de masses;

suivant les évolutions d'ordre déployé ou d'ordre ployé.

Dans l'art de la guerre *nous* distinguons deux sciences : la *stratégie* et la *tactique*.

Stratégie et tactique. — La *stratégie*, dont le nom signifie conduite des armées, est l'art qui s'applique aux évolutions d'une armée et aux grandes opérations de la guerre; la *tactique* ou disposition dans les opérations, celui de ranger des troupes avec habileté, soit au bivouac, soit en marche, soit au combat.

Pour le général en chef, il y a deux manières de procéder sur le champ de bataille :

1° Ou *avec préparation*, en réunissant les principaux officiers pour indiquer le problème à résoudre et les évolutions qui en sont la conséquence, afin d'arrêter les détails d'exécution;

2° Ou *sans préparation*, en se bornant à donner des ordres, avec de notions générales de l'opération pour suppléer, suivant les circonstances, à un supplément d'ordres qui n'arriveraient pas en temps opportun.

Le grand talent du général en chef est de posséder une armée extrêmement mobile; à cet effet, il saisit rapidement la configuration géographique et topographique de son thème, puis il se sert avec intelligence de tous ses moyens de concentration de telle sorte qu'il puisse avoir sa masse dans la main.

L'objectif des mouvements, la nature du terrain, les voies de communication permettent de fixer la marche et le nombre des colonnes.

Le général en chef emploie toutes les lignes de marche pour passer promptement de l'ordre de marche à l'ordre de combat; les colonnes sont toujours en contact pour se soutenir mutuellement.

Les troupes marchent avec leur train de combat, les ambulances, les trains régimentaires, les convois.

Le train de combat comprend le matériel et les munitions nécessaires sur le champ de bataille; les ambulances, le personnel et le matériel du service de santé; les trains régimentaires, les vivres, les effets de remplacement et les bagages; les convois, les subsistances et la réserve des effets d'habillement, le parc d'artillerie, le dépôt de remonte mobile, les hôpitaux mobiles et les hôpitaux sédentaires de compagnie.

Les troupes se divisent en unités de marche et en unités de commandement.

Les unités de marche sont : le bataillon, l'escadron, la batterie, la compagnie du génie; les unités de commandement: les régiments et brigades d'infanterie, de cavalerie, l'artillerie divisionnaire, l'artillerie de corps, les sections de munitions d'infanterie et d'artillerie, l'équipage de pont, la division de cavalerie et d'infanterie, les corps d'armée, les armées.

Une armée (1) est toujours éclairée par des divisions de cavalerie, chargées du service de découverte et d'exploration ainsi que du service de sûreté :

1° Pour le service de découverte et d'exploration, la cavalerie éclaire le pays au loin, à quatre ou cinq journées de marche en avant

---

(1) Une armée comprend toujours un corps d'aérostatiers dont l'école est à Meudon. Les capitaines Renard et Krebs, en résolvant le problème de la direction des ballons (ou navigation aérienne), ont opéré une véritable révolution dans les opérations de la guerre. Récemment Eugène Godard a inventé la *Dynamiteuse des airs*, ballon militaire à air dilaté surchauffé et à détente variable, destiné aux explorations et bombardements des villes assiégées.

Cet aérostat, d'une contenance de 5,000 mètres, soit dix fois le volume des ballons captifs militaires de Meudon, sera gonflé en 25 minutes environ, au moyen d'un appareil spécial.

La *Dynamiteuse* peut recevoir dans ses flancs plusieurs projectiles sans tomber, grâce à un système de générateur qui permet à l'aéronaute de suppléer largement à la déperdition de la force ascensionnelle *dont il est toujours maître*.

Cette invention, utilisée en flotte aérienne, rendra certainement de grands services pour les explorations, et surtout pour l'attaque des places qui, malgré leur force, ne pourront résister à ce nouveau mode de bombardement.

des armées; elle prend le contact de l'ennemi et le conserve constamment; elle refoule la cavalerie adverse pour se rapprocher des masses de l'ennemi et se renseigner sur sa force, ses emplacements, ses mouvements;

2° Pour le service de sûreté, la cavalerie entoure les colonnes en marche ou en station d'un réseau plus ou moins serré de patrouilles et d'éclaireurs, ayant pour objet de les mettre à l'abri de toute surprise; elle établit pour cela un service de première ligne sous la protection duquel se meuvent ou stationnent les grands éléments de l'armée.

Le service de découverte ou d'exploration s'exécute au moyen de *reconnaissances d'officiers* et de *patrouilles de découverte*.

La cavalerie chargée de ce service est à deux jours de l'ennemi; ses colonnes à un jour, éclairées par une *avant-garde*, par des *flancs-garde*, par une *arrière-garde*, en contact avec l'ennemi et précédées de fractions de découverte.

Le chef du service d'exploration se tient en correspondance par échelons avec le général en chef; à défaut de télégraphe, on établit des postes de correspondance.

Dans le service de sûreté, la cavalerie légère précède la troupe, qu'elle couvre d'une demi-journée de marche environ.

L'*avant-garde* est disposée en échelons successifs qui prennent le nom de *pointe*, de *tête* et de *gros* de l'avant-garde.

Les *flancs-garde* sont composés de fractions en rapport avec leur rôle.

L'*arrière-garde* devient *avant-garde* dans les marches rétrogrades; dans toutes les hypothèses, la cavalerie doit toujours tenir le contact avec l'ennemi.

ORDRES DE MARCHE.

COLONNE D'UNE DIVISION DE CAVALERIE.

1° *Avant-garde.*

1re brigade.
Une batterie.
Un détachement d'ambulance.
Service de réquisition et de distribution du jour.

2° *Gros de la colonne.*

État-major de la division.
2e brigade.
Deux batteries.
3e brigade, moins deux escadrons d'arrière-garde.

3º *Train de combat de la division.*

L'ambulance, moins le détachement d'*avant-garde*.

4º *Arrière-garde.*

Deux escadrons.

5º *Train régimentaire de la division.*

Gendarmerie et prisonniers.
Train du quartier général.
Train de la 1re brigade.
Train d'artillerie.
Train de la 2e brigade.
Train de la 3e brigade.

6º *Convoi administratif.*

COLONNE D'UNE DIVISION D'INFANTERIE.

1º *Service d'exploration et de sûreté.*

(La cavalerie attachée à la division en avant plus ou moins loin.)

2º *Avant-garde.*

Un détachement de cavalerie.
Premier régiment d'infanterie.
État-major de la 1re brigade.
La demi-compagnie divisionnaire du génie.
Une batterie.
Un détachement d'ambulance.
Un jour de vivre pour la cavalerie.
Le campement de la division.

3º *Gros de la colonne.*

État-major de la division.
Un bataillon d'infanterie du 2e régiment.
Deux batteries montées.
Deux bataillons du 2e régiment.
La 2e brigade, moins deux compagnies d'*arrière-garde*.

4º *Train de combat de la division.*

L'ambulance, moins le détachement d'*avant-garde*.
Une section de munitions d'infanterie et une section de munitions d'artillerie, un détachement de police.

5º *Arrière-garde.*

Deux compagnies d'infanterie.

6° *Train régimentaire de la division.*

Gendarmerie et prisonniers.
Train du quartier général de la division.
Train de la cavalerie, moins un jour de vivres.
Train de la demi-compagnie divisionnaire du génie.
Train de la 1re brigade.
Train de la 2e brigade.
Train de l'artillerie divisionnaire.
Train des deux sections de munitions d'infanterie et d'artillerie.

7° *Convoi administratif.*

Ce convoi marche avec une escorte à une distance déterminée par le commandant de la colonne.

COLONNE DE CORPS D'ARMÉE.

1° *Service d'exploration et de sûreté.*

La brigade de cavalerie, plus ou moins en avant.
Une batterie à cheval.

2° *Avant-garde.*

Détachement de cavalerie.
1re brigade d'infanterie.
L'état-major de la 1re division.
La demi-compagnie divisionnaire du génie de la 1re division.
Deux batteries montées.
Un détachement d'ambulance.
Un jour de vivres pour la cavalerie.
Le campement du corps d'armée.

3° *Gros de corps d'armée.*

État-major du corps d'armée.
Le bataillon de chasseurs à pied.
Deux batteries montées.
La 2e brigade d'infanterie.
L'ambulance de la 1re division, moins le détachement d'*avant-garde.*
La compagnie de réserve du génie.
L'artillerie de corps.
L'état-major de la 2e division.
La demi-compagnie divisionnaire du génie de la 2e division.
La 3e brigade d'infanterie.
Quatre batteries montées.
La 4e brigade d'infanterie, moins le bataillon d'*arrière-garde* et les détachements de *flancs-gardes.*
L'ambulance de la 2e division.

4° *Train de combat du corps d'armée.*

Le parc du génie du corps d'armée.
Les deux sections de munitions d'infanterie.
Les quatre sections de munitions d'artillerie.
L'équipage de pont, s'il y a lieu.
Détachement de police.

5° *Arrière-garde.*

Un bataillon d'infanterie.
Un détachement de cavalerie.

6° *Train régimentaire du corps d'armée.*

Gendarmerie du quartier général et prisonniers.
Ambulance du quartier général.
Train du quartier général du corps d'armée.
Section télégraphique.
Train de la cavalerie, moins un jour de vivres.
Train du bataillon de chasseurs.
Train de la 1re division.
Train de la 2e division.
Train de la compagnie de réserve du génie et du parc du génie.
Train de l'artillerie de corps.
Train des sections de munitions d'infanterie.
Train des sections de munitions d'artillerie.
Train de l'équipage de pont.

7° *Convoi.*

Le convoi avec son escorte marche à la distance déterminée dans l'ordre de mouvement.

Dans les colonnes de corps d'armée et de division, le bétail pour la distribution du jour ainsi que le personnel des réquisitions marche entre l'*avant-garde* et la *tête du gros.*

En cas de retraite, les éléments marchent dans un ordre inverse.

Le point initial de la marche est celui où tous les corps peuvent arriver le plus facilement.

TRAINS RÉGIMENTAIRES.

ORDRE DE MARCHE.

1° *Train de régiment.*

Les voitures de vivres.
Les voitures de bagages.
Les voitures d'effets.

2° *Train de brigade.*

Le train du 1er régiment.
Le train du 2e régiment.

3° *Train du quartier général d'une division.*

Les voitures du général commandant la division.
Les voitures de l'état-major de la division.
Les voitures de l'état-major de l'artillerie.
Les voitures du sous-intendant.
Les voitures du trésor et des postes.
Les voitures de la prévôté.
Les voitures des vivres du quartier général.

4° *Train du quartier général du corps d'armée.*

Les voitures du général commandant le corps d'armée.
Les voitures de l'état-major du corps d'armée.
Les voitures de l'état-major de l'artillerie.
Les voitures de l'état-major du génie.
Les voitures de la direction de l'intendance.
Les voitures de la direction du service de santé.
Les voitures du sous-intendant du quartier général.
Les voitures du trésor et des postes.
Les voitures de la prévôté.
Les voitures des vivres du quartier général.

EN STATION.

Les avant-postes d'infanterie se composent :
D'une ligne de sentinelles doubles,
Des petits postes,
Des grand'gardes,   } partie fixe.
D'une réserve,

De rondes,   } partie mobile.
De patrouilles,

Les avant-postes de la cavalerie comprennent :
Les sentinelles doubles ou vedettes,
Les petits postes,
Les grand'gardes,   } partie fixe.
La réserve,

Les rondes,   } partie mobile.
Les patrouilles,

Périodes dans l'art militaire. — L'art militaire comprend deux grandes périodes, aussi importantes l'une que l'autre :

1° *La préparation pendant la paix ;*
2° *Les opérations de la guerre.*

Tout citoyen qui n'est pas déclaré impropre au service militaire, doit à sa Patrie le service militaire personnel : c'est un devoir.

La diplomatie est parfois impuissante à régler certains intérêts, et *la guerre* ou *le duel des nations* impose au peuple vaincu la volonté absolue du vainqueur.

La défense de la Patrie entraîne donc un dévouement sans bornes et le sentiment du devoir à remplir.

La préparation pendant la paix consiste dans le recrutement, l'organisation, l'entretien, l'armement, l'instruction des troupes, la mobilisation et la concentration, la défense du pays, la connaissance géographique et topographique des différents théâtres de la guerre, l'étude et la solution des moyens pour faire la guerre.

Les opérations de la guerre comprennent la mobilisation des troupes, leur concentration sur la base indiquée, leur déploiement en ordre de bataille sur le front statégique, enfin *la logistique*, ou l'art de calculer dans de bonnes conditions l'exécution de tous les mouvements de l'armée.

La stratégie entre alors en ligne pour atteindre le but final de la guerre ; elle se préoccupe d'abord des *lignes de défense*, soit *naturelles*, soit *artificielles*, des zones d'opérations : ces *lignes de défense* peuvent être à la fois *naturelles* et *artificielles ;* elles deviennent alors des *lignes de défense territoriales*. Par *lignes de défense naturelles*, on comprend les montagnes, les cours d'eau, les forêts, les déserts ; par *lignes de défense artificielles*, les voies de communication : routes, chemins de fer, canaux.

La stratégie ayant posé le problème, c'est à *la tactique* de le résoudre.

La tactique est l'art de régler le détail des opérations sur le champ de bataille et de choisir avec à-propos :

1º *Les points décisifs* ou la meilleure manière, en défilant ses troupes, d'écraser son adversaire et de l'attaquer de front, si on ne peut l'envelopper ;

2º *Les moments décisifs* ou l'instant le plus favorable pour assurer sa supériorité numérique et briser tout centre de résistance.

La stratégie prépare et conduit la guerre sur la carte ; *la tactique* l'exécute sur le terrain.

De la tactique déroulent deux facteurs :

1º *Le combat* ou effort mécanique d'une unité se servant de son maximum de puissance contre un objectif désigné;

2º *La bataille* ou résultat final des opérations engagées par les différentes unités, dont généralement la dernière action est l'enveloppement du point principal.

La bataille est *offensive* ou *défensive*, suivant que vous attaquez ou que vous défendez. Dans le premier cas, vous poursuivez l'exécution de votre plan et avez l'initiative des opérations ; dans le second, vous résistez à l'attaque de votre adversaire.

La connaissance du combat et de la bataille est obligatoire pour tous les officiers.

Les grandes manœuvres, ou le couronnement du travail annuel de l'instruction des troupes, sont la meilleure préparation à la guerre pendant la paix; en effet, la théorie n'est rien sans la pratique.

Les grandes manœuvres comprennent la mobilisation, la tactique de marche, la tactique de stationnement, la tactique de combat et de bataille. Elles permettent, comme dans la réalité, l'étude de *la géographie*, de *la topographie*, de *l'histoire* et de *la statistique*.

La géographie est la description de la surface de la terre.

La topographie représente en détail cette même terre.

L'histoire ou *l'étude historique* comprend l'examen des opérations qui ont eu lieu antérieurement sur le terrain où l'on opère, des fautes commises, des causes des succès et des revers. De cette étude partent les combinaisons d'un bon général.

L'étude statistique a pour but l'étude des ressources du théâtre des opérations, la comparaison des ressources des belligérants, l'évaluation relative des forces combattantes, la connaissance des populations.

Les plans, arrêtés en temps de paix, sont provisoires; ils deviennent définitifs après la déclaration de la guerre, c'est-à-dire quand ils ont subi les modifications réclamées par les circonstances.

SUR LES COMBATS.

Combats. — L'avant-garde attaque ou contient l'ennemi, suivant les ordres.

Dans l'offensive, la cavalerie divisionnaire refoule le front d'exploration de l'ennemi et cherche à gagner les flancs de l'adversaire pour pénétrer ses projets, puis elle démasque le front quand le combat peut être engagé.

L'artillerie de l'avant-garde ouvre le feu; l'infanterie se déploie sur l'un des côtés de l'artillerie.

Dans la défensive, l'avant-garde prend position sur des points favorables et résiste jusqu'à l'arrivée des colonnes.

L'ennemi une fois signalé, le commandant en chef se porte à l'avant-garde : il juge lui-même la force, les dispositions et les intentions de l'adversaire, il se rend compte de la nature topographique du pays.

Les troupes sont formées sur plusieurs lignes, si des obstacles ne protègent pas les flancs, on les soutient par des troupes échelonnées en arrière.

Les lignes trop espacées peuvent rendre inefficace l'arrivée des troupes; les lignes trop serrées donnent prise aux mouvements tournants de l'ennemi.

Prendre *l'offensive* et réduire l'ennemi à *la défensive* sont des questions primordiales.

L'ensemble de l'ordre de bataille a pour objet une action concordante sur un point de la ligne ennemie.

L'artillerie engage le combat sur toute la ligne pour permettre le déploiement des autres troupes et contrebat l'artillerie adverse ; elle agit principalement par la concentration de ses feux.

COMBAT OFFENSIF.

Combat offensif. — Par suite de la puissance des feux d'infanterie, les attaques de front sont presque toujours précédées d'attaques de flanc.

L'artillerie tâche de faire taire l'artillerie ennemie ; dès que ce résultat semble atteint, l'infanterie opère son mouvement et ne tire que le plus près possible.

La deuxième ligne se rapproche de la première ; l'artillerie prend position plus en avant.

Si l'infanterie est refoulée, elle se rallie sous la protection de l'artillerie ; si, au contraire, elle réussit, les positions de deuxième ligne de l'ennemi sont enlevées par la deuxième ligne de l'infanterie ; si l'ennemi bat toujours en retraite, la cavalerie charge de flanc, si possible.

COMBAT DÉFENSIF.

Combat défensif. — *La défensive* tire sa force des feux et de la position occupée ; il importe de tromper l'ennemi sur la clef de la position et sur les moyens de la défendre.

Dans la défensive, les unités tactiques employées à défendre un point doivent se faire tuer jusqu'au dernier homme.

Toutes les lignes se prêtent un mutuel appui et concourent avec l'artillerie à repousser l'attaque.

Les ailes font des *contre-attaques ;* si l'ennemi est repoussé, la défense poursuit de ses feux l'ennemi en retraite.

Les retours offensifs s'opèrent suivant les circonstances.

ROLE DE LA CAVALERIE.

Rôle de la cavalerie. — Sitôt l'action engagée, la cavalerie démasque le front, se retire aux ailes, se porte sur les flancs de l'ennemi et même sur ses derrières, repousse la cavalerie ennemie et enfin prévient tous mouvements semblables.

Une infanterie rompue ou fatiguée et une artillerie en manœuvres offrent à la cavalerie l'occasion de charger.

Dans la retraite, la cavalerie se sacrifie pour retarder et arrêter la poursuite ; dans la marche en avant, elle s'efforce de changer la retraite de l'adversaire en déroute par des charges soutenues du feu de son artillerie.

La cavalerie fournit souvent des détachements pour remplir le rôle des *Partisans*.

Ces détachements éclairent au loin les flancs de l'armée, protègent ses opérations, trompent l'ennemi, inquiètent ses communications et interceptent ses courriers. Les *Partisans* opèrent le plus souvent la nuit et se reposent de jour dans des lieux couverts. La prudence exige que l'officier commandant le détachement communique à son second les renseignements qu'il a reçus. Ces détachements évitent les grands centres et se défilent tout le temps.

La police des armées est assurée par le service de la prévôté, c'est-à-dire par le service de la gendarmerie.

DE L'ATTAQUE DES PLACES.

De l'attaque des places. — La règle pour assiéger une ville est d'exécuter des travaux d'approche, sous la protection de l'artillerie, afin que l'assaillant arrive à couvert jusqu'au corps de la fortification.

Le siège d'une ville comprend deux périodes :

1° Investissement, reconnaissance de la place, établissement des dépôts des parcs de l'artillerie et du génie, construction des batteries de première position, ouverture du feu ;

2° Exécution des cheminements ou des tranchées (parallèles), construction des batteries de deuxième position, continuation des approches.

La zone d'investissement est divisée en secteurs ; dans chaque secteur se trouvent des troupes de première ligne et des réserves ; en dehors de ces réserves, on forme des réserves générales.

L'artillerie du corps repousse les sorties ; l'artillerie de position engage seule la lutte avec les ouvrages de la place.

Après l'investissement, le commandant de l'artillerie et celui du génie reconnaissent la place pour se concerter sur le plan à suivre.

La place prise, l'artillerie prend possession de tout ce qui est dans ses attributions. Le génie fait de même, ainsi que les services administratifs.

Le gouverneur une fois nommé, les troupes de la garnison sont désignées.

En thèse générale, pour assiéger une ville, le corps de siège est chargé de l'exécution des attaques.

Le corps de siège se compose d'infanterie, de cavalerie, d'artillerie de campagne, d'artillerie de forteresse, de détachements d'ouvriers et d'artificiers, de détachements de pontonniers et du train.

Il est constitué un parc de siège avec un personnel *ad hoc*, c'est-à-dire avec un état-major ; le génie comprend aussi un état-major.

Le siège s'exécute suivant *le plan directeur des attaques*, établi par le commandant du génie ; ce dernier donne tous les renseignements qui peuvent intéresser *la marche des attaques*.

De la défense des places. — Une place a toujours un gouverneur ; s'il meurt, l'officier le plus élevé et le plus ancien en grade le remplace.

La garnison d'une place forte constitue *la garnison de défense*.

Cette garnison est divisée :

1° *En garnisons particulières* des forts, des ouvrages permanents ou provisoires de première ligne et du corps de place ;

2° *En troupes des secteurs*, chargées de la défense d'un certain périmètre défensif ;

3° En réserve générale.

Le gouvernement est aidé dans sa tâche par *un conseil de défense*, mais *il décide seul et sous sa responsabilité*.

L'infanterie, comme la cavalerie, l'artillerie et le génie, concourent à la défense, suivant leurs attributions et les ordres donnés, mais la réserve générale et les réserves spéciales de l'infanterie, de la cavalerie et des batteries attelées se conforment aux règles du service en campagne.

Toute place forte a *son plan de mobilisation et de défense* préparé par le commandant.

Si c'est une place conquise sur l'ennemi, le gouverneur nommé se renseigne :

1° Sur les fortifications et les établissements militaires compris dans le périmètre de la défense ;

2° Sur le terrain d'attaque, d'investissement et d'activité ;

3° Sur la garnison, l'artillerie, les munitions, les approvisionnements ;

4° Sur le chiffre de la population, sur le service qu'elle peut faire pour la défense et pour les incendies, sur la destination à attribuer aux établissements en cas de siège, sur les subsistances, matériaux que la ville peut fournir.

Dès que la guerre est déclarée, le commandant :

1° Expulse les étrangers et les gens mal notés par la police civile ou judiciaire ;

2° Renvoie les bouches inutiles ;

3° Fait rentrer ou empêcher de sortir : les ouvriers, bêtes de somme, outils, matériaux et autres moyens de subsistance ;

4° Occupe les terrains, les établissements publics ou privés qu'il juge utiles pour la défense ;

5° Règle le service des eaux et des voies de communication;

6° Rase et détruit à l'intérieur ce qui gêne la circulation militaire et à l'extérieur tout ce qui masque les feux ou peut couvrir l'ennemi.

Le commandant ne se met jamais à la tête des troupes de sortie; sa mort pourrait entraîner la chute de la place.

Toutes les opérations *offensives* s'appuient sur une *ligne de défense* dont les forts sont la base.

Si l'ennemi bloque la place et entame un siège en règle, cette même ligne devient le terrain d'action de la défense.

Le commandant d'une place discerne à l'avance *le front* ou *les fronts* qui seront attaqués ; il s'applique donc à connaître l'emplacement des batteries de première position et contrarie leur construction ; il établit dans l'intervalle des fronts menacés des *batteries intermédiaires.*

Dès l'ouverture du feu, l'artillerie soutient avec la dernière énergie le duel avec l'artillerie adverse; pendant ce temps, l'infanterie des secteurs tente des coups de vigueur sur les batteries de siège.

Si l'attaque a la supériorité, le défenseur reporte l'artillerie des forts et des batteries sur une seconde ligne de défense, préparée à l'avance.

La défense oppose des *contre-attaques* aux tentatives d'assaut. Les commandants des forts ne se retirent que sur l'ordre du gouverneur ; celui-ci défend la seconde ligne comme la première et oblige l'ennemi à faire le siège des forts collatéraux.

Refoulé jusqu'au corps de place, le gouverneur résiste jusqu'à la dernière extrémité ; il emploie des *contre-mines* si l'ennemi recourt à *la mine* pour ouvrir des brèches et détruire des ouvrages *de flanquement.*

Des mines sont préparées dans les forts et dans les ouvrages détachés pour les faire sauter en cas de nécessité.

Tout officier commandant d'une place forte doit, pour l'avoir rendue, justifier *devant un conseil d'enquête spécial* sa conduite et prouver qu'il a épuisé tous les moyens de défense dont il disposait et qu'il a fait ce que prescrivaient le devoir et l'honneur.

LA CASTRAMÉTATION CHEZ LES MODERNES.

Castramétation chez les modernes. — Dans la plupart des cas, les soldats sont cantonnés; quelquefois, et c'est l'exception, ils bivouaquent; depuis la Révolution française, les troupes, au bivouac, campent dans les *baraques* ou sur la terre nue (1). La castramétation

_____

(1) Les troupes ne construisent des baraques que dans les camps d'exercices ou dans les camps fixes.

ancienne a été remplacée par le cantonnement chez l'habitant ou par le bivouac.

L'installation du cantonnement comprend l'envoi, en avant, dans la localité désignée, du *campement*, composé d'officiers et sous-officiers désignés à cet effet.

En présence de l'ennemi, le campement sera le plus resserré possible pour donner plus de concentration aux tactiques.

On distingue deux sortes de bivouac : celui en colonne et celui en bataille, suivant le dispositif tactique.

FIN

TABLE DES MATIÈRES

ROMUALD BRUNET

Traité d'escrime : Pointe et contre-pointe. Illustrations d'Eugène
Chaperon, ... Prix. 5 fr. »
  ROUVEYRE, Éditeur, 45, rue ? ?, Paris.

Carte-Annuaire de l'armée française, en vente aux bureaux du
Journal de l'Armée territoriale. 12, rue de la Grange-Batelière, Paris :
  Abonnés. . . . . Prix. 0 fr. 60
  Non abonnés. . . . . Prix. 1 fr. »

La Cavalerie de seconde ligne avec une étude sur les cavale-
ries étrangères, Guide indispensable aux officiers territoriaux. 0 fr. 30
Relié. . . . . Prix. 0 fr. 60
  H. LAVAUZELLE, Éditeur militaire, 11, *place Saint-André-des-Arts, Paris.*

Histoire militaire de l'Espagne, accompagnée d'un plan de la castramé-
ation romaine, d'une carte de la nouvelle division administrative et militaire
de l'Espagne, et d'une notice sur l'art militaire au XIXᵉ siècle. Prix. 7 fr. »
  BAUDOIN et Cie, Éditeurs militaires, 30, *rue et passage Dauphine, Paris.*

La Cavalerie aux grandes manœuvres. Cahiers d'enseignement
illustrés; dessin d'Eugène Chaperon (2 cahiers). Le cahier, prix. 0 fr. 50
  L. BASCHET, Éditeur, 125, *boulevard Saint-Germain, Paris.*

La Science des armes dans la Cavalerie. Cahiers d'enseignement
illustrés; dessins d'Eugène Chaperon :
1º Travail préparatoire : instruction à pied, gymnastique; natation; boxe;
  bâton et canne; escrime à l'épée; escrime au sabre . . . Prix. 0 fr. 50
2º Travail préparatoire. Instruction à cheval. Sauter à cheval et à terre;
  position du cavalier à cheval, assouplissements de pied ferme; assouplissements en marchant; voltige à cheval; travail aux trois allures; passages et
  sauts d'obstacles; poursuite. . . . . Prix. 0 fr. 50
3º Travail en armes : armes blanches. Maniement
  du sabre :
  Instruction à pied : combat individuel et par groupes. } Prix. 0 fr. 50
  Instruction à cheval :   do   do
4º Travail en armes : armes blanches. Maniement de
  la lance :
  Instruction à pied : combat individuel et par groupes. } Prix. 0 fr. 50
  Instruction à cheval :   do   do
5º Travail en armes : armes à feu. Maniement de la
  carabine et exercices de tir :
  Instruction à pied : combat individuel et par groupes.)
  Instruction à cheval :   do   do   )
  Maniement du pistolet-revolver et exercices de tir : } Prix. 0 fr. 50
  Instruction à pied : combat individuel et par groupes.)
  Instruction à cheval :   do   do   )
6º Exercices du Carrousel. . . . . Prix. 0 fr. 50
  L. BASCHET, Éditeur, 125, *boulevard Saint-Germain, Paris.*